Schriften zum Finanzrecht und Währungsrecht

Herausgegeben von

Prof. Dr. Ulrich Häde, Europa-Universität Viadrina
  Frankfurt (Oder)
Prof. Dr. Christoph Ohler, Friedrich-Schiller-Universität
  Jena

Band 3

Benjamin Herbert Grimm

Zur Reform der Wirtschafts- und Währungsunion nach der Krise

Eine rechtliche Analyse von ESM, sixpack und Fiskalvertrag

Nomos

Die Deutsche Nationalbibliothek verzeichnet diese Publikation in
der Deutschen Nationalbibliografie; detaillierte bibliografische
Daten sind im Internet über http://dnb.d-nb.de abrufbar.

Zugl.: Frankfurt (Oder), Europa-Universität Viadrina, Diss. 2015

ISBN 978-3-8487-2784-1 (Print)
ISBN 978-3-8452-7169-9 (ePDF)

1. Auflage 2016
© Nomos Verlagsgesellschaft, Baden-Baden 2016. Printed in Germany. Alle Rechte, auch
die des Nachdrucks von Auszügen, der fotomechanischen Wiedergabe und der Übersetzung, vorbehalten. Gedruckt auf alterungsbeständigem Papier.

Für meine Familie

Vorwort

Die vorliegende Arbeit wurde im Sommersemester 2015 von der Juristischen Fakultät der Europa-Universität Viadrina in Frankfurt (Oder) als Dissertation angenommen.

Inhaltlich knüpft das Projekt an meine Abschlussarbeit aus dem Masterstudium am Trinity College in Dublin an, bei der noch die *ad hoc*-Maßnahmen zur Rettung des Euros im Mittelpunkt standen. Im Zuge dessen wurde mein Interesse an der perspektivisch bedeutsameren Reform der Wirtschafts- und Währungsunion geweckt, die ich zum Gegenstand der vorliegenden Arbeit gemacht habe.

Mein herzlicher Dank gilt Professor Dr. Ulrich Häde für die kundige Betreuung meines Promotionsvorhabens. Auf seine umgehende konstruktive Kritik war zu jeder Zeit Verlass, sodass mir die – angesichts der Aktualität des Themas gebotene – zügige Bearbeitung überhaupt erst möglich war.

Professor Dr. Matthias Pechstein danke ich für die Hilfestellung bei der konkreten Fassung des Themas und die zügige Erstellung des Zweitgutachtens. Dankbar bin ich zudem der Friedrich-Ebert-Stiftung und Professor Dr. Matthias Dombert für die umfassende Förderung meiner Promotion. Meinem Vater und Jonathan Wennekers danke ich für das Korrekturlesen des Textes.

Da sich in der „Stabi" eine außerordentlich sympathische Doktorandenrunde zusammen fand, gestaltete sich die Arbeit an der Dissertation weit weniger einsam, als ich dies eingangs befürchtet hatte. Nicht zuletzt deshalb wird mir die Zeit meiner Promotion als eine ganz wunderbare in Erinnerung bleiben, an die ich gerne zurück denke.

Schönfließ, den 27.10.2015 *Benjamin Grimm*

Inhaltsverzeichnis

Abkürzungsverzeichnis 15

1. Teil: Einleitung 17

2. Teil: Grundlagen und Krise der Wirtschafts- und Währungsunion 21

§ 1 Grundlagen der Wirtschafts- und Währungsunion 21
    A. Vorgeschichte der Wirtschafts- und Währungsunion 21
    B. Gründung der Wirtschafts- und Währungsunion 27
        I. Weg nach Maastricht 27
        II. Vertragsänderungen nach Maastricht 30
        III. Vertragliche Ausgestaltung 31
            1. Wirtschaftspolitik 32
            2. Währungspolitik 39
            3. Mitgliedstaaten mit Ausnahmeregelung 41
    C. Ökonomische Konzeption 41
        I. Ausgangspunkt 41
        II. Vorbild Föderation? 43
        III. Verwirklichte Konzeption 44
            1. Disziplinierung über den Markt 45
            2. Disziplinierung über Kontrolle 48
§ 2 Genese der Staatsschuldenkrise 49
§ 3 Europäische Reaktion – Untersuchungsgegenstand 54
    A. *Ad-hoc*-Maßnahmen 54
    B. Strukturmaßnahmen 55

3. Teil: Der Europäische Stabilitätsmechanismus 59

§ 4 Untersuchungsgegenstand 59
§ 5 Vereinbarkeit mit Unionsrecht 60
    A. Beschluss des Europäischen Rates vom 25. März 2011 60
        I. Änderung des dritten Teils des AEUV 61
        II. Keine Ausdehnung der Zuständigkeiten 64
        III. Schlussfolgerung 66
    B. ESM-Vertrag 66
        I. Verstoß gegen Art. 125 Abs. 1 AEUV? 66

		1. Auslegung nach dem Wortlaut	67
		2. Systematische Auslegung	70
		3. Historische Auslegung	73
		4. Teleologische Auslegung	76
		5. Gesamtabwägung	81
	II.	Verstoß gegen 13 Abs. 2 EUV?	83
		1. Organleihe hinsichtlich der Kommission und der EZB rechtmäßig?	83
		2. Organleihe hinsichtlich des Gerichtshofes rechtmäßig?	87
		3. Schlussfolgerung	87
	III.	Verstoß gegen Art. 123 Abs. 1 AEUV?	88
	IV.	Verstoß gegen Art. 2 Abs. 1 AEUV?	91
	V.	Schlussfolgerung	92
	VI.	Wirkung des Art. 136 Abs. 3 AEUV	92
	VII.	Verstoß gegen Art. 4 Abs. 3 EUV?	95
	VIII.	Schlussfolgerung	98
§ 6	Vereinbarkeit mit deutschem Verfassungsrecht	98
	A.	Obergrenze für zulässige Verpflichtungen?	98
	B.	Zustimmungsvorbehalt für wesentliche Budgetentscheidungen?	100
	I.	Vereinbarkeit von Art. 25 Abs. 2 ESM-Vertrag mit dem Grundgesetz?	102
	II.	Vereinbarkeit von Art. 5 Abs. 6 lit. b), d), f), i) und l) sowie Abs. 7 lit. n) ESM-Vertrag mit dem Grundgesetz?	103
		1. Beschlüsse nach Art. 5 Abs. 6 lit. b) ESM-Vertrag	103
		2. Beschlüsse nach Art. 5 Abs. 6 lit. d) ESM-Vertrag	105
		3. Beschlüsse nach Art. 5 Abs. 6 lit. f) ESM-Vertrag	106
		4. Beschlüsse nach Art. 5 Abs. 6 lit. l) ESM-Vertrag	107
		5. Beschlüsse nach Art. 5 Abs. 7 lit. n) ESM-Vertrag	108
		6. Schlussfolgerung	109
	III.	Vereinbarkeit von Art. 4 Abs. 8 ESM-Vertrag mit dem Grundgesetz?	109
	IV.	Vereinbarkeit von Art. 9 Abs. 2 ESM-Vertrag mit dem Grundgesetz?	110
	C.	Schlussfolgerung	112

4. Teil: Maßnahmen des *sixpacks* 113

§ 7	Untersuchungsgegenstand	113
§ 8	Vereinbarkeit mit Unionsrecht	114
	A. Maßnahmen mit Sanktionscharakter	114
	I. Verzinsliche Einlage des Art. 4 Abs. 1 VO 1173/2011	114
	1. Rechtsgrundlage des Art. 121 Abs. 6 AEUV	114

			a)	Auslegung nach dem Wortlaut	114
			b)	Systematische Auslegung	117
			c)	Historische Auslegung	119
			d)	Teleologische Auslegung	123
			e)	Auslegung nach der Lehre von den ungeschriebenen Zuständigkeiten	128
			f)	Gesamtabwägung der Auslegungsergebnisse	130
		2.	Rechtsgrundlage des Art. 136 Abs. 1 AEUV		132
			a)	Auslegung nach dem Wortlaut	132
			b)	Systematische Auslegung	137
			c)	Historische Auslegung	138
			d)	Teleologische Auslegung	142
			e)	Auslegung nach der Lehre von den ungeschriebenen Zuständigkeiten	143
			f)	Gesamtabwägung der Auslegungsergebnisse	145
		3.	Rechtsgrundlage des Art. 352 Abs. 1 AEUV		145
			a)	Voraussetzungen der Flexibilitätsklausel	145
			b)	Schlussfolgerung	151
		4.	Schlussfolgerung		151
	II.	Unverzinsliche Einlage des Art. 5 Abs. 1 und die Geldbuße des Art. 6 Abs. 1 VO 1173/2011			151
		1.	Rechtsgrundlage des Art. 126 Abs. 14 AEUV		152
			a)	Eröffnung des Anwendungsbereiches des Art. 126 AEUV	152
			b)	Auslegung	154
			c)	Schlussfolgerung	162
		2.	Rechtsgrundlage des Art. 121 Abs. 6 AEUV		163
		3.	Rechtsgrundlage des Art. 136 Abs. 1 AEUV		164
		4.	Rechtsgrundlage des Art. 352 Abs. 1 AEUV		164
		5.	Schlussfolgerung		165
	III.	Geldbuße des Art. 8 Abs. 1 VO 1173/2011			165
	IV.	Maßnahmen nach Art. 3 Abs. 1 und Abs. 2 VO 1174/2011			166
		1.	Rechtsgrundlage des Art. 121 Abs. 6 AEUV		167
		2.	Rechtsgrundlage des Art. 136 Abs. 1 AEUV		168
		3.	Rechtsgrundlage des Art. 352 Abs. 1 AEUV		168
		4. Schlussfolgerung			169
B.	Abstimmungsmodi der Art. 4 Abs. 2, 5 Abs. 2, 6 Abs. 2 VO 1173/2011 und Art. 3 Abs. 3 VO 1174/2011				169
	I.	Vereinbarkeit mit Art. 16 Abs. 3 EUV?			169
	II.	Institutionelles Gleichgewicht			170
C.	Pflicht zur Implementierung numerischer Haushaltsregeln				171
D.	Formfehler				172

	E.	Schlussfolgerung	173
§ 9	Vereinbarkeit mit deutschem Verfassungsrecht		173
	A.	Offensichtlichkeit des Verstoßes	175
	B.	Kompetenzverschiebung	176
		I. Zuständigkeitsübertragung berührt Verfassungsidentität	177
		II. Sonstige Kompetenzverschiebung	179
	C.	Weitere Voraussetzungen	182
	D.	Schlussfolgerung	183

5. Teil: Euro-Plus-Pakt und Maßnahmen des *twopacks* — 185

§ 10	Euro-Plus-Pakt		185
	A.	Untersuchungsgegenstand	185
	B.	Vereinbarkeit mit Unions- und deutschem Verfassungsrecht	186
§ 11	Maßnahmen des *twopacks*		187

6. Teil: SKS-Vertrag — 191

§ 12	Untersuchungsgegenstand		191
§ 13	Vereinbarkeit mit Unionsrecht		193
	A.	Verstoß gegen Art. 13 Abs. 2 EUV?	194
		I. Organleihe hinsichtlich der Kommission rechtmäßig?	194
		II. Organleihe hinsichtlich des Gerichtshofes rechtmäßig?	196
	B.	Verstoß gegen Art. 16 Abs. 3 EUV?	197
	C.	Verstoß gegen sonstiges Unionsrecht?	199
	D.	Verstoß gegen Art. 4 Abs. 3 EUV?	201
	E.	Schlussfolgerung	204
§ 14	Vereinbarkeit mit deutschem Verfassungsrecht		204
	A.	Konflikt mit Regelungsgehalt der Art. 109 ff. GG?	205
	B.	Wahrung der budgetären Gesamtverantwortung des Bundestages?	207
	C.	Keine irreversible Bindung an bestimmte Haushaltspolitik?	209
	D.	Schlussfolgerung	210

7. Teil: Schlussbemerkung 211

8. Teil: Zusammenfassung in Thesen 213

Literaturverzeichnis 217

Verzeichnis weiterer Dokumente 229

Abkürzungsverzeichnis

ABl.	Amtsblatt der Europäischen Union (früher: der Europäischen Gemeinschaft)
AEUV	Vertrag über die Arbeitsweise der Europäischen Union
AO	Abgabenordnung
AöR	Archiv des öffentlichen Rechts
BGBl.	Bundesgesetzblatt
BIP	Bruttoinlandsprodukt
BSP	Bruttosozialprodukt
BT-DrS.	Bundestagsdrucksachen
BVerfG	Bundesverfassungsgericht
BVerfGE	Amtliche Entscheidungssammlung des Bundesverfassungsgerichtes
C. M. L. R.	Common Market Law Review
DÖV	Die Öffentliche Verwaltung
DVBl.	Deutsches Verwaltungsblatt
EG	Europäische Gemeinschaften
EGV	Vertrag über die Gründung der Europäischen Gemeinschaften
E. L. Rev.	European Law Review
ESM	Europäischer Stabilitätsmechanismus
ESMFinG	Gesetz zur finanziellen Beteiligung am Europäischen Stabilitätsmechanismus
ESM-Vertrag	Vertrag zur Einrichtung des Europäischen Finanzstabilitätsmechanismus
ESZB	Europäisches System der Zentralbanken
EU	Europäische Union
EuGH	Gerichtshof der Europäischen Union
EuGRZ	Europäische Grundrechtezeitschrift
EuR	Zeitschrift für Europarecht
EUV	Vertrag über die Gründung der Europäischen Union
EuZW	Europäische Zeitschrift für Wirtschaftsrecht
EWS	Europäisches Wirtschafts- und Steuerrecht
EZB	Europäische Zentralbank

Abkürzungsverzeichnis

FAZ	Frankfurter Allgemeine Zeitung
fireu-Newsletter	Frankfurter Newsletter zum Recht der Europäischen Union
GG	Grundgesetz
JA	Juristische Arbeitsblätter
JuS	Juristische Schulung
JZ	Juristen Zeitung
NJW	Neue Juristische Wochenschrift
NVwZ	Neue Zeitschrift für Verwaltungsrecht
SKS-Vertrag	Vertrag über Stabilität, Koordinierung und Steuerung in der Wirtschafts- und Währungsunion
SMP	Securities Market Programme
Wirtschaftsdienst	Zeitschrift für Wirtschaftspolitik
WiSt	Wirtschaftswissenschaftliches Studium
WM	Wertpapiermitteilungen
WWU	Wirtschafts- und Währungsunion
ZaöRV	Zeitschrift für ausländisches öffentliches Recht und Völkerrecht
ZEuS	Zeitschrift für europarechtliche Studien
ZfgK	Zeitschrift für das gesamte Kreditwesen
ZG	Zeitschrift für Gesetzgebung
ZJS	Zeitschrift für das Juristische Studium
ZÖR	Zeitschrift für öffentliches Rechts
ZSE	Zeitschrift für Staats- und Europawissenschaften

Im Übrigen sei auf Kirchner, Hildebert/Butz, Cornelie, Abkürzungsverzeichnis der Rechtssprache, 6. Aufl., Berlin 2006, verwiesen.

1. Teil: Einleitung

Die krisenhaften Erscheinungen in der Weltwirtschaft sind seit dem Jahr 2007 – mit variierender Intensität – Bestandteil des öffentlichen Diskurses. Die anfängliche Finanzkrise wuchs sich zwischenzeitlich in eine Weltwirtschaftskrise aus, die eine Staatsschuldenkrise – gerade in der Peripherie Europas – zur Folge hatte. Die ökonomischen Aspekte der Krise und der insbesondere europäischen Krisenbekämpfung standen dabei im Vordergrund. Das ist verständlich, denn die Ursachen der Erschütterungen sind primär ökonomisch determiniert.

Allerdings haben die Umwälzungen weitere Dimensionen: Dies fängt bei sozialen Problemen wie der hohen Jugendarbeitslosigkeit in Südeuropa an und reicht über ökologische Aspekte bis hin zu einer juristischen Perspektive auf die Krisenbekämpfung. Der rechtliche Blickwinkel ist dabei kein unbedeutender. Denn die Europäische Union ist kein Nationalstaat, sie ist Rechtsgemeinschaft. Zur Durchsetzung ihres Rechts kann die Union keinen finalen Zwang einsetzen, sie ist auf die fortwährende Unterstützung ihrer Mitgliedstaaten angewiesen. Weigert sich nur ein Mitgliedstaat, dem Primat des Unionsrechts zu folgen, stellt das die Gemeinschaft als solche in Frage. Dem juristischen Moment der europäischen Maßnahmen zur Bändigung der Staatsschuldenkrise ist daher die folgende Arbeit gewidmet.

Die Krisenbekämpfung stellte die Mitgliedstaaten insbesondere deshalb vor große Herausforderungen, weil die Kontruktion der Wirtschafts- und Währungsunion seit Anbeginn problematisch ist.[1] Während die Wirtschaftspolitik Sache der Mitgliedstaaten bleibt, ist die Union vollständig für die Währungspolitik zuständig. Die beiden Politikbereiche lassen sich aufgrund ihrer vielseitigen Wechselbeziehungen jedoch nicht voneinander trennen. Wirtschaftspolitische Entscheidungen der Mitgliedstaaten – etwa die Generierung von Staatsschulden – haben großen Einfluss auf die vorrangig der Preisstabilität verpflichtete Währungspolitik der Union. Werden Wirtschafts- und Währungspolitik nicht im Gleichklang betrieben, entwickeln sich ökonomische Spannungen mit erheblichem Schadenspotential. Eingedenk dessen versuchten die Mitgliedstaaten die Wirtschaftspolitik trotz fehlender Verge-

---

1 Vgl. etwa statt vieler *Häde*, Exekutivprimat, S. 18.

meinschaftung weitgehend auf Unionsebene fortzuentwickeln. Dabei gingen sie bis an die Grenzen dessen, was rechtlich zulässig ist. Diese Haltung wird in einer Aussage von Christine Lagarde deutlich, die seinerzeit als unmittelbar an den Rettungsaktionen beteiligte Finanzministerin der Französischen Republik bemerkte:

> »Im EU-Vertrag von Lissabon steht: Ein EU-Staat darf einem anderen EU-Staat, der sich in finanziellen Schwierigkeiten befindet, nicht helfen. Doch der Griechenland-*Rettungsplan* führt genau dazu. Auch der Euro-Rettungsschirm ist im Lissabon-Vertrag nicht vorgesehen. Trotzdem haben wir ein umfassendes Rettungssystem geschaffen – und sind dafür über die bestehenden Regeln hinausgegangen.«[2]

Die Instrumente der Krisenbekämpfung unterteilen sich nach hier verwendeter Terminologie in *ad-hoc*-Maßnahmen zur akuten Intervention und in (auf langfristige Veränderungen angelegte) Strukturmaßnahmen. Während die *ad-hoc*-Maßnahmen in der öffentlichen Debatte große Beachtung fanden – hier seien zuvörderst die von Lagarde angesprochenen beiden Griechenland-Hilfspakete und der Rettungsschirm genannt –, werden die dauerhaft wirkenden Strukturmaßnahmen in ihrer Wirkung bislang unterschätzt. Deshalb und wegen ihres dauerhaften Charakters wird in der vorliegenden Untersuchung der Blick auf die strukturellen Veränderungen der Wirtschafts- und Währungsunion gerichtet: Während die *ad-hoc*-Maßnahmen bereits Geschichte sind, kommt den Strukturmaßnahmen – etwa zur makroökonomischen Steuerung der Union – perspektivisch eine wachsende Bedeutung zu. Sobald die Union versucht, wirtschaftspolitische Entscheidungen mit dem Mittel der Sanktion durchzusetzen, werden sich Mitgliedstaaten dagegen – nicht zuletzt mit Rechtsbehelfen – zur Wehr setzen. Der sich daraus potentiell entwickelnde rechtswissenschaftliche Diskurs braucht ein Fundament: Dazu soll die vorliegende Arbeit einen Beitrag leisten.

Die Gegenstände der Untersuchung werden jeweils kurz vorgestellt, um sie in ihren Kontext einordnen zu können. Das Augenmerk der Prüfung liegt auf dem Unionsrecht. Denn dieses ist letztlich der Maßstab dafür, ob die getroffenen strukturellen Regelungen in 28 Mitgliedstaaten oder in keinem einzigen dauerhaft Geltung erlangen. Ergänzend und zur Abrundung wird auf die grundlegende Vereinbarkeit der Maßnahmen mit dem Grundgesetz ein-

---

2 Interview mit Christine Lagarde in der Süddeutschen Zeitung vom 23.12.2011, zitiert nach: *Hufeld*, integration 2011, 117 (129 f.).

gegangen. In Teilen besteht dabei ohnehin ein identischer Rechtmäßigkeits-Maßstab, da die *ultra-vires*-Kontrolle das Unionsrecht unmittelbar in Bezug nimmt, also zumindest teilweise akzessorischen Charakter hat.

2. Teil: Grundlagen und Krise der Wirtschafts- und Währungsunion

§ 1 *Grundlagen der Wirtschafts- und Währungsunion*

A. Vorgeschichte der Wirtschafts- und Währungsunion

Die Europäische Wirtschaftsgemeinschaft behandelte die Währungspolitik im EWG-Vertrag von 1957 eher stiefmütterlich. Dies erscheint auch vor dem Hintergrund der insgesamt zurückhaltenden Regelungen im wirtschaftspolitischen Bereich zunächst überraschend; denn ein gemeinsamer Markt setzt jedenfalls ein Mindestmaß an Wechselkurssicherheit voraus.[3] Trotzdem findet sich in dem die Wirtschaftspolitik betreffenden Titel II des dritten Teils des EWG-Vertrages zwar je ein Kapitel über die Konjunktur-[4] und Handelspolitik[5] sowie über die Zahlungsbilanz[6] der Mitgliedstaaten – eine Kapitelüberschrift vergleichbar der Betitelung im AEUV als »Die Währungspolitik«[7] sucht man allerdings vergeblich. Das Phänomen erklärt sich mit dem mangelnden Willen der damaligen Mitgliedstaaten, substantielle wirtschafts- und währungspolitische Kompetenzen in diesem sensiblen Bereich auf die Gemeinschaftsebene zu übertragen.[8] Angesichts der seinerzeitigen Unterschiede in den Wirtschaftssystemen der Mitgliedstaaten und relativ unerprobter Gemeinschaftsorgane ging ein solcher Schritt in Richtung föderaler Verbund den Mitgliedstaaten zu weit.[9] Die Europäische Wirtschaftsgemeinschaft war nach ihrer Gründung allerdings trotz der geringen Regelungsdichte des EWG-Vertrages im wirtschafts- und währungspolitischen Bereich überlebensfähig, da sie durch das Abkommen von Bretton Woods in ein relativ

---

3 *Selmayr,* Recht der WWU, S. 126.
4 Art. 103 EWG-Vertrag.
5 Art. 110 bis 116 EWG-Vertrag.
6 Art. 104 bis 109 EWG-Vertrag.
7 Art. 127 bis 133 AEUV.
8 *Everling,* in: Hahn, Geld im Recht, S. 39 (41); *Siebelt,* in: Siedentopf, Integration und Verwaltung, S. 43 (48).
9 *Selmayr,* Recht der WWU, S. 123.

stabiles Weltwährungssystem eingebettet war.[10] Die Gemeinschaft war somit als »Einrichtung für glückliche Zeiten«[11] konzipiert – und erlebte solche zunächst auch.

Trotz des relativ stabilen weltweiten Währungssystems barg die durch den EWG-Vertrag geschaffene wirtschafts- und währungspolitische Verfassung der Gemeinschaft für ihre Mitglieder erhebliche Gefahren. Denn nach dem EWG-Vertrag verzichteten die Mitgliedstaaten auf wichtige Kompetenzen im Bereich der Wirtschaftspolitik, ohne dass damit korrespondierende gleichwertige Gemeinschaftszuständigkeiten geschaffen worden wären.[12] Dies zeigte sich zunächst Ende der 1960er Jahre auf dem Gemeinsamen Agrarmarkt.[13] Nachdem im August 1969 der französische Franc eine Abwertung um 12,5 Prozent und im Herbst 1969 die Deutsche Mark eine Aufwertung um 9,3 Prozent erfahren hatte, funktionierte das auf Rechnungseinheiten basierende Preissystem des Gemeinsamen Agrarmarktes nicht mehr.[14] Denn die Rechnungseinheit orientierte sich am US-Dollar, so dass etwa eine Einheit Getreide aus der Bundesrepublik dort nunmehr relativ günstiger als nach einem Export nach Frankreich hätte sein müssen.[15] Ein solcher Zustand hätte den Gemeinsamen Markt jedoch als Ganzes in Frage gestellt, denn dessen Wesensmerkmal war ja gerade der Abbau von Handelshemmnissen. Man behalf sich mit der Verordnung (EWG) 974/71, durch welche ein »Grenzausgleich« eingeführt wurde.[16] Landwirtschaftliche Erzeugnisse, die etwa nach Deutschland exportiert wurden, erhielten einen Preisaufschlag, und umgekehrt wurden Exporte etwa nach Frankreich durch eine Subvention künstlich vergünstigt.[17]

---

10 *Hahn/Häde,* Währungsrecht, § 13, Rn. 8; *Selmayr,* Recht der WWU, S. 128; *Dauses,* in: Dauses, Hdb. EU-WirtschaftsR, F. I., Rn. 10; *Krägenau/Wetter,* WWU, S. 4 f.; *Siebelt,* in: Siedentopf, Integration und Verwaltung, S. 43 (48 f.).
11 Zitiert nach *Selmayr,* Recht der WWU, S. 128.
12 *Everling,* in: Hahn, Geld im Recht, S. 39 (41); *Bünger/Molitor,* in: von der Groeben/Thiesing/Ehlermann, EWGV, Vorbemerkung Art. 102a-109 EWGV, Rn. 25.
13 *Gleske,* in: Gramlich/Weber/Zehetner, Weg zur WWU, S. 99 (101); *Krägenau/Wetter,* WWU, S. 5.
14 *Dauses,* in: Dauses, Hdb. EU-WirtschaftsR, F. I., Rn. 10; *Stapelfeldt,* Integration und Desintegration, S. 184.
15 *Stapelfeldt,* Integration und Desintegration, S. 184.
16 *Dauses,* in: Dauses, Hdb. EU-WirtschaftsR, F. I., Rn. 10; *Stapelfeldt,* Integration und Desintegration, S. 184.
17 *Stapelfeldt,* Integration und Desintegration, S. 184.

Anfang der 1970er Jahren geriet das Paritätensystem von Bretton Woods jedoch in eine Krise, von der es sich nicht mehr erholen sollte. Im August 1971 verkündete der damalige Präsident der Vereinigten Staaten, Richard Nixon, dass fortan das Schatzamt den US-Dollar nicht mehr in Gold umtauschen werde.[18] Die Goldkonvertibilität des US-Dollars – also die Grundlage des Abkommens von Bretton Woods – war damit aufgehoben. Endgültig scheiterte das Abkommen im März 1973 mit dem Ausstieg mehrerer EG-Währungen – darunter auch der Deutschen Mark – aus dem Paritätensystem.[19] Zu dieser Entwicklung kam es, da einige Teilnehmerstaaten des Abkommens weder dazu bereit waren, ihre Leistungsbilanz durch entsprechende wirtschaftspolitische Maßnahmen im Sinne des festgesetzten Wechselkurses zu verändern, noch durch eine Veränderung des Wechselkurses den Realitäten ihrer Leistungsbilanz Rechnung zu tragen.[20] Mangels entsprechenden Anpassungsdrucks weiteten insbesondere die Vereinigten Staaten die Geldmenge der weltweiten Leitwährung US-Dollar stetig aus, um eine nachfrageorientierte Wirtschaftspolitik verfolgen zu können.[21] Für Staaten mit einer größeren Stabilitätskultur, deren Leistungsbilanz einen Überschuss auswies, war diese Entwicklung fatal. Denn sie waren infolgedessen gezwungen, die Parität des US-Dollars durch entsprechende Devisenkäufe zu stützen und dadurch zugleich ihre Geldmenge – wider Willen – fortlaufend zu erhöhen.[22] Da diesem Geldmengenwachstum keine Reduktion der monetären Basis in den Vereinigten Staaten oder anderen Überschussländern gegenüberstand, nahm die Geldmenge weltweit stetig zu.[23] Die Erhöhung der Geldmenge geht (den Lehren der Quantitätstheorie folgend) regelmäßig mit einer steigenden Inflationsrate einher.[24] Ein weltweites Inflationsregime mit Spekulationsblasen und wirtschaftlichen Verwerfungen war die Folge.[25] Die das Bretton-Woods-System einstmals auszeichnende – und für die Europäische Wirt-

---

18 *Zehetner*, Goldkonvertibilität, S. 5; *Emminger*, ZfgK 1976, 815 (815); *Weber*, in: Festschrift Mann, S. 807 (807).
19 *Weber*, in: Festschrift Mann, S. 807 (808); *Emminger*, ZfgK 1976, 815 (815).
20 *Emminger*, ZfgK 1976, 815 (815).
21 *Emminger*, ZfgK 1976, 815 (815 f.).
22 *Emminger*, ZfgK 1976, 815 (816).
23 Ebenda.
24 *Moritz*, Geldtheorie, S. 13.
25 *Emminger*, ZfgK 1976, 815 (816).

schaftsgemeinschaft überlebenswichtige – international determinierte Stabilität der Währungspolitik ging damit verloren.

Durch den sich andeutenden Zusammenbruch des Bretton-Woods-Systems sowie die divergierende wirtschaftliche Entwicklung ihrer Mitgliedstaaten sah sich die Gemeinschaft zum Handeln gezwungen.[26] Die europäischen Staats- und Regierungschefs strebten daher eine engere wirtschaftliche Kooperation ihrer Nationen an.[27] Dazu ließen sie vom damaligen Ministerpräsidenten und Finanzministers von Luxemburg, Pierre Werner, einen Stufenplan ausarbeiten.[28] Am 8. Oktober 1970 legte die Gruppe dem Rat und der Kommission ihren endgültigen Bericht über die stufenweise Verwirklichung der Wirtschafts- und Währungsunion in der Gemeinschaft vor.[29] Nachfolgend erprobten die Mitgliedstaaten mit wechselndem Erfolg die intergouvernementale Kooperation in der Wirtschafts- und Währungspolitik. Eine der ehrgeizigsten Entscheidungen stellt diesbezüglich die Begründung des europäischen Wechselkursverbundes von 1972 dar.[30]

Im Ergebnis wurde jedoch trotz der infolge des Werner-Plans umgesetzten Maßnahmen kein substantieller Fortschritt in der Konvergenz der Wirtschaftspolitik der Gemeinschaft erreicht.[31] Dies ließ sich zum einen auf die mangelnde Bereitschaft der Mitgliedstaaten zur Veränderung ihrer bisherigen nationalen Wirtschaftspolitiken und zum anderen auf die ungünstige Situation der Weltwirtschaft insgesamt zurückführen.[32] Bereits im Gründungsjahr verließen das Vereinigte Königreich und Irland den Wechselkursverbund.[33] Kurze Zeit später verabschiedete sich Italien.[34] Infolge des Jom-Kippur-

---

26 *Nicolaysen,* Europarecht II, S. 326.
27 Kommuniqué der Konferenz der Staats- und Regierungschefs der EWG-Mitgliedstaaten in Den Haag am 1. und 2. Dezember 1969, abgedruckt in *Krägenau/Wetter,* WWU, S. 97.
28 *Bünger/Molitor,* in: von der Groeben/Thiesing/Ehlermann, EWGV, Vorbemerkung Art. 102a-109 EWGV, Rn. 32.
29 Bericht über die stufenweise Verwirklichung der Wirtschafts- und Währungsunion in der Gemeinschaft vom 8. Oktober 1970 (sog. Werner-Plan), abgedruckt in *Krägenau/Wetter,* WWU, S. 98 ff.
30 *Nicolaysen,* Europarecht II, S. 328; *Krägenau/Wetter,* WWU, S. 10.
31 *Herrmann,* Währungshoheit, S. 205 f.; *Krägenau/Wetter,* WWU, S. 13.
32 Vgl. *Selmayr,* Recht der WWU, S. 156; *Nicolaysen,* Europarecht II, S. 329; *Krägenau/Wetter,* WWU, S. 13.
33 *Krägenau/Wetter,* WWU, S. 11; vgl. zudem die Übersicht der Historie des Europäischen Wechselkursverbundes in *Krägenau/Wetter,* WWU, S. 12 f.
34 *Krägenau/Wetter,* WWU, S. 11.

Kriegs im Nahen Osten (1973) verhängte die Organisation erdölexportierender Länder (OPEC) ein Ölembargo, das die Ölkrise vom Oktober 1973 auslöste und Frankreich zur Aufgabe seiner Mitgliedschaft im Wechselkursverbund veranlasste.[35] Doch auch die verbliebenen Mitglieder waren immer wieder zu Auf- und Abwertungen ihrer Währungen gezwungen.[36] In seiner Endphase umfasste der Verbund nur noch die Bundesrepublik, die Benelux-Staaten, Dänemark und (bis Dezember 1978) Norwegen.[37] Letztlich konnte sich der Wechselkursverbund erst in dieser Konstellation halbwegs stabilisieren.[38] An einen Übergang zur nächsten Stufe des Werner-Plans war insofern nicht zu denken. Dies wurde im Kommuniqué der Gipfelkonferenz vom 9. und 10. Dezember 1974 in Paris auch in bemerkenswerter Klarheit festgestellt.[39]

Basierend auf einer Initiative des französischen Staatspräsidenten Valérie Giscard d' Estaing und des deutschen Bundeskanzlers Helmut Schmidt kam es Ende der 1970er Jahre zu einem neuen Anlauf der währungspolitischen Kooperation in der Europäischen Wirtschaftsgemeinschaft.[40] Nachdem sich der Europäische Rat bei seiner Sitzung in Bremen vom 6. bis 7. Juli 1978[41] entschlossen hatte, ein Europäisches Währungssystem zu schaffen, beschloss er dieses im Rahmen seiner Tagung vom 4. bis 5. Dezember 1978 in Brüssel.[42] Mit dem Europäischen Währungssystem als neuem währungspolitischen Instrument verfolgten die Mitgliedstaaten – ebenso wie zuvor mit dem Wechselkursverbund – das Ziel einer stabilen Währungszone für Europa, mithin die Schwankungen des Wertes ihrer Währungen zueinander zu begrenzen und eine größere Konvergenz ihrer Wirtschaftspolitiken zu erreichen.[43] Durch die Einheitliche Europäische Akte vom 28. Februar 1986 fand

---

35 Vgl. *Selmayr*, Recht der WWU, S. 156.
36 Vgl. *Selmayr*, Recht der WWU, S. 156; *Krägenau/Wetter*, WWU, S. 13.
37 *Krägenau/Wetter*, WWU, S. 13.
38 Vgl. *Selmayr*, Recht der WWU, S. 156; *Krägenau/Wetter*, WWU, S. 13.
39 *Nicolaysen*, Europarecht II, S. 329 f.
40 *Nicolaysen*, Europarecht II, S. 332; *Krägenau/Wetter*, WWU, S. 15.
41 Schlussfolgerungen der Präsidentschaft des Europäischen Rates, Bremen 6. und 7. Juli 1978, abgedruckt in *Krägenau/Wetter*, WWU, S. 121.
42 Entschließung des Europäischen Rates über die Errichtung des Europäischen Währungssystems (EWS) und damit zusammenhängende Fragen, Brüssel, den 5. Dezember 1978, abgedruckt in *Krägenau/Wetter*, WWU, S. 121 ff.
43 Ziffer 2. der Schlussfolgerungen der Präsidentschaft des Europäischen Rates, Bremen 6. und 7. Juli 1978, abgedruckt in *Krägenau/Wetter*, WWU, S. 121.

2. Teil: Grundlagen und Krise der WWU

das Europäische Währungssystem schließlich Eingang ins europäische Primärrecht.[44] Dabei handelte es sich um eine formelle Vertragsänderung gemäß Art. 236 EWG-Vertrag.[45] Neu eingefügt wurde Art. 102a EWG-Vertrag, der die wirtschafts- und währungspolitische Konvergenz zu einem Ziel der Gemeinschaft erhob. Zudem wurde die bisherige Betitelung der Art. 103 ff. EWG-Vertrag von »Die Konjunkturpolitik« in »Die Zusammenarbeit in der Wirtschafts- und Währungspolitik (Wirtschafts- und Währungsunion)« geändert.[46] Die Erweiterung der Gemeinschaft insgesamt führte auch zu einer Erweiterung des Europäischen Währungssystems: Am 19. Juni 1989 trat Spanien und am 6. Oktober 1990 das Vereinigte Königreich bei.[47] Für beide galt eine Schwankungsbreite von sechs Prozent.[48] Später entschieden sich noch Portugal, Österreich, Finnland und Griechenland für eine Teilnahme.[49] Das Europäische Währungssystem führte trotz immer wieder erforderlicher Wechselkursanpassungen[50] zu einer Stabilisierung der währungspolitischen Situation der Gemeinschaft.[51] Dieser Befund ist gerade in Anbetracht der durch die Ölkrise geprägten wirtschaftlich turbulenten Gründungsphase keine Selbstverständlichkeit. Letztlich ist die Entwicklung auf einen gewachsenen Konsens der Mitgliedstaaten zurückzuführen, allzu starke Wechselkursschwankungen – auch um den Preis innenpolitisch unpopulärer wirtschaftspolitischer Maßnahmen – nicht mehr zuzulassen.[52] Dies gilt jedoch nicht in gleichem Maße für solche Mitgliedstaaten, die infolge der Erweiterung der

---

44 *Selmayr*, Recht der WWU, S. 173; *Siebelt*, in: Siedentopf, Integration und Verwaltung, S. 43 (57); *Nicolaysen*, Europarecht II, S. 234.
45 *Selmayr*, Recht der WWU, S. 173.
46 *Selmayr*, Recht der WWU, S. 174.
47 *Nicolaysen*, Europarecht II, S. 332; *Bünger/Molitor*, in: von der Groeben/Thiesing/Ehlermann, EWGV, Vorbemerkung Art. 102a-109 EWGV, Rn. 61.
48 *Bünger/Molitor*, in: von der Groeben/Thiesing/Ehlermann, EWGV, Vorbemerkung Art. 102a-109 EWGV, Rn. 61.
49 *Nicolaysen*, Europarecht II, S. 332.
50 *Krägenau/Wetter*, WWU, S. 24; *Bünger/Molitor*, in: von der Groeben/Thiesing/ Ehlermann, EWGV, Vorbemerkung Art. 102a-109 EWGV, Rn. 60.
51 *Gleske*, in: Gramlich/Weber/Zehetner, Weg zur WWU, S. 99 (104); *Krägenau/Wetter*, WWU, S. 29; *Dauses*, in: Dauses, Hdb. EU-WirtschaftsR, F. I., Rn. 38; *Bünger/Molitor*, in: von der Groeben/Thiesing/Ehlermann, EWGV, Vorbemerkung Art. 102a-109 EWGV, Rn. 60.
52 *Gleske*, in: Gramlich/Weber/Zehetner, Weg zur WWU, S. 99 (104); *Krägenau/Wetter*, WWU, S. 29; *Dauses*, in: Dauses, Hdb. EU-WirtschaftsR, F. I., Rn. 38; *Bünger/Molitor*, in: von der Groeben/Thiesing/Ehlermann, EWGV, Vorbemerkung Art. 102a-109 EWGV, Rn. 60.

§ 1 Grundlagen der Wirtschafts- und Währungsunion

Gemeinschaft in den 1980er Jahren dem Europäischen Währungssystem beitraten.[53] So ist es auch nicht verwunderlich, dass sich die zum faktischen Ende des Europäischen Währungssystems führende Kapitalspekulation im Jahre 1992 gegen die Währungen eben dieser Mitgliedstaaten richtete.[54] Anschließend – die Verhandlungen über den Vertrag von Maastricht hatten schon begonnen – wurde das Europäische Währungssystem mit einer Bandbreite von 15 Prozent nur noch formal fortgeführt.[55]

B. Gründung der Wirtschafts- und Währungsunion

I. Weg nach Maastricht

Die letztlich positiven Erfahrungen mit dem Europäischen Währungssystem bewogen den Europäischen Rat bei seiner Tagung vom 27. bis 28. Juni 1988 in Hannover dazu, die konkreten Etappen zur Errichtung einer Wirtschafts- und Währungsunion durch einen eigens dafür eingesetzten Ausschuss konzipieren zu lassen.[56] Die Empfehlungen des Ausschusses wurden sowohl den Inhalt als auch das Verfahren betreffend weitgehend umgesetzt.

Dem Ausschuss saß (als damaliger Präsident der Kommission) Jacques Delors vor.[57] Weitere Mitglieder waren die Präsidenten der nationalen Zentralbanken, ein weiteres Mitglied der Kommission sowie drei Experten.[58]

Im April 1989 legte der Delors-Ausschuss seinen Abschlussbericht[59] vor.[60] Der Delors-Bericht entwickelte in seinem zweiten Kapitel eine inhaltliche Vision für die Ausgestaltung der Wirtschafts- und Währungsunion[61]

---

53 *Krägenau/Wetter*, WWU, S. 29.
54 Ebenda.
55 *Dauses*, in: Dauses, Hdb. EU-WirtschaftsR, F. I., Rn. 33; *Nicolaysen*, Europarecht II, S. 333.
56 Tagung des Europäischen Rates in Hannover am 27. und 28. Juni 1988, Schlussfolgerungen des Vorsitzes (Auszug), abgedruckt in *Krägenau/Wetter*, WWU, S. 140.
57 Ebenda.
58 Ebenda.
59 Der Bericht wird üblicherweise mit dem Namen des Ausschussvorsitzenden, Jacques Delors, verbunden und somit als Delors-Bericht bezeichnet.
60 Bericht zur Wirtschafts- und Währungsunion in der EG, vorgelegt vom Ausschuss zur Prüfung der Wirtschafts- und Währungsunion am 12. April 1989 (Delors-Bericht), abgedruckt in *Krägenau/Wetter*, WWU, S. 146 ff.
61 Ziffern 16 ff. des Delors-Berichtes, abgedruckt in *Krägenau/Wetter*, WWU, S. 148.

und schlug in seinem dritten Kapitel zudem ein konkretes Verfahren zur Erreichung des Ziels vor.[62]

In inhaltlicher Hinsicht definierte der Delors-Bericht Mindestanforderungen an eine Wirtschafts- und Währungsunion. Eine europäische Währungsunion musste danach zumindest die folgenden drei Bedingungen erfüllen:

»- uneingeschränkte, irreversible Konvertibilität der Währungen;
- vollständige Liberalisierung des Kapitalverkehrs und volle Integration der Banken- und sonstigen Finanzmärkte;
- Beseitigung der Bandbreiten und unwiderrufliche Fixierung der Wechselkursparitäten.«[63]

Institutionell wurde für den Bereich der Währungspolitik eine zentralbankähnliche Einrichtung als unerlässlich angesehen, die über Geldmenge, Kreditvolumen und andere geldpolitische Instrumente – insbesondere den Zinssatz – entscheidet.[64]

Kennzeichen einer solchen Wirtschaftsunion waren nach dem Delors-Bericht vier Grundelemente:

»- ein einheitlicher Markt mit freiem Personen-, Waren-, Dienstleistungs- und Kapitalverkehr;
- eine Wettbewerbspolitik und sonstige Maßnahmen zur Stärkung der Marktmechanismen;
- gemeinsame Politiken zur Strukturanpassung und Regionalentwicklung;
- eine Koordinierung der makroökonomischen Politiken, einschließlich verbindlicher Regeln für die Haushaltspolitik.«[65]

Klar erkannt wurden die Gefahren von wirtschaftlichen Ungleichgewichten, die durch widersprüchliche nationale Haushaltspolitiken entstehen können.[66] Um dem entgegenzuwirken, sah der Delors-Bericht eine enge Koordinierung der allgemeinen Wirtschaftspolitik vor.[67] Die Schaffung einer hierfür zuständigen Institution wurde allerdings nicht vorgeschlagen.[68] Der Werner-Plan

---

62　Ziffern 39 ff. des Delors-Berichtes, abgedruckt in *Krägenau/Wetter,* WWU, S. 153.
63　Ziffer 22 des Delors-Berichtes, abgedruckt in *Krägenau/Wetter,* WWU, S. 149.
64　Ziffer 24 des Delors-Berichtes, abgedruckt in *Krägenau/Wetter,* WWU, S. 149.
65　Ziffer 25 des Delors-Berichtes, abgedruckt in *Krägenau/Wetter,* WWU, S. 149.
66　Ziffer 30 des Delors-Berichtes, abgedruckt in *Krägenau/Wetter,* WWU, S. 150 f.
67　Ebenda.
68　Ebenda.

§ 1 Grundlagen der Wirtschafts- und Währungsunion

hatte diesbezüglich noch ein »wirtschaftspolitisches Entscheidungsgremium« als unerlässlich angesehen.[69]

Das Verfahren zur Erreichung der skizzierten Wirtschafts- und Währungsunion sollte sich nach dem Delors-Bericht in drei Stufen vollziehen.[70] Die erste Stufe zielte auf eine erhöhte Konvergenz durch die verstärkte Koordinierung der Wirtschafts- und Währungspolitik im bestehenden institutionellen Rahmen.[71] Die zweite Stufe war die Übergangsstufe zur Endstufe und diente der Schaffung respektive Erprobung der dafür erforderlichen Institutionen.[72] Die wichtigste hier zu schaffende Institution war das ESZB, das den Europäischen Fonds für Währungspolitische Zusammenarbeit ablösen sollte.[73] Die dritte Stufe war die Endstufe, welche mit dem Übergang zu unwiderruflich festen Wechselkursen und den bereits skizzierten inhaltlichen Charakteristika einherging.[74]

Der Europäische Rat sah auf seiner Sitzung vom 26. bis 27. Juni 1989 in Madrid den Delors-Bericht als gute Grundlage für die anvisierte Wirtschafts- und Währungsunion an.[75] Auf seiner Tagung vom 8. bis 9. Dezember 1989 in Straßburg bestimmte er den Beginn der ersten Stufe – wie im Delors-Bericht vorgesehen[76] – auf den 1. Juli 1990.[77] In Dublin steckte der Europäische Rat das Verfahren ab, mit dem er die Endstufe im Sinne des Delors'schen Stufenplans erreichen wollte: Vorgesehen waren danach Regierungskonferenzen in Rom, welche die durch den Stufenplan zur Errichtung der Union notwendig werdenden Änderungen der Römischen Verträge von

---

69 Ziffer III. des Berichtes über die stufenweise Verwirklichung der Wirtschafts- und Währungsunion in der Gemeinschaft vom 8. Oktober 1970 (sog. Werner-Plan), abgedruckt in *Krägenau/Wetter,* WWU, S. 100.
70 Ziffer 41 des Delors-Berichtes, abgedruckt in *Krägenau/Wetter,* WWU, S. 153.
71 Ziffer 50 des Delors-Berichtes, abgedruckt in *Krägenau/Wetter,* WWU, S. 154.
72 Ziffer 55 des Delors-Berichtes, abgedruckt in *Krägenau/Wetter,* WWU, S. 155.
73 Ziffer 57 des Delors-Berichtes, abgedruckt in *Krägenau/Wetter,* WWU, S. 155.
74 Ziffer 58 des Delors-Berichtes, abgedruckt in *Krägenau/Wetter,* WWU, S. 156.
75 Tagung des Europäischen Rates in Madrid am 26. und 27. Juni 1989, Schlussfolgerungen des Vorsitzes (Auszug), abgedruckt in *Krägenau/Wetter,* WWU, S. 157.
76 Ziffer 43 des Delors-Berichtes, abgedruckt in *Krägenau/Wetter,* WWU, S. 153.
77 Gliederungspunkt III. der Tagung des Europäischen Rates in Straßburg am 8. und 9. Dezember 1989 Schlussfolgerungen des Vorsitzes (Auszug), abgedruckt in *Krägenau/Wetter,* WWU, S. 169.

1957[78] vorbereiten sollten.[79] Die Regierungskonferenzen wurden wie vorgesehen durchgeführt und fanden nach etwa einem Jahr ihren Abschluss, als man sich über den Entwurf eines Vertrages über die Europäische Union geeinigt hatte.[80] Am 7. Februar 1992 wurde der Vertrag über die Europäische Union in Maastricht unterzeichnet.[81] Die in Rom ausgehandelten Vorschriften zur Wirtschafts- und Währungsunion wurden mit dem EUV in den in EGV umbenannten EWG-Vertrag als neuer Titel VI eingefügt.[82]

II. Vertragsänderungen nach Maastricht

Zunächst schufen die Mitgliedstaaten im Jahr 1997 mit dem Stabilitäts- und Wachstumspakt im Bereich der Wirtschafts- und Währungspolitik richtungsweisendes Sekundärrecht.[83] Der Pakt setzt sich aus einer Entschließung des Europäischen Rates sowie den VO 1466/97 und VO 1467/97 zusammen.[84] Die Entschließung enthält eine politische Willensbekundung zur soliden Haushaltspolitik.[85] Die VO 1466/97 präzisiert insbesondere das Verfahren der multilateralen Überwachung nach Art. 103 EGV und die VO 1467/97 enthält Regelungen für eine effektive Anwendung des Verfahrens zur Vermeidung übermäßiger Defizite nach Art. 104c EGV.[86]

Der noch im gleichen Jahr abgeschlossene Vertrag von Amsterdam beschränkte sich auf eine Neunummerierung der Vorschriften über die Wirtschafts- und Währungsunion, inhaltlich blieben diese unberührt.[87]

---

78 Die Römischen Verträge sind der EWG-Vertrag, der Vertrag über die Gründung der Europäischen Gemeinschaft für Kohle und Stahl und der Vertrag zur Gründung der Europäischen Atomgemeinschaft.
79 Gliederungspunkt 2. der Tagung des Europäischen Rates in Dublin am 25. und 26. Juni 1990 – Schlussfolgerungen des Vorsitzes (Auszug), abgedruckt in *Krägenau/Wetter,* WWU, S. 169.
80 *Krägenau/Wetter,* WWU, S. 76.
81 *Dauses,* in: Dauses, Hdb. EU-WirtschaftsR, F. I., Rn. 47.
82 Art. G Nr. 25 EUV.
83 *Bandilla,* in: Grabitz/Hilf/Nettesheim, EUV/AEUV, Art. 126 AEUV, Rn. 13 f.
84 *Bandilla,* in: Grabitz/Hilf/Nettesheim, EUV/AEUV, Art. 126 AEUV, Rn. 15.
85 Ebenda.
86 Ebenda.
87 *Wittelsberger,* in: von der Groeben/Schwarze, EUV/EGV, Vorbemerkung Art. 98-124 EGV, Rn. 38; *Bandilla,* in: Grabitz/Hilf/Nettesheim, EUV/AEUV, Art. 119 AEUV, Rn. 12.

Durch den Vertrag von Nizza aus dem Jahr 2003 wurden lediglich kleinere Änderungen am Abstimmungsmodus in den Art. 100 (ex-Art. 103a), 123 Abs. 4 (ex-Art. 109l Abs. 4) EGV vorgenommen.[88]

Erst mit dem Vertrag von Lissabon aus dem Jahr 2007 gab es neben einer abermaligen Neunummerierung auch inhaltliche Veränderungen. So fanden in den Vertrag von Lissabon erstmals Regelungen Eingang, die ausschließlich an solche Mitgliedstaaten adressiert sind, die mit dem Euro eine gemeinsame Währung eingeführt haben (Art. 136 bis 138 AEUV)[89] und die EZB erhielt die Stellung eines Gemeinschaftsorgans.[90] Zudem haben die Mitgliedstaaten das multilaterale Überwachungsverfahren und das Defizitverfahren an einigen Stellen verschärft. Soweit dies bedeutsam ist, wird darauf in der folgenden Darstellung der konkreten vertraglichen Regelungen kurz eingegangen.[91]

III. Vertragliche Ausgestaltung

Die Endstufe der Wirtschafts- und Währungsunion ist in den ersten drei Kapiteln des Titels VIII des Vertrages von Lissabon geregelt (zuvor Titel VI EGV). Das erste Kapitel des Titels behandelt die Wirtschaftspolitik, das zweite die Währungspolitik und das dritte Kapitel enthält die diesbezüglichen institutionellen Bestimmungen.

Die volkswirtschaftlichen Zusammenhänge dieser Politikbereiche waren den Mitgliedstaaten dabei im Grundsatz klar. Allerdings fehlte ihnen die Bereitschaft, im sensiblen Bereich der Haushaltspolitik auf staatliche Souveränität zu verzichten. Dementsprechend beschränkte sich die Tätigkeit der Mitgliedstaaten und der Gemeinschaft schon nach Art. 2 Abs. 1 EGV auf

»die Einführung einer Wirtschaftspolitik, die auf einer engen *Koordinierung* der Wirtschaftspolitik der Mitgliedstaaten, dem Binnenmarkt und der Festlegung ge-

---

88 *Wittelsberger*, in: von der Groeben/Schwarze, EUV/EGV, Vorbemerkung Art. 98-124 EGV, Rn. 38.
89 *Bandilla*, in: Grabitz/Hilf/Nettesheim, EUV/AEUV, Art. 119 AEUV, Rn. 13.
90 *Häde*, EuR 2009, 200 (210).
91 Siehe im Einzelnen *Häde*, EuR 2009, 200 (203).

meinsamer Ziele beruht und den Grundsatz einer offenen Marktwirtschaft mit freiem Wettbewerb unterstützen soll.«[92]

Hinsichtlich der Währungspolitik umfasste die Tätigkeit der Mitgliedstaaten und der Gemeinschaft laut Art. 2 Abs. 2 EGV hingegen,

> »die unwiderrufliche Festlegung der Wechselkurse im Hinblick auf die Einführung einer gemeinsamen Währung, der ECU, sowie die Festlegung einer einheitlichen Geld- sowie Wechselkurspolitik, die beide vorrangig das Ziel der Preisstabilität verfolgen und unbeschadet dieses Zieles die allgemeine Wirtschaftspolitik in der Gemeinschaft unter Beachtung des Grundsatzes einer offenen Marktwirtschaft und freiem Wettbewerb unterstützen sollen.«

De facto schuf der Vertrag von Maastricht also lediglich eine Währungs-, nicht aber eine echte Wirtschaftsunion.[93] Denn die Wirtschaftspolitik der Gemeinschaft beruhte weiterhin auf dem Prinzip der Koordinierung, wohingegen die Währungspolitik tatsächlich vergemeinschaftet wurde. Unter der Prämisse, dass eine Störung des vorrangigen Zieles der Preisstabilität vermieden wird, sollte die Währungspolitik die allgemeine Wirtschaftspolitik lediglich unterstützen. An diesem grundsätzlichen Ungleichgewicht hat sich über die Verträge von Amsterdam, Nizza und Lissabon bis heute nichts geändert.[94] Im Folgenden wird die seit Maastricht bestehende vertragliche Ausgestaltung der Wirtschafts- und Währungsunion dargestellt, wobei auf die wenigen späteren Modifikationen hingewiesen wird.

1. Wirtschaftspolitik

Die Mitgliedstaaten haben sich dazu verpflichtet, ihre Wirtschaftspolitik zu koordinieren. Sie sind somit angehalten, die im Rat festgelegten Grundzüge der Wirtschaftspolitik zu beachten (Art. 121 AEUV). Auf die Haushaltspolitik als Kernbereich der Wirtschaftspolitik legte schon der Vertrag von Maastricht ein besonderes Augenmerk.[95] Übermäßige Haushaltsdefizite sind unter Sanktionsandrohung zu vermeiden (Art. 126 AEUV). Ergänzt werden diese Regelungen durch an die Mitgliedstaaten und die Gemeinschaft gerichtete

---

92 Hervorhebungen durch den Verfasser.
93 Vgl. *Nicolaysen,* Europarecht II, S. 338.
94 Vgl. etwa statt vieler *Häde,* Exekutivprimat, S. 18.
95 Vgl. *Nicolaysen,* Europarecht II, S. 343; *Italianer,* in: von der Groeben/Thiesing/Ehlermann, EUV/EGV, Art. 104c EGV, Rn. 15.

§ 1 Grundlagen der Wirtschafts- und Währungsunion

Verbote, sich über die Zentralbanken zu finanzieren (Art. 123 AEUV), sich bevorrechtigten Zugang zu Kreditinstituten zu verschaffen (Art. 124 AEUV) sowie für Mitgliedstaaten zu haften (Art. 125 AEUV). Für Notlagen von Mitgliedstaaten sieht Art. 122 AEUV allerdings unter bestimmten Bedingungen die Möglichkeit zu Hilfsmaßnahmen vor.

a) Die Mitgliedstaaten sind gemäß Art. 121 Abs. 1 AEUV – unter Wahrung ihrer ausschließlich nationalstaatlichen Zuständigkeit – zur Koordinierung ihrer Wirtschaftspolitik verpflichtet.[96] Die Koordinierung basiert auf einer Ratsempfehlung für die Grundzüge der Wirtschaftspolitik (Art. 121 Abs. 2 AEUV), deren Einhaltung multilateral überwacht wird (Art. 121 Abs. 3 bis Abs. 4 AEUV).

Die Erarbeitung der Empfehlung für die Grundzüge der Wirtschaftspolitik erfolgt nach Art. 121 Abs. 2 AEUV in einem mehrstufigen Verfahren: Zunächst unterbreitet die Kommission dem Rat eine Empfehlung für einen Entwurf der Grundzüge. Anschließend erstellt der Rat einen Entwurf, den der Europäische Rat nachfolgend erörtert und daraus eine Schlussfolgerung zieht. Auf Grundlage der Schlussfolgerung verabschiedet der Rat schließlich mit qualifizierter Mehrheit eine Empfehlung. Über die Empfehlung informiert der Rat das Europäische Parlament.

Auffällig an diesem schon im Vertrag von Maastricht eingeführten Verfahren ist, dass der Europäische Rat bei der inhaltlichen Erarbeitung der Empfehlung das letzte Wort hat, diese aber nicht selbst beschließt.[97] Das erklärt sich jedoch wie folgt: Ziel war es, dass die Grundzüge in den Mitgliedstaaten tatsächlich befolgt werden.[98] Davon ist eher auszugehen, wenn die in der Regel von ihrem jeweiligen nationalen Parlament legitimierten Staats- und Regierungschefs die Empfehlung maßgeblich vorgeben.[99] Allerdings war der Europäische Rat laut Art. D EUV zwar »Impulsgeber« der Gemeinschaft, er konnte jedoch nicht wie der Rat nach Art. 189 EGV rechtsverbind-

---

96 Vgl. dazu auch *Hufeld*, in: Hatje/Müller-Graff, EnzEuR, Band 4, § 22, Rn. 34 ff.
97 *Bandilla*, in: Grabitz/Hilf/Nettesheim, EUV/AEUV, Art. 121 AEUV, Rn. 16.
98 *Hufeld*, in: Hatje/Müller-Graff, EnzEuR, Band 4, § 22, Rn. 35; *Bandilla*, in: Grabitz/Hilf/Nettesheim, EUV/AEUV, Art. 121 AEUV, Rn. 16.
99 *Bandilla*, in: Grabitz/Hilf/Nettesheim, EUV/AEUV, Art. 121 AEUV, Rn. 16; *Colasanti*, in: von der Groeben/Thiesing/Ehlermann, EUV/EGV, Art. 103 EGV, Rn. 10; *Nicolaysen*, Europarecht II, S. 339.

liche Empfehlungen aussprechen.[100] Daher oblag der endgültige Beschluss über die Empfehlung dem Rat, der rechtlich bindend entscheiden konnte.[101] Dieses Verfahren wurde bis heute im Wesentlichen beibehalten, auch wenn der Europäische Rat mittlerweile ein reguläres Unionsorgan ist (Art. 235 ff. AEUV).

Die multilaterale Überwachung nach Art. 121 Abs. 3 und Abs. 4 AEUV soll – wie dargelegt – gewährleisten, dass die Mitgliedstaaten die Empfehlung für die Grundzüge der Wirtschaftspolitik auch tatsächlich befolgen:[102] Zunächst ist danach jeder Mitgliedstaat verpflichtet, der Kommission Angaben über wichtige einzelstaatliche Maßnahmen und sonstige von ihm für erforderlich erachtete Angaben zu machen (Art. 121 Abs. 3 UAbs. 2 AEUV). Auf Basis dieser Informationen sowie der nach Art. 337 AEUV eingeholten Auskünfte berichtet die Kommission dem Rat über die Vereinbarkeit der wirtschaftlichen Entwicklung der Gemeinschaft und der Mitgliedstaaten mit den wirtschaftspolitischen Grundzügen.[103] Auf Grundlage der Berichte nimmt der Rat in regelmäßigen Abständen eine Gesamtbewertung der Situation vor. Weicht ein Mitgliedstaat von den Grundzügen ab, konnte der Rat früher mit qualifizierter Mehrheit eine Empfehlung zur Abhilfe an diesen aussprechen. Die qualifizierte Mehrheit war in Art. 148 EGV geregelt. Im Vertrag von Lissabon erhielt die Kommission nun das Recht, an Stelle des Rates die erste Verwarnung an den betroffenen Mitgliedstaat zu richten, um das Verfahren effektiver zu gestalten und zu entpolitisieren (Art. 121 Abs. 4 S. 1 AEUV).[104] Auf Vorschlag der Kommission kann der Rat mit qualifizierter Mehrheit die Veröffentlichung der Empfehlung beschließen. Diese ist für den Mitgliedstaat gemäß Art. 288 Abs. 5 AEUV jedoch nicht verbindlich.[105] Der Präsident des Rates und die Kommission berichten dem Europäischen Parlament über die Überwachung. Bei einer Veröffentlichung der Empfehlung, kann der Präsident des Rates zudem ersucht werden, vor dem zuständigen Ausschuss des Parlaments zu erscheinen.

---

100 *Bandilla,* in: Grabitz/Hilf/Nettesheim, EUV/AEUV, Art. 121 AEUV, Rn. 16; *Nicolaysen,* Europarecht II, S. 339.
101 Ebenda.
102 *Bandilla,* in: Grabitz/Hilf/Nettesheim, EUV/AEUV, Art. 121 AEUV, Rn. 16.
103 *Bandilla,* in: Grabitz/Hilf/Nettesheim, EUV/AEUV, Art. 121 AEUV, Rn. 36.
104 *Bandilla,* in: Grabitz/Hilf/Nettesheim, EUV/AEUV, Art. 121 AEUV, Rn. 1.
105 *Ruffert,* in: Calliess/Ruffert, EUV/AEUV, Art. 288 AEUV, Rn. 95.

b) Die Vorschrift des Art. 126 AEUV zur Vermeidung übermäßiger öffentlicher Defizite betrifft die Haushaltshoheit der Mitgliedstaaten und somit den Kernbereich nationaler Parlamentssouveränität. Die ausschließliche Zuständigkeit für die Haushaltspolitik verbleibt auch hier bei den Mitgliedstaaten, die sich aber zur Einhaltung der Vorgaben des Art. 126 AEUV verpflichtet haben.[106] Zur Definition der Begrifflichkeiten der Norm haben die Mitgliedstaaten das Protokoll über das Verfahren bei einem übermäßigen Defizit beigefügt.[107] Zudem trifft die VO 479/2009 (früher: VO 3605/93) weitere inhaltliche Bestimmungen.[108]

Grundsätzlich verbietet Art. 126 Abs. 1 AEUV übermäßige öffentliche Defizite. Ein öffentliches Defizit ist insbesondere in zwei Fällen übermäßig (Art. 126 Abs. 2 AEUV): Erstens, wenn das Verhältnis des geplanten oder tatsächlichen öffentlichen Defizits zum BIP drei Prozent überschreitet. Dieser Wert ergibt sich aus Art. 1 des Protokolls über das Verfahren bei einem übermäßigen Defizit. Dies gilt jedoch nicht, wenn die Überschreitung erheblich und laufend auf den Regelwert zurückgeht oder der Wert nur ausnahmsweise vorübergehend überschritten wird und in der Nähe der drei Prozent liegt (Art. 126 Abs. 2 AEUV). Zweitens ist ein öffentliches Defizit übermäßig, wenn der öffentliche Schuldenstand im Verhältnis zum BIP 60 Prozent überschreitet. Dieser Wert ergibt sich ebenfalls aus Art. 1 des Protokolls über das Verfahren bei einem übermäßigen Defizit. Die Kommission überwacht die Entwicklung der nationalen Haushaltslage und des Schuldenstands dabei fortlaufend.

Verstößt ein Mitgliedstaat gegen eines der beiden Defizitkriterien, ist die Kommission nach Art. 126 Abs. 3 UAbs. 1 AEUV zur Erstellung eines Berichtes verpflichtet. In dem Bericht hat die Kommission alle be- und entlastenden Faktoren zu berücksichtigen, also insbesondere, ob das Defizit durch besonders hohe Investitionen oder etwa eine antizyklische Konjunkturpolitik

---

106 *Häde*, in: Calliess/Ruffert, EUV/AEUV, Art. 126 AEUV, Rn. 1 ff.
107 *Bandilla*, in: Grabitz/Hilf/Nettesheim, EUV/AEUV, Art. 126 AEUV, Rn. 45.
108 *Hattenberger*, in: Schwarze, EU-Kommentar, Art. 126 AEUV, Rn. 9; *Bandilla*, in: Grabitz/Hilf/Nettesheim, EUV/AEUV, Art. 126 AEUV, Rn. 46.

verursacht worden sein könnte.[109] Zudem kann die Kommission einen derartigen Bericht fertigen, wenn sie die Einhaltung der Defizitkriterien in einem Mitgliedstaat für gefährdet hält (Art. 126 Abs. 3 UAbs. 2 AEUV). Zu dem Bericht der Kommission gibt der Wirtschafts- und Finanzausschuss gemäß Art. 126 Abs. 4 AEUV eine Stellungnahme ab. Geht die Kommission weiterhin von einem bestehenden oder drohenden übermäßigen Haushaltsdefizit aus, so hatte sie nach dem Vertrag von Maastricht dem Rat eine entsprechende Stellungnahme vorzulegen (Art. 126 Abs. 5 AEUV).[110] An dieser Stelle wurde das Verfahren durch den Vertrag von Lissabon geschärft: Die Kommission hat nunmehr das Recht, ohne vorherige Befassung des Rates dem betroffenen Mitgliedstaat eine Stellungnahme vorzulegen, wenn sie einen Verstoß gegen die Defizitkriterien annimmt oder befürchtet (Art. 126 Abs. 5 AEUV).[111]

Nach Vorlage von Stellungnahme und entsprechender Empfehlung der Kommission entscheidet der Rat, ob ein übermäßiges Haushaltsdefizit vorliegt (Art. 126 Abs. 6 AEUV). Dafür sind nach dem Vertrag von Lissabon nun nicht mehr zwei Drittel der Stimmen erforderlich, sondern es genügt eine sog. doppelte Mehrheit nach Art. 238 Abs. 3 lit. a) AEUV (Art. 126 Abs. 13 UAbs. 3 AEUV).[112] Dementsprechend genügen für eine Mehrheit 55 Prozent der Mitgliedstaaten, sofern sie zusammen zumindest 65 Prozent der Bevölkerung der Union vertreten. Weiterhin ist der betroffene Mitgliedstaat nicht stimmberechtigt (Art. 126 Abs. 13 UAbs. 2).[113] Die Entscheidung bleibt aber im Kern eine politische Gesamtbeurteilung, in welche die von der Kommission dargestellten ökonomischen Daten einfließen.[114] Nachdem der Rat ein übermäßiges Defizit festgestellt hat, kann er mit einer Zweidrittelmehrheit (ohne Stimmberechtigung des betroffenen Staates) Empfehlungen an den betroffenen Mitgliedstaat richten (Art. 126 Abs. 7 und Abs. 13 AEUV). Die Empfehlung wird dem Mitgliedstaat vertraulich notifiziert und

---

109 *Hattenberger*, in: Schwarze, EU-Kommentar, Art. 126 AEUV, Rn. 29; *Häde*, in: Calliess/Ruffert, EUV/AEUV, Art. 126 AEUV, Rn. 44 f.; *Bandilla*, in: Grabitz/Hilf/Nettesheim, EUV/AEUV, Art. 126 AEUV, Rn. 65.
110 *Bandilla*, in: Grabitz/Hilf/Nettesheim, EUV/AEUV, Art. 126 AEUV, Rn. 68.
111 *Bandilla*, in: Grabitz/Hilf/Nettesheim, EUV/AEUV, Art. 126 AEUV, Rn. 67.
112 *Bandilla*, in: Grabitz/Hilf/Nettesheim, EUV/AEUV, Art. 126 AEUV, Rn. 73.
113 *Häde*, EuR 2009, 200 (203).
114 *Häde*, in: Calliess/Ruffert, EUV/AEUV, Art. 126 AEUV, Rn. 51; *Bandilla*, in: Grabitz/Hilf/Nettesheim, EUV/AEUV, Art. 126 AEUV, Rn. 72.

§ 1 Grundlagen der Wirtschafts- und Währungsunion

macht – unter Wahrung des Subsidiaritätsprinzips – fristgebundene Vorgaben zum Defizitabbau.[115] Kommt der Mitgliedstaat der Empfehlung binnen der gesetzten Frist nicht nach, kann der Rat mit Zweidrittelmehrheit die Veröffentlichung der Empfehlung beschließen, um den Druck zu erhöhen (Art. 126 Abs. 8 und Abs. 13 AEUV). Dies stellt in dem sich durch große politische Rücksichtnahme auszeichnenden Defizitverfahren eine erste Maßnahme mit Sanktionscharakter dar.[116]

Leistet der betroffene Mitgliedstaat nach der Veröffentlichung der Empfehlung weiterhin nicht Folge – besteht sein Defizit also unverändert fort –, so kann der Rat ihn in Verzug setzen (Art. 126 Abs. 9 AEUV). Dies geschieht durch eine rechtsverbindliche Entscheidung des Rates im Sinne des Art. 288 Abs. 4 AEUV.[117] Bei der Entscheidung gilt es – ebenso wie bei der vorausgehenden Empfehlung – das Subsidiaritätsprinzip zu beachten.[118] Zentral ist damit jeweils die Aufforderung an den Mitgliedstaat, das Defizit binnen einer Frist zu beseitigen, während der Mitgliedstaat die Wahl der Mittel hat.[119] Allerdings ist es dem Rat im Rahmen der Entscheidung möglich, detailliertere Vorgaben – etwa zum Zeitplan – zu machen.[120] Befolgt der betroffene Mitgliedstaat die Ratsentscheidung nicht, drohen ihm die Sanktionen nach Art. 126 Abs. 11 AEUV: Die Pflicht zur Veröffentlichung weiterer Angaben bei der Emission von staatlichen Wertpapieren, die Überprüfung der Darlehenspolitik der Europäischen Investitionsbank gegenüber dem Mitgliedstaat, die Hinterlegung einer unverzinslichen Einlage bei der Gemeinschaft und schließlich die Zahlung einer Geldbuße. Die Liste der Sanktionen ist insoweit abschließend.[121]

Sobald der Mitgliedstaat das öffentliche Defizit beseitigt hat, hebt der Rat mit qualifizierter Mehrheit gemäß Art. 126 Abs. 12 AEUV seine Empfeh-

---

115 *Hattenberger*, in: Schwarze, EU-Kommentar, Art. 126 AEUV, Rn. 40.
116 *Hattenberger*, in: Schwarze, EU-Kommentar, Art. 126 AEUV, Rn. 45; *Bandilla*, in: Grabitz/Hilf/Nettesheim, EUV/AEUV, Art. 126 AEUV, Rn. 83; *Häde*, in: Calliess/Ruffert, EUV/AEUV, Art. 126 AEUV, Rn. 55.
117 *Hattenberger*, in: Schwarze, EU-Kommentar, Art. 126 AEUV, Rn. 50 f.; *Bandilla*, in: Grabitz/Hilf/Nettesheim, EUV/AEUV, Art. 126 AEUV, Rn. 87; *Häde*, in: Calliess/Ruffert, EUV/AEUV, Art. 126 AEUV, Rn. 57.
118 *Bandilla*, in: Grabitz/Hilf/Nettesheim, EUV/AEUV, Art. 126 AEUV, Rn. 90.
119 Ebenda.
120 Ebenda.
121 M. w. N.: *Bandilla*, in: Grabitz/Hilf/Nettesheim, EUV/AEUV, Art. 126 AEUV, Rn. 96; *Häde*, in: Calliess/Ruffert, EUV/AEUV, Art. 126 AEUV, Rn. 59.

lungen und Entscheidungen auf. Eine Besonderheit des Defizitverfahrens ist der Umstand, dass die Empfehlungen und Entscheidungen des Rates nicht im Wege des Vertragsverletzungsverfahrens nach Art. 258 ff. AEUV vor dem Gerichtshof der Europäischen Union justitiabel sind (Art. 126 Abs. 10 AEUV).

c) Die Vorschriften zur Koordinierung der Wirtschaftspolitik und zur Vermeidung übermäßiger öffentlicher Defizite werden bereits seit dem Vertrag von Maastricht durch drei Verbotsnormen flankiert: Art. 123, 124 und 125 AEUV.[122]

Zunächst verbietet Art. 123 AEUV den Zentralbanken, die Mitgliedstaaten respektive die Gemeinschaft durch Kreditgewährung oder den unmittelbaren Erwerb von Schuldtiteln zu finanzieren. Das an die Zentralbanken gerichtete Verbot ist unmittelbar anwendbar und kann von der Kommission im Wege des Vertragsverletzungsverfahrens nach Art. 258 ff. AEUV gegenüber den Mitgliedstaaten durchgesetzt werden.[123] Der mittelbare Erwerb von staatlichen Schuldtiteln im Rahmen der Offenmarktpolitik ist nicht untersagt.[124]

Des Weiteren gibt es das Verbot des Art. 124 AEUV, das als notwendige Ergänzung des Art. 123 AEUV zu sehen ist.[125] Denn während sich Art. 123 AEUV an die Zentralbanken richtet, ist Art. 124 AEUV an die Mitgliedstaaten und die Gemeinschaft adressiert.[126] Nach 124 AEUV ist es den Mitgliedstaaten und der Gemeinschaft untersagt, sich jenseits von aufsichtsrechtlichen Gründen bevorrechtigten Zugang zu Kreditinstituten zu verschaffen, diese also zu jedweder Art der nicht marktkonformen Staatsfinanzierung zu verpflichten.[127] Diese Norm stellt ebenfalls ein unmittelbar anwendbares Verbot dar.[128]

---

122 *Nicolaysen,* Europarecht II, S. 347.
123 *Bandilla,* in: Grabitz/Hilf/Nettesheim, EUV/AEUV, Art. 123 AEUV, Rn. 6.
124 *Häde,* in: Calliess/Ruffert, EUV/AEUV, Art. 123 AEUV, Rn. 10; *Bandilla,* in: Grabitz/Hilf/Nettesheim, EUV/AEUV, Art. 123 AEUV, Rn. 9.
125 *Bandilla,* in: Grabitz/Hilf/Nettesheim, EUV/AEUV, Art. 124 AEUV, Rn. 2; *Hattenberger,* in: Schwarze, EU-Kommentar, Art. 124 AEUV, Rn. 1.
126 *Bandilla,* in: Grabitz/Hilf/Nettesheim, EUV/AEUV, Art. 124 AEUV, Rn. 2; *Hattenberger,* in: Schwarze, EU-Kommentar, Art. 124 AEUV, Rn. 3.
127 *Bandilla,* in: Grabitz/Hilf/Nettesheim, EUV/AEUV, Art. 124 AEUV, Rn. 6; *Hattenberger,* in: Schwarze, EU-Kommentar, Art. 124 AEUV, Rn. 3.
128 *Bandilla,* in: Grabitz/Hilf/Nettesheim, EUV/AEUV, Art. 124 AEUV, Rn. 5; *Hattenberger,* in: Schwarze, EU-Kommentar, Art. 124 AEUV, Rn. 2.

§ 1 Grundlagen der Wirtschafts- und Währungsunion

Schließlich statuiert Art. 125 AEUV das an die Mitgliedstaaten und die Gemeinschaft gerichtete Verbot, für einen Mitgliedstaat zu haften oder in seine Verbindlichkeiten einzutreten. Die Norm ist ebenfalls unmittelbar anwendbar und soll sicherstellen, dass jeder Mitgliedstaat eigenverantwortlich handelt, indem er für seine Verbindlichkeiten alleine haftet.[129]

2. Währungspolitik

Im Gegensatz zur Wirtschaftsunion basiert die Währungspolitik schon seit Maastricht nicht lediglich auf Politikkoordinierung.[130] Vielmehr schufen die Mitgliedstaaten hier originäre Gemeinschaftszuständigkeiten.[131] Wichtige Regelungen finden sich außer in den Vorschriften des AEUV auch im Protokoll über die Satzung des ESZB und der EZB.[132]

Die Gemeinschaft gründete im Bereich der Geldpolitik die Institutionen des ESZB, bestehend aus EZB und nationalen Zentralbanken, sowie den Wirtschafts- und Finanzausschuss.[133] Die EZB ist eine vollwertige Zentralbank mit Rechtspersönlichkeit (Art. 283 Abs. 3 S. 1 AEUV) und (wie bereits erwähnt) Unionsorgan (Art. 13 Abs. 1 UAbs. 2 EUV). Sie kann vor dem Europäischen Gerichtshof klagen und verklagt werden (Art. 263 AEUV). Organe der EZB sind ihr sechsköpfiges Direktorium (Art. 283 Abs. 2 AEUV) und der Rat (Art. 283 Abs. 1 AEUV). Der Rat setzt sich aus den nationalen Zentralbankpräsidenten sowie den Direktoren zusammen (Art. 283 Abs. 1 AEUV). Er ist das maßgebliche Organ in der Geldpolitik der Gemeinschaft.[134] Das ESZB besteht aus der EZB und den nationalen Zentralbanken (Art. 282 Abs. 1 AEUV). Das ESZB wird von den Organen der EZB geleitet (Art. 106 Abs. 3). Die nationalen Zentralbanken sind integraler Bestandteil des ESZB (Art. 282 Abs. 1 AEUV) und müssen die Weisungen des EZB-

---

129 *Hattenberger*, in: Schwarze, EU-Kommentar, Art. 125 AEUV, Rn. 1; *Häde*, in: Calliess/Ruffert, EUV/AEUV, Art. 125 AEUV, Rn. 1; *Bandilla*, in: Grabitz/Hilf/Nettesheim, EUV/AEUV, Art. 125 AEUV, Rn. 1.
130 *Smits*, in: von der Groeben/Thiesing/Ehlermann, EUV/EGV, Art. 105 EGV, Rn. 31.
131 *Bünger/Molitor*, in: von der Groeben/Thiesing/Ehlermann, EUV/EGV, Vorbemerkung Art. 102a-109m EGV, Rn. 22.
132 ABl. 2012 C 326/230 ff.
133 *Smulders*, in: von der Groeben/Thiesing/Ehlermann, EUV/EGV, Art. 106 EGV, Rn. 1.
134 *Häde*, in: Calliess/Ruffert, EUV/AEUV, Art. 127 AEUV, Rn. 2.

Rats befolgen (Art. 12.1 ESZB-Satzung). Dies kann vor dem Gerichtshof nach Art. 271 lit. d) AEUV durchgesetzt werden. Zudem gibt es zur Einbeziehung des Europäischen Parlaments einen Wirtschafts- und Finanzausschuss, der Aufgaben im Bereich der Währungspolitik wahrnimmt (Art. 134 AEUV).

Schon bei ihrer Gründung haben die Mitgliedstaaten der Unabhängigkeit der währungspolitischen Institutionen große Bedeutung zugemessen:[135] Die EZB und die nationalen Zentralbanken arbeiten ebenso wie die Mitglieder ihrer Beschlussorgane vollständig weisungsfrei (Art. 130 AEUV). Die Mitgliedstaaten müssen dies im nationalen Recht ebenfalls sicherstellen (Art. 131 AEUV). Diese Bestimmungen beruhen auf der Erfahrung, dass es unabhängigen Zentralbanken regelmäßig leichter fällt, eine nachhaltige Stabilitätspolitik zu verfolgen.[136]

Das ESZB ist nach Art. 127 Abs. 2 AEUV für die Geldpolitik, Devisengeschäfte, Währungsreserven und die Zahlungssysteme der Gemeinschaft zuständig. Ihm stehen dazu alle notwendigen geldpolitischen Instrumente zur Verfügung (Art. 12.1 EZB-Satzung). Dabei unterstützt das ESZB – unter Wahrung der vorrangigen Preisstabilität – die allgemeine Wirtschaftspolitik der Gemeinschaft (Art. 127 Abs. 1 AEUV). Die EZB ist für die Ausgabe von Banknoten zuständig, die Mitgliedstaaten für die Ausgabe von Münzgeld (Art. 128 AEUV). Den diesbezüglichen Rahmen steckt allerdings ebenfalls die EZB ab (Art. 128 Abs. 2 S. 1 AEUV). Zur Erfüllung ihrer Aufgaben ist die EZB gemäß Art. 132 AEUV zum Erlass von Sekundärrecht ermächtigt. Dies umfasst auch das Recht, Verstöße von Unternehmen durch Strafen und Bußgelder zu sanktionieren (Art. 132 Abs. 3 AEUV).

Eine alleinige Zuständigkeit des ESZB für die Währungsaußenpolitik besteht nicht.[137] Die Festsetzung von Wechselkursen obliegt dem Rat (Art. 219 AEUV). Der Rat ist dabei ebenso an den Stabilitätsgrundsatz gebunden wie das ESZB selbst (Art. 219 Abs. 1 AEUV).

---

[135] *Nicolaysen,* Europarecht II, S. 388.
[136] *Gnan/Wittelsberger,* in: von der Groeben/Thiesing/Ehlermann, EUV/EGV, Art. 107 EGV, Rn. 17; *Nicolaysen,* Europarecht II, S. 388.
[137] *Nicolaysen,* Europarecht II, S. 391.

§ 1 Grundlagen der Wirtschafts- und Währungsunion

3. Mitgliedstaaten mit Ausnahmeregelung

Mitgliedstaaten mit Ausnahmeregelung[138] unterliegen nicht allen und zudem anderen Vorschriften als die übrigen Mitgliedstaaten, die an der Endstufe teilnehmen.

Im Bereich der Wirtschaftspolitik können Mitgliedstaaten mit Ausnahmeregelung nicht gemäß Art. 126 Abs. 9 und 11 AEUV sanktioniert werden (Art. 139 Abs. 2 lit. b) AEUV). Die Verbote der Art. 123, 124 und 125 EGV gelten jedoch auch für sie. Allerdings – und dies ist eine nennenswerte Einschränkung des Art. 125 AEUV – steht ihnen trotz des grundsätzlichen Verbots der Beistand bei plötzlichen Zahlungsbilanzkrisen zu (Art. 143 f. AEUV). Für die Teilnehmer der Endstufe ist eine Zahlungsbilanzkrise gegenüber anderen Mitgliedstaaten denklogisch ausgeschlossen, da eine solche zwei verschiedene Währungen voraussetzt.[139]

Im Bereich der Währungspolitik gelten für die Mitgliedstaaten mit Ausnahmeregelung hingegen nahezu keine der Vorschriften (Art. 139 Abs. 2 lit. c) bis j) AEUV). Sie sind über ihre Zentralbanken im Erweiterten Rat der EZB (Art. 45 ESZB-Satzung) vertreten, die insoweit nach Art. 132 AEUV weisungsunabhängig sein müssen.

C. Ökonomische Konzeption

I. Ausgangspunkt

Beim Ringen um die vertragliche Ausgestaltung der Wirtschafts- und Währungsunion spielten ökonomische Fragen von Anbeginn an eine wichtige Rolle. Dies galt umso mehr, als sich die ökonomische Konzeption derselben zwei primär politischen Entscheidungen unterzuordnen hatte: Erstens sollte die Wirtschaftspolitik weiterhin in nationaler Zuständigkeit verbleiben.[140] Zweitens sollte die Union geldpolitisch vorrangig dem Ziel der Preisstabilität

---

138 Vgl. zum Begriff Art. 139 Abs. 1 AEUV.
139 *Estorff/Molitor*, in: von der Groeben/Thiesing/Ehlermann, EUV/EGV, Art. 109k EGV, Rn. 10.
140 Vgl. *Wittelsberger*, in: von der Groeben/Schwarze, EUV/EGV, Vorbemerkung Art. 98-124 EGV, Rn. 23.

verpflichtet sein.[141] Erst die Erfüllung dieser nicht primär ökonomisch determinierten politischen Vorbedingungen schaffte bei einer Vielzahl der Mitgliedstaaten die Bereitschaft, über eine engere Kooperation in diesem Politikfeld nachzudenken.[142]

Aus ökonomischer Perspektive war dabei klar, dass ein Auseinanderfallen der Zuständigkeiten für die Wirtschaftspolitik einerseits und die Währungspolitik andererseits erhebliche Probleme mit sich bringt.[143] Denn Preisstabilität lässt sich nicht ausschließlich mit den Mitteln der Währungspolitik gewährleisten – wie das folgende Beispiel verdeutlicht:

Erhöht ein Mitglied der Union als Ausdruck seiner wirtschaftspolitischen Handlungsfreiheit etwa im Bereich Infrastruktur seine Staatsausgaben, so verzeichnen die Unternehmen der entsprechenden Branche einen Zugewinn an Aufträgen.[144] Um diese bewältigen zu können, stellen sie mehr Arbeitnehmer ein.[145] Der Beschäftigungszuwachs führt zu einer Vergrößerung des verfügbaren Einkommens, das die Arbeitnehmer für Konsum verwenden.[146] Zugleich partizipieren über den Konsum nunmehr auch andere Branchen an der staatlicherseits verbesserten Auftragslage (Multiplikator-Effekte).[147] Die gestiegene Nachfrage nach Konsumprodukten führt wiederum zu einer Erhöhung der Preise.[148] Die Arbeitnehmer reagieren auf die gestiegenen Preise bei anstehenden Tarifverhandlungen, indem sie diese durch nominelle Lohnsteigerungen auszugleichen versuchen.[149] Die Lohnsteigerungen bewirken

---

141 Vgl. *Wittelsberger*, in: von der Groeben/Schwarze, EUV/EGV, Vorbemerkung Art. 98-124 EGV, Rn. 19.
142 Vgl. *Wittelsberger*, in: von der Groeben/Schwarze, EUV/EGV, Vorbemerkung Art. 98-124 EGV, Rn. 23.
143 *Dombret*, Lösungsansätze, http://www.bundesbank.de/Redaktion/DE/Down-loads/ Presse/Reden/2011/2011_12_20_dombret_europaeische_staatsschuldenkrise.pdf?__ blob=publicationFile, S. 5 (Stand: 26.06.2013); *Issing*, in: Duwendag/Siebke, Eintritt WWU, S. 181 (188).
144 *Bernheim/Whinston*, Microeconomics, S. 217 ff.; vgl. auch *Blanchard/Johnson*, Macroeconomics, S. 109.
145 Ebenda.
146 *Blanchard/Johnson*, Macroeconomics, S. 184; *Clement/Terlau/Kiy*, Makroökonomie, S. 321 f.
147 *Blanchard/Johnson*, Macroeconomics, S. 70; *Clement/Terlau/Kiy*, Makroökonomie, S. 321 f.
148 *Blanchard/Johnson*, Macroeconomics, S. 184; *Clement/Terlau/Kiy*, Makroökonomie, S. 321 f.
149 Ebenda.

ihrerseits jedoch wiederum eine Erhöhung der Kosten der Unternehmen, weswegen diese im nächsten Schritt erneut die Preise ihrer Produkte erhöhen.[150]

Der Prozess der wechselseitigen Erhöhung von Löhnen und Preisen wird in der Volkswirtschaft auch als »Lohn-Preis-Spirale« bezeichnet.[151] Im Ergebnis kann die wirtschaftspolitische Entscheidung eines Mitgliedstaates, seine Staatsausgaben – etwa im Bereich Infrastruktur – zu erhöhen, zu einer tendenziell inflationären Entwicklung beitragen. Damit wird deutlich, dass Preisstabilität nicht allein mit dem geldpolitischen Instrumentarium zu erreichen ist, sondern es vielmehr des Einklangs von Wirtschafts- und Währungspolitik bedarf. Dem versuchten die Mitgliedstaaten bei der Ausgestaltung der Wirtschafts- und Währungsunion Rechnung zu tragen, indem sie zumindest die Koordination ihrer weiterhin nationalen Wirtschaftspolitiken vereinbarten. Da man sich bei Verstößen gegen die beschlossenen Grundzüge der Wirtschaftspolitik jedoch nicht auf effektive Sanktionen einigen konnte, waren die Mitgliedstaaten bestrebt auch anderweitige Disziplinierungsmöglichkeiten für die nationalen Politiken zu nutzen: Als Hauptproblem wurde insofern ein unkontrolliertes Anwachsen der Staatsverschuldung – mit den dargestellten Konsequenzen für die Preisstabilität – identifiziert.

II. Vorbild Föderation?

Auf der Suche nach Regulierungsmöglichkeiten richtete man den Blick auf den Staatsaufbau in Föderationen, der im Ansatz mit dem Gebilde der Europäischen Union als vergleichbar angesehen wurde.[152] Dabei fällt zunächst auf, dass die Autonomie der föderalen Gliedstaaten sehr unterschiedlich ausgestaltet ist: Während die Freiheit in Kanada, der Schweiz und den Vereinigten Staaten recht groß ausfällt, ist die Selbstständigkeit in Deutschland und Australien eher begrenzt.[153] Entsprechend gab es in den Föderationen mit selbstständigeren Gliedstaaten auch Differenzierungen bei den Zinsen der

---

150 *Blanchard/Johnson*, Macroeconomics, S. 184; *Clement/Terlau/Kiy*, Makroökonomie, S. 321 f.
151 *Blanchard/Johnson*, Macroeconomics, S. 184; *Clement/Terlau/Kiy*, Makroökonomie, S. 321 f.
152 *Lamfalussy*, in: European Council, Report on EMU, S. 91 (102).
153 Ebenda.

von ihnen emittierten Staatsanleihen; dies gilt jedoch nicht für die Schweiz.[154] Hoch verschuldete Gliedstaaten mussten bei der Kreditaufnahme somit erheblich höhere Zinsen akzeptieren als andere. Eine solche Differenzierung findet sich nicht in stärker integrierten Föderationen wie etwa Australien.[155]

Die Haushalte der Gliedstaaten unterliegen in den meisten Föderationen keiner Kontrolle durch die Zentralregierung.[156] Eine Ausnahme bildet insofern Australien, wo eine von der Zentralebene dominierte Kommission die Verschuldungsgrenzen sowohl für die föderale als auch die Ebene der Gliedstaaten festlegt.[157] Allerdings muss in diesem Zusammenhang beachtet werden, dass es zwischen den föderalen Staaten und der Europäischen Union einen erheblichen Unterschied gibt: Während das Budget der föderalen Ebene in allen genannten Staaten zumindest 30 bis 50 Prozent des BSP ausmacht, stehen der Zentralebene der Union nur ein bis drei Prozent des BSP (aller Mitgliedstaaten zusammengerechnet) zur Verfügung.[158] Hinzu kommen meist umfangreiche Finanztransfers zwischen den verschiedenen staatlichen Ebenen.[159] Damit ist der Union – im Gegensatz zu den föderalen Staaten – eine effektive makroökonomische Steuerung schon aus Budgetgründen unmöglich.[160]

III. Verwirklichte Konzeption

Die Erfahrungen aus föderalen Systemen berücksichtigend, versuchten die Mitgliedstaaten die als Hauptgefahr für die Preisstabilität erkannte Staatsverschuldung in zweierlei Weise zu begrenzen: Zum einen sollten die in haushalterischer Hinsicht disziplinierend wirkenden Marktkräfte steigender Kreditzinsen genutzt werden (Art. 123 bis 125 AEUV), zum anderen – mangels ausreichenden föderalen Budgets – die nationalen Haushalte einer sanktionierten Kontrolle der europäischen Ebene unterworfen werden (Art. 126

---

154 *Lamfalussy*, in: European Council, Report on EMU, S. 91 (105 und 120).
155 *Lamfalussy*, in: European Council, Report on EMU, S. 91 (106).
156 *Lamfalussy*, in: European Council, Report on EMU, S. 91 (104).
157 Ebenda.
158 *Lamfalussy*, in: European Council, Report on EMU, S. 91 (109).
159 *Fuest*, Wirtschaftsdienst 1993, 539 (544).
160 *Lamfalussy*, in: European Council, Report on EMU, S. 91 (100 f. und 108).

AEUV). Daneben steht die zunächst nicht sanktionierte Koordination der Wirtschaftspolitik (Art. 121 AEUV).

1. Disziplinierung über den Markt

Dem Ansatz, die nationalen Fiskalpolitiken durch die Marktkräfte zu disziplinieren, liegt folgender Gedanke zugrunde: Mit steigender Verschuldung eines Staates sinkt dessen Bonität auf den Finanzmärkten.[161] Somit kann er weitere Kredite nur mit entsprechenden Zinsaufschlägen aufnehmen.[162] Die steigenden Zinskosten sollen den betroffenen Staat dazu animieren, zukünftig weniger Verbindlichkeiten einzugehen, um so wieder Kredite zu günstigeren Konditionen erhalten zu können.[163] Dieses Modell setzt jedoch voraus, dass es keine Marktbeschränkungen gibt, Markttransparenz vorherrscht, ein finanzieller Beistand zwischen den Mitgliedstaaten ausgeschlossen ist und der betroffene Staat auf steigende Zinsen reagiert.[164] Dem versuchen die Art. 123 bis 125 AEUV Rechnung zu tragen.

Zunächst führt eine Marktbeschränkung dazu, dass die Finanzmärkte auf die steigende Verschuldung eines Staates nicht mit korrespondierenden Zinssteigerungen reagieren können.[165] Das ist insbesondere der Fall, wenn sich der Staat privilegierten Zugang zu finanziellen Quellen gesichert hat und somit die Bedingungen diktiert.[166] Derlei Marktbeschränkungen werden daher durch die Art. 123 und 124 AEUV untersagt.[167]

Außerdem lässt sich eine Einschätzung der Bonität eines Staates nur aufgrund einer belastbaren Faktenlage abgeben. Folglich kann der Markt nur mit steigenden Zinsen reagieren, wenn sich eine Verschlechterung der Zahlungsfähigkeit des Staates anhand transparenter Daten feststellen lässt.[168] Eine Marktinformation – und zugleich eine Sanktion –, sieht der Vertrag bei Ver-

---

161 *Lane*, in: IMF, Staff Papers, S. 53 (66).
162 *Lane*, in: IMF, Staff Papers, S. 53 (66).
163 Ebenda.
164 *Lane*, in: IMF, Staff Papers, S. 53 (61).
165 Ebenda.
166 Ebenda.
167 *Gnan*, in: von der Groeben/Schwarze, EUV/EGV, Art. 101 EGV, Rn. 2.
168 *Issing*, in: Duwendag/Siebke, Eintritt WWU, S. 181 (191); *Lane*, in: IMF, Staff Papers, S. 53 (62).

stößen gegen die Grundzüge der Wirtschaftspolitik (Art. 121 Abs. 4 S. 2 AEUV) oder der Defizitkriterien (Art. 126 Abs. 8 AEUV) durch die Veröffentlichung der entsprechenden Empfehlungen vor. Infolgedessen kann sich der Zinsdruck auf den betroffenen Mitgliedstaat erhöhen.

Des Weiteren setzt eine Disziplinierung der einzelnen Mitgliedstaaten in ihrer Ausgabenpolitik voraus, dass ein gegenseitiger finanzieller Beistand zwischen ihnen glaubwürdig ausgeschlossen ist.[169] Denn gehen die Finanzmärkte davon aus, dass die Mitgliedstaaten in der Krise letztlich eine Haftungsgemeinschaft bilden, so ist eine Ausdifferenzierung des Kreditzinses für jeden einzelnen Mitgliedstaat schlichtweg überflüssig: Entscheidend wäre vielmehr die Bonität der Gemeinschaft als ganze, so dass die einzelnen Mitgliedstaaten Kredite zu ähnlichen Zinssätzen erhalten würden, auch wenn einige von ihnen stark verschuldet und andere ökonomisch gesund wären.[170]

Hinsichtlich der Staatsrettung von Banken ist die Glaubwürdigkeit des Beistands-Ausschlusses gefährdet, wenn das Institut gemeinhin als systemrelevant eingeschätzt wird.[171] Gläubiger dieser Bank kalkulieren bei der Einschätzung ihrer Solvenz einen möglichen Staatsbeistand von vornherein ein, so dass die Zinsen diese nicht realistisch abbilden.[172] Die Folge kann eine äußerst riskante Unternehmensstrategie sein, da jegliche Disziplinierung über die Finanzmärkte ausbleibt.[173] Diese Erfahrungen aus dem Bankensektor lassen sich möglicherweise auf den zwischenstaatlichen Beistand in der Wirtschafts- und Währungsunion übertragen.[174] Denn auch hier könnte die Glaubwürdigkeit eines Beistands-Ausschlusses darunter leiden, dass die Volkswirtschaft eines betroffenen Mitgliedstaates als zu eng mit der übrigen Gemeinschaft verflochten angesehen wird und die Finanzmärkte daher von vornherein einen Beistand bei der Zinsberechnung einkalkulieren.[175] Der feh-

---

169 *Fuest*, Wirtschaftsdienst 1993, 539 (542); *Lane*, in: IMF, Staff Papers, S. 53 (64).
170 *Issing*, in: Duwendag/Siebke, Eintritt WWU, S. 181 (187); *Lane*, in: IMF, Staff Papers, S. 53 (64); *Ruffert*, ZG 2013, 1 (12).
171 *Lane*, in: IMF, Staff Papers, S. 53 (64).
172 *Lane*, in: IMF, Staff Papers, S. 53 (65).
173 Ebenda.
174 *Dombret,* Lösungsansätze, http://www.bundesbank.de/Redaktion/DE/Downloads/Presse/Reden/2011/2011_12_20_dombret_europaeische_staatsschuldenkrise.pdf?__blob=publicationFile, S. 7 (Stand: 26.06.2013); *Lane*, in: IMF, Staff Papers, S. 53 (66); *Ruffert*, ZG 2013, 1 (12).
175 *Lane*, in: IMF, Staff Papers, S. 53 (66); *Ruffert*, ZG 2013, 1 (12).

§ 1 Grundlagen der Wirtschafts- und Währungsunion

lenden Glaubwürdigkeit eines Beistands-Ausschlusses könnte durch die Etablierung eines Staateninsolvenzrechts begegnet werden.[176] Denn sollte sich mithilfe dessen ein geordnetes Verfahren für den Fall der Zahlungsunfähigkeit von Staaten herausbilden, würde ein Beistand zwischen den Mitgliedstaaten unwahrscheinlicher.[177] In Konsequenz dessen würden die Finanzmärkte einen Beistand möglicherweise nicht mehr von vornherein einkalkulieren, sondern die Zinssätze nach der jeweiligen Solvenz eines Mitgliedstaates ausdifferenzieren.[178] Allerdings haben Erfahrungen in der Vergangenheit gezeigt, dass die Finanzmärkte negative Entwicklungen betreffend die Bonität eines staatlichen Schuldners erst spät realisierten und dann sprunghaft – mit Übertreibungen – reagierten.[179]

Die zentrale Bestimmung im Regelwerk über die Europäische Wirtschafts- und Währungsunion ist das Beistandsverbot in Art. 125 AEUV.[180] Danach ist sowohl die Haftung eines Mitgliedstaates für einen anderen als auch die Haftung durch die Europäische Union für einen Mitgliedstaat untersagt. Allerdings wurde die Regelung nicht durch die Einführung eines Staateninsolvenzrechts ergänzt, wodurch ihre Glaubwürdigkeit erhöht worden wäre.[181] Dieser Umstand steht seit Anbeginn in der Kritik und schwächt die Glaubwürdigkeit der Beistandsklausel.[182] Unabhängig von der Rechtmäßigkeit haben die verschiedenen Rettungspakete – vom Griechenland-Paket bis zum ESM – nicht eben zur Umkehr dieses Trends beigetragen.[183]

Schließlich können die Marktkräfte nur ihre disziplinierende Wirkung entfalten, wenn der Schuldnerstaat auf die steigenden Zinsen mit einer Einschränkung seiner Ausgabenpolitik reagiert.[184] Diese gewünschte Reaktion kann insbesondere durch bevorstehende Wahlen gehemmt werden, welche eine Regierung dazu veranlassen, die nötige fiskalische Disziplin vermissen

---

176 *Fuest*, Wirtschaftsdienst 1993, 539 (544).
177 *Fuest*, Wirtschaftsdienst 1993, 539 (545).
178 Ebenda.
179 Ziffer 30 des Delors-Berichtes, abgedruckt in *Krägenau/Wetter,* WWU, S. 151; *Lamfalussy*, in: European Council, Report on EMU, S. 91 (60); *Fuest*, Wirtschaftsdienst 1993, 539 (545).
180 *Gnan*, in: von der Groeben/Schwarze, EUV/EGV, Art. 103 EGV, Rn. 2.
181 *Gnan*, in: von der Groeben/Schwarze, EUV/EGV, Art. 103 EGV, Rn. 5.
182 Vgl. etwa *Fuest*, Wirtschaftsdienst 1993, 539 (544); *Gnan*, in: von der Groeben/Thiesing/Ehlermann, EUV/EGV, Art. 104b EGV, Rn. 5.
183 *Bandilla*, in: Grabitz/Hilf/Nettesheim, EUV/AEUV, Art. 125 AEUV, Rn. 24.
184 *Lane*, in: IMF, Staff Papers, S. 53 (70).

zu lassen.[185] Eine regelungstechnische Umsetzung dieser Bedingung ist nur schwer vorstellbar, handelt es sich doch primär um eine kulturelle Frage, nämlich ob das Wahlvolk in einer Demokratie notwendige Sparmaßnahmen auch kurz vor Wahlen zu akzeptieren bereit ist.

2. Disziplinierung über Kontrolle

Neben der Disziplinierung der nationalen Ausgabenpolitik über die Marktkräfte haben die Mitgliedstaaten ein Verfahren zur Vermeidung übermäßiger öffentlicher Defizite eingerichtet (Art. 126 AEUV). Ein solches Instrument findet kein Vorbild in föderal aufgebauten Staaten, die alle – mit der beschränkten Ausnahme von Australien[186] – ohne eine Kontrolle der gliedstaatlichen Haushalte durch die Zentralinstanz auskommen.[187] Eine mögliche Erklärung für die Einführung dieses Instrumentes findet sich darin, dass die Europäische Union – im Gegensatz zu nahezu allen Föderationen – über ein sehr beschränktes Budget verfügt[188] und daher auf diesem Wege keinen maßgeblichen Einfluss auf die makroökonomische Steuerung nehmen kann.[189] Die Beeinträchtigung des gemeinschaftlichen Ziels der Preisstabilität durch die expansive Fiskalpolitik eines Mitgliedstaates soll so vermieden werden.[190]

Die Effektivität des Verfahrens wird vielfach bezweifelt, insbesondere weil die Kontrolle der nationalen Haushalte im Rat erfolgt, der sich wiederum aus Vertretern der Mitgliedstaaten zusammensetzt.[191] Auch wenn durch den Vertrag von Lissabon nunmehr schon eine doppelte Mehrheit – statt der bisher erforderlichen Zweidrittelmehrheit – ausreicht, besteht das Problem im Grundsatz fort.

---

185 *Lane*, in: IMF, Staff Papers, S. 53 (71).
186 *Lamfalussy*, in: European Council, Report on EMU, S. 91 (104).
187 *Lamfalussy*, in: European Council, Report on EMU, S. 91 (104).
188 *Lamfalussy*, in: European Council, Report on EMU, S. 91 (109).
189 *Lamfalussy*, in: European Council, Report on EMU, S. 91 (100 f. und 108).
190 *Bandilla*, in: Grabitz/Hilf/Nettesheim, EUV/AEUV, Art. 126 AEUV, Rn. 5.
191 *Fuest*, Wirtschaftsdienst 1993, 539 (542).

§ 2 Genese der Staatsschuldenkrise

Anlass für die Maßnahmen, die Gegenstand der vorliegenden Untersuchung sind, ist die Staatsschuldenkrise einiger Mitglieder des Euro-Raums. Der Staatsschuldenkrise ging die aus einer Finanzkrise hervorgegangene Weltwirtschaftskrise voraus, die ihre Ursachen in einer Spekulationsblase auf dem US-Immobilienmarkt und der exzessiven Verbriefung von Hypothekenforderungen hat.[192]

Natürlich sind die Ursachen für die krisenhaften Erscheinungen in der Weltwirtschaft seit dem Jahr 2007 mannigfaltig. Gleichwohl lassen sich Entwicklungen identifizieren, die als wesentlich für den Verlauf der Krise angesehen werden können. So kam es mit der Asien-Krise in den späten 1990er Jahren zu einem verstärkten Kapitalexport aus den Schwellenländern in die Europäische Union und in die Vereinigten Staaten.[193] Die Investitionen konzentrierten sich auf junge, schnell wachsende, technologiebasierte Unternehmen – die sog. »New Economy«.[194] Im Jahr 2001 kam diese Entwicklung zu einem jähen Ende, viele der neu gegründeten Unternehmen wurden insolvent.[195] Um das Platzen der »New Economy-Blase« abzumildern, senkten Zentralbanken weltweit den Zins für ihre Hauptfinanzierungsgeschäfte, den sog. Leitzins, erheblich ab.[196] Die Geschäftsbanken nutzten die günstigen Finanzierungsangebote der Zentralbanken und weiteten die eigene Kreditvergabe – ebenfalls mit niedrigen Zinsen – aus.[197] Insbesondere in den Ver-

---

192 Siehe hierzu auch *Berens*, Transferunion, S. 33 ff.; *Häde*, in: Festschrift Martiny, S. 891 (891 f.).
193 *Büttner/Carstensen*, Wirtschaftsdienst 2008, 786 (787); *Diamond/Rajan,* Causes and Remedies, http://www.nber.org/papers/w14739, S. 2 (Stand: 28.06.2013).
194 *Diamond/Rajan,* Causes and Remedies, http://www.nber.org/papers/w14739, S. 2 (Stand: 28.06.2013).
195 Ebenda.
196 *Nastansky/Strohe*, WiSt 2010, 23 (23 und 26); *Moritz,* Geldtheorie, S. 343; *Büttner/Carstensen*, Wirtschaftsdienst 2008, 786 (787); *Diamond/Rajan,* Causes and Remedies, http://www.nber.org/papers/w14739, S. 2 (Stand: 28.06.2013).
197 *Neubäumer*, Wirtschaftsdienst 2008, 732 (733); *Blanchard,* Basic Mechanisms, http://www.imf.org/external/pubs/ft/wp/2009/wp0980.pdf, S. 2 (Stand: 28.06.2013); *Moritz,* Geldtheorie, S. 344; *Diamond/Rajan,* Causes and Remedies, http://www.nber.org/papers/w14739, S. 5 (Stand: 28.06.2013); *Nastansky/Strohe*, WiSt 2010, 23 (23); *Büttner/Carstensen*, Wirtschaftsdienst 2008, 786 (787).

einigten Staaten wuchs der Markt für Immobilienhypotheken rasant.[198] Mit der beständig zunehmenden Nachfrage nach Immobilien stiegen auch deren Preise – den Gesetzen des Marktes folgend – stetig an.[199] Im zweiten Quartal des Jahres 2006 erreichten die Grundstückspreise schließlich ihren Zenit.[200] Zu diesem Zeitpunkt hatte die Mittelschicht ihr Bedürfnis nach Grundeigentum bereits weitgehend befriedigt, so dass die Hypothekenbanken die Vergabe von Immobilienfinanzierungen auf Haushalte mit geringerer Bonität ausgeweitet hatten.[201]

Nun erhöhte die Federal Reserve Bank jedoch im Jahr 2004 den Leitzins auf 5,25 Prozent, um damit Inflationstendenzen in ihrem Währungsraum zu begegnen.[202] Infolge der steigenden Zinsen – nach einer seit 2001 andauernden Niedrigzins-Phase – kam es vermehrt zu Zahlungsausfällen bei Hypothekenforderungen, insbesondere bei Haushalten mit geringer Bonität.[203]

Das weitere Krisengeschehen wird erst verständlich, wenn man sich das Schicksal der Hypothekenforderungen nach deren Entstehung vor Augen führt: Die Hypothekenbanken veräußerten ihre Forderungen nämlich an eigens zu diesem Zweck gegründete Gesellschaften weiter.[204] Dadurch mussten die Banken die Kredite nicht in der eigenen Bilanz aufführen und folglich auch nicht mit einer entsprechenden Mindestreserve bei der Zentralbank un-

---

198 *Neubäumer*, Wirtschaftsdienst 2008, 732 (735); *Blanchard*, Basic Mechanisms, http://www.imf.org/external/pubs/ft/wp/ 2009/wp0980.pdf, S. 2 (Stand: 28.06.2013); *Moritz*, Geldtheorie, S. 344; *Diamond/Rajan*, Causes and Remedies, http://www.nber.org/papers/w14739, S. 5 (Stand: 28.06.2013); *Nastansky/Strohe*, WiSt 2010, 23 (23); *Büttner/Carstensen*, Wirtschaftsdienst 2008, 786 (787).
199 *Blanchard*, Basic Mechanisms, http://www.imf.org/external/pubs/ft/wp/2009/wp0980.pdf, S. 2 (Stand: 28.06.2013); *Moritz*, Geldtheorie, S. 344; *Diamond/Rajan*, Causes and Remedies, http://www.nber.org/papers/w14739, S. 5 (Stand: 28.06.2013); *Nastansky/Strohe*, WiSt 2010, 23 (23); *Büttner/Carstensen*, Wirtschaftsdienst 2008, 786 (787).
200 *Nastansky/Strohe*, WiSt 2010, 23 (24).
201 *Moritz*, Geldtheorie, S. 348; vgl. auch *Neubäumer*, Wirtschaftsdienst 2008, 732 (735).
202 *Moritz*, Geldtheorie, S. 353; *Nastansky/Strohe*, WiSt 2010, 23 (23).
203 *Neubäumer*, Wirtschaftsdienst 2008, 732 (736); *Diamond/Rajan*, Causes and Remedies, http://www.nber.org/papers/w14739, S. 8 (Stand: 28.06.2013); *Büttner/Carstensen*, Wirtschaftsdienst 2008, 786 (787); *Moritz*, Geldtheorie, S. 353 f.; *Nastansky/Strohe*, WiSt 2010, 23 (23).
204 *Blanchard*, Basic Mechanisms, http://www.imf.org/external/pubs/ft/wp/2009/wp0980.pdf, S. 2 (Stand: 28.06.2013); *Moritz*, Geldtheorie, S. 344; *Neubäumer*, Wirtschaftsdienst 2008, 732 (734).

tersetzen.²⁰⁵ Die Unterlegung mit Mindestreserven hätte dem Kreditwachstum und damit einem zum damaligen Zeitpunkt äußerst profitablen Geschäftsmodell Grenzen gesetzt. Nach der Übertragung der Hypothekenforderungen auf die Zweckgesellschaften verbrieften sie dieselben, teilten sie in Tranchen mit unterschiedlichen Ausfallrisiken auf und veräußerten die Papiere an sonstige Finanzdienstleister weiter.²⁰⁶ Rating-Agenturen bewerteten die nun handelbaren Wertpapiere,²⁰⁷ wobei für die Agenturen gute Bewertungen mit einer deutlich höheren Vergütung einhergingen als schlechte Ratings.²⁰⁸ Mitte des Jahres 2008 waren schließlich ca. 60 Prozent aller Hypothekenforderungen in den Vereinigten Staaten verbrieft worden.²⁰⁹

Dies hatte verheerende Konsequenzen, als im Jahr 2006 die Immobilienpreise allmählich zu fallen begannen und die Wertverluste der Hypothekenforderungen in den Bilanzen der Finanzinstitute nicht mehr durch steigende Grundstückspreise ausgeglichen wurden.²¹⁰ In der Folge kam es zu massiven Abschreibungen, die sich aufgrund der Verbriefung der Hypothekenforderungen über den gesamten Finanzsektor erstreckten.²¹¹ Einzelne amerikanische Institute wurden nur durch staatliche Interventionen vor der Insolvenz bewahrt.²¹² Aufgrund der internationalen Verflechtungen der Finanzwirtschaft griff die Krise rasch auf Kreditinstitute in aller Welt über.²¹³

---

205 Ebenda.
206 *Nastansky/Strohe*, WiSt 2010, 23 (25); *Blanchard*, Basic Mechanisms, http://www.imf.org/external/pubs/ft/wp/2009/wp0980.pdf, S. 6 f. (Stand: 28.06.2013); *Moritz*, Geldtheorie, S. 345 ff.; *Neubäumer*, Wirtschaftsdienst 2008, 732 (734).
207 *Neubäumer*, Wirtschaftsdienst 2008, 732 (734). Am geläufigsten waren sog. Mortgage Backed Securities (MBS), Asset Backed Securities (ABS) und davon abgeleitete Derivate wie Collateral Debt Obligations (CDO).
208 *Moritz*, Geldtheorie, S. 352; *Nastansky/Strohe*, WiSt 2010, 23 (25).
209 *Nastansky/Strohe*, WiSt 2010, 23 (26); *Blanchard*, Basic Mechanisms, http://www.imf.org/external/pubs/ft/wp/2009/wp0980.pdf, S. 6 (Stand: 28.06.2013).
210 *Diamond/Rajan*, Causes and Remedies, http://www.nber.org/papers/w14739, S. 8 (Stand: 28.06.2013); *Büttner/Carstensen*, Wirtschaftsdienst 2008, 786 (787); *Moritz*, Geldtheorie, S. 353 f.; *Nastansky/Strohe*, WiSt 2010, 23 (23).
211 Ebenda.
212 *Neubäumer*, Wirtschaftsdienst 2008, 732 (736); *Diamond/Rajan*, Causes and Remedies, http://www.nber.org/papers/w14739, S. 8 (Stand: 28.06.2013); *Büttner/Carstensen*, Wirtschaftsdienst 2008, 786 (787); *Moritz*, Geldtheorie, S. 353 f.; *Nastansky/Strohe*, WiSt 2010, 23 (23).
213 *Blanchard*, Basic Mechanisms, http://www.imf.org/external/pubs/ft/wp/2009/wp0980.pdf, S. 7 (Stand: 28.06.2013); *Nastansky/Strohe*, WiSt 2010, 23 (25).

Im Zuge der Abschreibungswelle stellten die Kreditinstitute fest, dass sie kaum noch in der Lage waren, die Werthaltigkeit ihrer Hypothekenforderungen einzuschätzen.[214] Die Undurchsichtigkeit der Papiere resultierte insbesondere aus deren – zum Teil mehrfacher – Tranchierung.[215] Die schwer bilanziell zu verbuchenden Papiere wurden daher in übergroßen Mengen am Markt feilgeboten, so dass deren Wert mangels Nachfrage weiter verfiel.[216] In Konsequenz dessen bereitete es den Finanzinstituten zunehmend Probleme, die Einhaltung ihrer Mindestquote für Eigenkapital sicherzustellen.[217] Dies lag auch daran, dass institutionelle Investoren massiv Kapital abzogen, um überhaupt die eigene Liquidität sicherstellen zu können.[218] Die Entwicklung kumulierte schließlich im September 2008 mit der Insolvenz der Investmentbank Lehman Brothers, die nicht – wie im Finanzsektor erwartet[219] – durch die Bundesregierung der Vereinigten Staaten gerettet wurde.[220]

In der Folge wuchs das Misstrauen zwischen den Kreditinstituten massiv, so dass der Interbankengeldmarkt nahezu vollständig austrocknete.[221] Zur Sicherstellung der eigenen Liquidität schränkten die Banken zudem die Kreditausgabe ein.[222] Kein Institut wollte in die Lage kommen, zu einem ungünstigen Zeitpunkt Notverkäufe durchführen zu müssen, um die eigene Liquidität sicherzustellen.[223] Die Einschränkung der Kreditvergabe führte schließlich

---

214 *Moritz,* Geldtheorie, S. 354; *Nastansky/Strohe,* WiSt 2010, 23 (28); *Diamond/Rajan,* Causes and Remedies, http://www.nber.org/papers/w14739, S. 8 (Stand: 28.06.2013); *Büttner/Carstensen,* Wirtschaftsdienst 2008, 786 (787).
215 Ebenda.
216 Ebenda.
217 Ebenda.
218 Ebenda.
219 *Moritz,* Geldtheorie, S. 355; *Nastansky/Strohe,* WiSt 2010, 23 (28 f.); *Diamond/Rajan,* Causes and Remedies, http://www.nber.org/papers/w14739, S. 8 (Stand: 28.06.2013).
220 *Moritz,* Geldtheorie, S. 354; *Nastansky/Strohe,* WiSt 2010, 23 (28); *Diamond/Rajan,* Causes and Remedies, http://www.nber.org/papers/w14739, S. 8 (Stand: 28.06.2013); *Büttner/Carstensen,* Wirtschaftsdienst 2008, 786 (787).
221 *Moritz,* Geldtheorie, S. 355; *Nastansky/Strohe,* WiSt 2010, 23 (28 f.); *Diamond/Rajan,* Causes and Remedies, http://www.nber.org/papers/w14739, S. 8 (Stand: 28.06.2013).
222 Ebenda.
223 *Diamond/Rajan,* Causes and Remedies, http://www.nber.org/papers/w14739, S. 9 (Stand: 28.06.2013).

dazu, dass die bisher auf den Finanzsektor beschränkte Krise auf die Realwirtschaft übergriff.[224]

Durch die zu einer Weltwirtschaftskrise ausgewachsenen Finanzkrise traten die Konstruktionsmängel der Europäischen Wirtschafts- und Währungsunion offen zu Tage: das Auseinanderfallen der Zuständigkeiten für Wirtschafts- und Währungspolitik.[225] Denn steigende Staatsverschuldung trifft hier nicht nur den Mitgliedstaat, der diese verursacht hat, sondern mittelbar über steigende Zinsen auch alle übrigen Mitglieder der Eurozone.[226]

Zudem kam es zu einem Schuldentransfer vom Privatsektor zur öffentlichen Hand.[227] Die Regierungen verschiedener Mitgliedstaaten wendeten die Insolvenz privater Kreditinstitute durch erhebliche Kapitalzuschüsse ab.[228] So hatte Irland im Jahr 2007 noch ein öffentliches Defizit von nur 25 Prozent, das nach der Bankenrettung auf 100 Prozent in 2010 angewachsen war.[229] Gleiches gilt für Spanien und Portugal.[230] Lediglich Griechenland stellt einen anders gelagerten Fall dar, weil es in der Wirtschaftskultur Besonderheiten aufweist, die es von anderen Mitgliedstaaten abhebt.[231] Griechenland konnte daher die Maastricht-Kriterien – nach bereinigter Statistik – letztlich nie einhalten.[232] Kreditfinanzierte Konjunkturprogramme verstärkten die Defizite in allen Mitgliedstaaten zusätzlich.[233]

Infolgedessen stieg die Staatsverschuldung rasant an. Auf die Weltwirtschafts- folgte nun eine Staatsschuldenkrise.[234] Davon besonders betroffen waren mit Griechenland, Irland, Portugal und Spanien Staaten in der Peripherie Europas.

---

224 Ebenda.
225 *Dombret,* Lösungsansätze, http://www.bundesbank.de/Redaktion/DE/ Downloads/Presse/Reden/2011/2011_12_20_dombret_europaeische_ staatsschuldenkrise.pdf?__blob=publicationFile, S. 5 (Stand: 26.06.2013).
226 Ebenda.
227 *Neubäumer,* Wirtschaftsdienst 2011, 827 (829).
228 Ebenda.
229 Ebenda.
230 *Neubäumer,* Wirtschaftsdienst 2011, 827 (827 und 830).
231 Vgl. statt vieler: *Paraskevopoulos,* in: Schwarz/Altmann/Brey, Griechenlandkrise, S. 55 (55 ff.).
232 *Neubäumer,* Wirtschaftsdienst 2011, 827 (830 f.).
233 *Neubäumer,* Wirtschaftsdienst 2011, 827 (829); vgl. auch *Weber,* Die Bank 2011, 56 (57).
234 *Weber,* Die Bank 2011, 56 (57).

2. Teil: Grundlagen und Krise der WWU

§ 3   Europäische Reaktion – Untersuchungsgegenstand

Die Reaktionen der Union respektive ihrer Mitgliedstaaten auf die Krise lassen sich vornehmlich in zwei Gruppen von Maßnahmen einteilen: Zunächst gab es *ad-hoc*-Maßnahmen, mit denen ein akut drohender Zusammenbruch der Eurozone verhindert werden sollte.[235] Später machten sich die Mitgliedstaaten an die Reform der Struktur der Wirtschafts- und Währungsunion selbst, um weiteren akuten Krisen vorzubeugen.[236]

Gegenstand der vorliegenden Untersuchung sind ausschließlich die Maßnahmen, welche die Struktur der Wirtschafts- und Währungsunion betreffen. Ihnen wird langfristig die größere Bedeutung zugemessen. Damit sei jedoch nicht gesagt, dass diese rechtlich weniger problematisch als jene seien. Die *ad-hoc*-Maßnahmen bleiben vielmehr anderen wissenschaftlichen Arbeiten überlassen. Die vorliegende Untersuchung ist ausschließlich den Strukturreformen gewidmet.

Der Vollständigkeit halber und den Gang der Krise in zeitlicher Hinsicht nachzeichnend werden die *ad-hoc*-Maßnahmen im Folgenden allerdings kurz in ihren Umrissen skizziert, bevor die den eigentlichen Untersuchungsgegenstand bildenden Strukturmaßnahmen betrachtet werden.

A.   *Ad-hoc*-Maßnahmen

Den Auftakt für die Rettungsmaßnahmen im Rahmen der Staatsschuldenkrise machte das Griechenland-Paket. Nachdem die Hellenische Republik in schwere finanzielle Not geraten war, wurden von den Mitgliedern der Eurogruppe Kredite mit einem Gesamtvolumen von EUR 110 Milliarden gewährt.[237]

Wider alle Hoffnungen der Politik ließen sich die Finanzmärkte durch das Griechenland-Paket allein nicht beruhigen. Deshalb spannten die Staats- und

---

235   Eine kurze Übersicht der *ad-hoc*-Maßnahmen findet sich bei *Häde*, in: Festschrift Martiny, S. 891 (892 ff.
236   Eine Übersicht der Reformmaßnahmen findet sich auch bei *Hilpold*, in: Hilpold/Steinmair, Finanzarchitektur, S. 3 (42 ff).
237   Europäische Kommission, Meldung: Strenges Sparprogramm und Kredite für Griechenland, http://ec.europa.eu/deutschland/press/pr_releases/9145_de.htm (Stand 12.02.2015).

Regierungschefs zusätzlich einen »Rettungsschirm« auf,[238] der sich aus dem europäischen Finanzstabilisierungsmechanismus und der Europäischen Finanzstabilisierungsfazilität zusammensetzt. Der Europäische Finanzstabilisierungsmechanismus hatte ein Volumen von ca. EUR 60 Milliarden, beruhte auf der VO 407/2010 und wurde aus dem Haushalt der Europäischen Union finanziert, also von all ihren Mitgliedstaaten. Die Europäische Finanzstabilisierungsfazilität war hingegen eine Zweckgesellschaft (unter luxemburgischem Recht), die von den Mitgliedern der Eurogruppe garantierte Anleihen am Kapitalmarkt ausgab. Die Europäische Finanzstabilisierungsfazilität hatte eine Verleihkapazität von EUR 440 Milliarden.

Um die Wirkung des Rettungsschirms zu verstärken legte die EZB ein Programm auf, in dessen Rahmen bis zum Mai 2012 Staatsanleihen strauchelnder Mitgliedstaaten in einem Umfang von EUR 210,5 Milliarden auf dem Sekundärmarkt angekauft wurden.[239]

B. Strukturmaßnahmen

Der vorübergehende Rettungsschirm wurde schließlich in einen dauerhaften Rettungsschirm – den ESM – überführt. Der ESM wurde dabei als internationale Finanzinstitution ausgestaltet, die von den Mitgliedern der Eurogruppe garantierte Anleihen emittiert.[240] Seine anfängliche Kapitalausstattung betrug EUR 700 Milliarden, wovon auf die Bundesrepublik ein Anteil von ca. EUR 190 Milliarden entfiel. Um den ESM auch im Primärrecht zu verankern, beschlossen die Mitgliedstaaten Art. 136 AEUV im Wege des vereinfachten Vertragsänderungsverfahrens nach Art. 48 Abs. 6 EUV, um einen dritten Absatz zu ergänzen.

Die Reform der vertraglichen Architektur der Währungsunion setzte sich mit sechs Vorschlägen für Legislativakte fort, die gemeinhin als *sixpack* bezeichnet werden. Dabei handelt es sich um fünf Verordnungen und eine Richtlinie, die im November 2011 verabschiedet worden sind. Zwei der Ver-

---

238 *Ludlow,* European Council Spring 2010, S. 7.
239 EZB, Entscheidung vom 14.05.2010 »establishing a securities markets programme, ABl. 2010 L 124/8 (Englische Version).
240 ESM-Vertrag, BGBl. 2012 II, S. 983 ff.

ordnungen[241] zielen auf Veränderungen am präventiven und korrektiven Arm des Stabilitäts- und Wachstumspakts:[242] Während in präventiver Hinsicht das mittelfristige Haushaltsziel verstärkt in den Fokus rückt,[243] wird hinsichtlich der korrektiven Komponente vermehrt auf den Gesamtschuldenstand eines Mitgliedsstaates abgestellt.[244] Die Durchsetzung des Stabilitäts- und Wachstumspaktes soll durch eine weitere Verordnung[245] verbessert werden, die Verstöße gegen ihn über die in Art. 126 AEUV vorgesehenen Maßnahmen hinaus sanktioniert.[246] Für eine optimierte Überprüf- und Vergleichbarkeit der nationalen Politiken bestimmt die Richtlinie[247] des *sixpacks* Grundsätze für die Haushaltsaufstellung, die im nationalen Recht umzusetzen sind.[248] Die verbleibenden zwei Verordnungen betreffen den Umgang mit makroökonomischen Ungleichgewichten zwischen verschiedenen Mitgliedstaaten. In der VO 1176/2011 werden Regeln für deren Erkennung, Vermeidung und Korrektur festgelegt.[249] Die VO 1174/2011 soll die Durchsetzung der ergriffenen Korrekturmaßnahmen durch Errichtung eines Sanktionsregimes sicherstellen.[250]

Der in Ergänzung des *sixpacks* beschlossene Euro-Plus-Pakt[251] ist ein Maßnahmenpaket, das auf die stärkere Koordinierung von bislang nicht vergemeinschafteten Politikfeldern gerichtet ist. Die Umsetzung erfolgt im jeweiligen nationalen Verantwortungsbereich der Mitgliedstaaten und wird auf europäischer Ebene lediglich in regelmäßigen Zyklen evaluiert.

Auf den Regelungen des *sixpacks* aufbauend hat die Kommission Ende November 2011 zwei weitere Verordnungen vorgelegt. Diese auch als *twopack* bezeichneten Legislativakte sind nur an die Mitgliedstaaten adressiert, deren gemeinsame Währung der Euro ist. Die VO 472/2013 zielt auf

---

241 VO 1175/2011 und 1177/2011.
242 VO 1466/97 und 1467/97.
243 Art. 1 Nr. 5 VO 1175/2011.
244 Art. 1 Nr. 2 VO 1177/2011.
245 VO 1173/2011.
246 Art. 1 Abs. 1 VO 1173/2011.
247 Richtlinie 2011/85/EU
248 *Häde*, ZG 2011, 1 (1 ff.).
249 Art. 1 Abs. 1 VO 1176/2011.
250 Art. 1 Abs. 1 VO 1174/2011.
251 Euro-Plus-Pakt, abrufbar unter https://www.consilium.europa.eu/uedocs/cms_data/docs/pressdata/de/ec/120313.pdf (Stand: 13.08.14); neben den Mitgliedern der Eurogruppe nehmen Bulgarien, Dänemark, Lettland, Litauen, Polen und Rumänien teil.

eine verstärkte Überwachung der nationalen Haushaltspolitiken. Nach der VO 473/2013 kann die Kommission Mitgliedstaaten mit gravierenden Finanzproblemen einer besonders intensiven Überwachung unterziehen.[252] Betroffen sind davon insbesondere Staaten, die einen Antrag auf Finanzhilfe unter dem Europäischen Finanzstabilisierungsmechanismus, der Europäischen Finanzstabilisierungsfazilität oder dem ESM gestellt haben.

Schließlich haben alle Mitgliedstaaten außer dem Vereinigten Königreich und der Tschechischen Republik den SKS-Vertrag[253] unterzeichnet. Gegenstand des Vertrages ist u. a. die Verpflichtung der Vertragsparteien zur Einführung einer Schuldenbremse in ihrem jeweiligen nationalen Recht.[254] Weiterhin verpflichten sich die Parteien – über die im Primärrecht vorgeschriebenen Kooperationspflichten hinaus – ein Haushalts- und Wirtschaftspartnerschaftsprogramm aufzustellen, wenn gegen sie ein Defizitverfahren durchgeführt werden sollte.[255] Schließlich wird im SKS-Vertrag vereinbart, dass die Vertragsparteien die Kommission im Rat unterstützen, wenn diese einen Verstoß gegen das Defizitkriterium vorträgt.[256] Damit wird zumindest für diese Entscheidung *de facto* eine umgekehrte qualifizierte Mehrheit als Abstimmungsmodus eingeführt.

---

252 Art. 1 Abs. 1 KOM(2011) 819.
253 SKS-Vertrag, abrufbar unter http://european-council.europa.eu/media/639235/st00tscg26_en12.pdf (Stand: 13.08.14).
254 Art. 3 Abs. 2 SKS-Vertrag.
255 Art. 5 Abs. 1 SKS-Vertrag.
256 Art. 7 SKS-Vertrag.

3. Teil: Der Europäische Stabilitätsmechanismus

§ 4 Untersuchungsgegenstand

Angesichts der Tatsache, dass der aus dem Europäischen Finanzstabilisierungsmechanismus und der Europäischen Finanzstabilisierungsfazilität bestehende Rettungsschirm seit Anbeginn nur temporären Charakters war, wandten sich die Mitgliedstaaten im Zuge der Krise schließlich mit der Gründung des ESM der Schaffung eines dauerhaften Rettungsmechanismus zu.[257] Bei der Betrachtung des ESM sind zwei Aspekte getrennt voneinander zu sehen: Es gibt zum einen den Beschluss des Europäischen Rates über die Änderung von Art. 136 AEUV und zum anderen den zwischen den Euro-Mitgliedstaaten abgeschlossenen ESM-Vertrag selbst.

Der Beschluss 2011/199/EU stammt vom 25. März 2011.[258] Sein wesentlicher Inhalt besteht darin, dass nach dessen Art. 1 die Vorschrift des Art. 136 AEUV um folgenden dritten Absatz ergänzt wird:

> »Die Mitgliedstaaten, deren Währung der Euro ist, können einen Stabilitätsmechanismus einrichten, der aktiviert wird, wenn dies unabdingbar ist, um die Stabilität des Euro-Währungsgebiets insgesamt zu wahren. Die Gewährung aller erforderlichen Finanzhilfen im Rahmen des Mechanismus wird strengen Auflagen unterliegen.«

Der Beschluss wurde im vereinfachten Vertragsänderungsverfahren nach Art. 48 Abs. 6 EUV erlassen.[259]

Der ESM-Vertrag[260] wurde von den 17 Euro-Mitgliedstaaten am 2. Februar 2012 unterzeichnet.[261] Durch den Vertrag wurde eine internationale Organisation mit Sitz in Luxemburg geschaffen (Art. 31, 32 ESM-

---

[257] Vgl. hierzu etwa *Craig*, in: *Adams/Fabbrini/Larouche*, Constitutionalization, S. 19 (44 f.); *Hilpold*, in: Hilpold/Steinmair, Finanzarchitektur, S. 3 (62 ff); *Bark/Gilles*, EuZW 2013, 267 ff. Siehe zudem im Einzelnen S. 45 ff.

[258] Beschluss 2011/199/EU des Europäischen Rates vom 25. März 2011 zur Änderung des Artikels 136 des Vertrages über die Arbeitsweise der Europäischen Union hinsichtlich eines Stabilitätsmechanismus für die Mitgliedstaaten, deren Währung der Euro ist, ABl. 2011 L 91/1 ff.; siehe auch *Palm*, in: Grabitz/Hilf/Nettesheim, EUV/AEUV, Art. 136 AEUV, Rn. 9.

[259] Präambel des Beschlusses 2011/199/EU; siehe auch *Palm*, in: Grabitz/Hilf/Nettesheim, EUV/AEUV, Art. 136 AEUV, Rn. 9.

[260] ESM-Vertrag, BGBl. 2012 II, S. 983 ff.

[261] *Selmayr*, ZÖR 2013, 259 (292).

3. Teil: Der Europäische Stabilitätsmechanismus

Vertrag), deren Zweck in der konditionierten Ausreichung von Stabilitätshilfen an notleidende Euro-Mitgliedstaaten besteht (Art. 3 ESM-Vertrag).[262] Die Stabilitätshilfe kann in Form von Kreditlinien, der Rekapitalisierung von Finanzinstituten, Darlehen und Anleihekäufen auf dem Primär- respektive Sekundärmarkt erfolgen (Art. 14 bis 18 ESM-Vertrag). Die Stabilitätshilfe wird dabei stets nur unter Auflagen gewährt, welche den betroffenen Mitgliedstaat zu Maßnahmen der wirtschaftlichen Gesundung veranlassen sollen (Art. 13 Abs. 3 ESM-Vertrag). Zur Erfüllung seiner Aufgaben steht dem ESM ein genehmigtes Stammkapital in Höhe von EUR 700 Milliarden zur Verfügung (Art. 8 Abs. 1 ESM-Vertrag), dessen Aufteilung nach dem Beitragsschlüssel der Anteile der nationalen Zentralbanken an der EZB erfolgt (Art. 11 ESM-Vertrag). Zusätzliches Kapital kann der ESM durch die Begebung von Anleihen akquirieren (Art. 21 ESM-Vertrag). Die Haftung der Mitgliedstaaten ist auf ihren Anteil am genehmigten Stammkapital begrenzt (Art. 8 Abs. 5 ESM-Vertrag). Der ESM wird von seinem Direktorium (Art. 6 ESM-Vertrag) und dieses vom geschäftsführenden Direktor (Art. 7 ESM-Vertrag) geleitet. Wichtige Entscheidungen nach Art. 5 Abs. 6 und 7 ESM-Vertrag trifft jedoch der Gouverneursrat. Können Streitigkeiten nicht innerhalb des ESM geklärt werden, ist der Gerichtshof zur Entscheidung berufen (Art. 37 Abs. 3 ESM-Vertrag).

§ 5   Vereinbarkeit mit Unionsrecht

A.   Beschluss des Europäischen Rates vom 25. März 2011

Der Beschluss[263] des Europäischen Rates erfolgte im Wege des vereinfachten Vertragsänderungsverfahrens nach Art. 48 Abs. 6 EUV.[264] Um rechtmäßig ergangen zu sein, müssten somit die Voraussetzungen der Norm vorgelegen haben.

---

262   Zu Aufbau und Funktion siehe statt vieler: *Häde*, in: Hatje/Müller-Graff, EnzEuR, Band 1, § 17, Rn. 8 ff. Eine volkswirtschaftliche Bewertung findet sich etwa bei *Berens*, Transferunion, S. 213 ff.
263   Im Einzelnen, siehe S. 49.
264   Beschluss 2011/199/EU.

I. Änderung des dritten Teils des AEUV

Zunächst dürfte die Vertragsänderung nur den dritten Teil des AEUV betreffen (Art. 48 Abs. 6 UAbs. 1 EUV). Vorliegend kommen als tangierte Politikfelder sowohl die koordinierte Wirtschafts- als auch die vergemeinschaftete Währungspolitik in Betracht. Beide Bereiche werden weitgehend in den Art. 119 ff. AEUV – also im dritten Teil des Vertrages – geregelt, so dass sich die Vertragsänderung vornehmlich hier auswirkt. Allerdings manifestiert sich die Zuständigkeitsordnung darüber hinaus im ersten Teil des Vertrages: Die Vorschriften der Art. 3 Abs. 3, 5 Abs. 1 AEUV legen die Union auf eine koordinierte Wirtschaftspolitik fest und Art. 3 Abs. 1 lit. c) AEUV weist der Union eine ausschließliche Zuständigkeit für den Bereich der Währungspolitik zu. Die Veränderung dieser im ersten Teil des Vertrages geregelten Zuständigkeiten im Verfahren nach Art. 48 Abs. 6 AEUV wäre unzulässig. Daher ist klärungsbedürftig, ob der Gegenstand der in Art. 1 Beschluss 2011/199/EU vorgesehenen Vertragsänderung eine Modifikation der Zuständigkeiten bewirkt hat.

Die Koordinierung der Wirtschaftspolitik würde durch die Vertragsänderung tangiert, wenn eine bereits im Rahmen der Koordinierung zulässige Maßnahme – namentlich die Einführung des ESM – nunmehr außerhalb des Unionsrechts verwirklicht würde. Denn in diesem Fall würde eine bestehende Zuständigkeit der Union durch den Beschluss ausgehöhlt. Die für die Schaffung des ESM in Betracht kommende Rechtsgrundlage des Art. 122 Abs. 2 AEUV scheidet im Ergebnis aus, da auf Basis der Norm zwar durchaus kurzfristige Finanzhilfen gewährt werden können, nicht aber ein permanenter Unterstützungsmechanismus wie der ESM realisierbar ist.[265] Die Flexibilitätsklausel hat der Europäische Rat bei seinem Beschluss 2011/199/EU nicht angewandt, so dass sie als Rechtsgrundlage ebenfalls ausscheidet.[266] Demzufolge steht im Bereich der koordinierten Wirtschaftspolitik keine Rechtsgrundlage zur Schaffung eines Instrumentes wie dem des ESM zur

---

265 EuGH, Rs. C-370/12 (Pringle), NJW 2013, 29 (Rn. 65); *Bandilla*, in: Grabitz/Hilf/Nettesheim, EUV/AEUV, Art. 122 AEUV, Rn. 28; *Frenz*, EWS 2013, 27 (29); *Athanassiou*, E. L. Rev. 2011, 558 (569); *Hattenberger*, in: Schwarze, EU-Kommentar, Art. 122 AEUV, Rn. 11; *Häde*, in: Calliess, Solidarität und Identität, S. 193 (202 f.).
266 EuGH, Rs. C-370/12 (Pringle), NJW 2013, 29 (Rn. 67).

Verfügung, so dass durch den Beschluss, der die Schaffung des ESM im intergouvernementalen Bereich vorsieht, nicht in die Zuständigkeiten aus Art. 3 Abs. 3, 5 Abs. 1 AEUV eingegriffen wurde.[267]

Hinsichtlich der Währungspolitik gilt: Sollte die Vertragsänderung diesem Bereich zuzuordnen sein, wäre sie rechtswidrig, da die ausschließliche Zuständigkeit lediglich die Union zum gesetzgeberischen Tätigwerden berechtigt (Art. 2 Abs. 1 AEUV). Zunächst ist dabei fraglich, anhand welcher Kriterien die Wirtschafts- von der Währungspolitik abgegrenzt werden kann. Fragen der Abgrenzung verschiedener Politiken stellen sich im Unionsrecht regelmäßig, wenn es um die Wahl der richtigen Rechtsgrundlage für den Erlass von Sekundärrecht geht.[268] Neben vorliegend nicht weiterführenden, an die Form eines Rechtsaktes anknüpfenden Kriterien, spielt dabei stets der »materielle Gehalt« eines Vorschriftenbereiches die entscheidende Rolle.[269] Die Abgrenzung der Politiken voneinander ist somit anhand der in den einzelnen Bereichen enthaltenen Vorschriften vorzunehmen. Der Kompetenzkatalog der Art. 3 ff. AEUV hat lediglich deklaratorischen Charakter (Art. 2 Abs. 6 AEUV).[270]

Die Vorschrift des Art. 119 AEUV führt in den Titel über die Wirtschafts- und Währungsunion ein: Während der erste Absatz der Norm der Wirtschaftspolitik gewidmet ist, beschreibt Absatz zwei die Währungspolitik mit ihren Zielstellungen. Damit wird deutlich, dass es sich um zwei voneinander getrennte Politikfelder handelt. Die Währungspolitik umfasst nach Art. 119 Abs. 2 AEUV die Geld- und Wechselkurspolitik, deren Gestalt in den Art. 127 ff. AEUV konkret festgelegt wird.[271] Da der ESM offenkundig nicht in den Bereich der Wechselkurspolitik fällt, ist klärungsbedürftig, ob es sich dabei um ein Tätigwerden auf dem Feld der Geldpolitik handelt. Diese wird in Art. 127 Abs. 2 Spiegelstrich 1 AEUV als eine Aufgabe des ESZB benannt. Typische geldpolitische Instrumente des ESZB sind Offenmarktge-

---

267 EuGH, Rs. C-370/12 (Pringle), NJW 2013, 29 (Rn. 64 ff.).
268 Vgl. *Winkler*, in: Grabitz/Hilf/Nettesheim, EUV/AEUV, Art. 352 AEUV, Rn. 105.
269 EuGH, Rs. C-301/06 (Fédéchar), Slg. 2009 I-00593 (Rn. 79); so dann auch EuGH, Rs. C-370/12 (Pringle), NJW 2013, 29 (Rn. 60).
270 *Streinz*, in: Streinz, EUV/AEUV, Art. 2 AEUV, Rn. 17; *Eilmansberger/Jaeger*, in: Mayer/Stöger, EUV/AEUV, Art. 2 AEUV, Rn. 51.
271 *Häde*, in: Calliess/Ruffert, EUV/AEUV, Art. 119 AEUV, Rn. 12; *Siekmann*, in: Siekmann, EWU, Art. 119 AEUV, Rn. 93; *Kempen*, in: Streinz, EUV/AEUV, Art. 119 AEUV, Rn. 20.

schäfte, Mindestreserven und ständige Fazilitäten.[272] Es wurde bereits eingangs erwähnt, dass der ESM laut Gründungsvertrag Finanzhilfen in Form von Kreditlinien, der Rekapitalisierung von Finanzinstituten, Darlehen und Anleihekäufen auf dem Primär- respektive Sekundärmarkt vorsieht (Art. 14 bis 18 ESM-Vertrag).[273] All diese Instrumente – mit Ausnahme der Anleihekäufe auf dem Primärmarkt – stehen grundsätzlich auch der ESZB als Offenmarktgeschäfte oder ständige Fazilitäten zur Verfügung. Insofern kommt es auf die Zielsetzung an.[274] Diese unterscheidet sich bei geldpolitischen Instrumenten fundamental vom Zweck des ESM:[275] Während diese der Steuerung von Zinssätzen und Liquidität[276] mit dem Ziel der Wahrung von Preisstabilität dienen,[277] soll jener die Stabilität der Eurozone als Ganzes gewährleisten.[278] Diese Zwecksetzungen laufen nicht notwendigerweise parallel.[279] Die Preisstabilität kann in diesem Zusammenhang durchaus eine mittelbare Folge der Einführung des ESM sein, trotzdem stellt sie hier nicht das zentrale Ziel dar.[280] Die Eigenschaft des ESM als wirtschaftspolitische Steuerungsmaßnahme zur Ergänzung des *sixpacks* wird auch unmittelbar aus dem Kontext des Beschlusses – konkret dessen zweitem Erwägungsgrund – deutlich.[281]

Im Ergebnis ist daher davon auszugehen, dass Art. 1 Beschluss 2011/199/ EU die intergouvernementale Schaffung des ESM vorsehen darf, da es sich hierbei um eine Maßnahme der Wirtschaftspolitik handelt.[282] Folglich be-

---

272 *Häde*, in: Calliess/Ruffert, EUV/AEUV, Art. 127 AEUV, Rn. 16 ff.
273 EuGH, Rs. C-370/12 (Pringle), NJW 2013, 29 (Rn. 57).
274 Vgl. *Thiele*, EuZW 2014, 694 (695).
275 EuGH, Rs. C-370/12 (Pringle), NJW 2013, 29 (Rn. 56).
276 *Häde*, in: Calliess/Ruffert, EUV/AEUV, Art. 127 AEUV, Rn. 15 ff.
277 Art. 18.1 in Verbindung mit Art. 2 S. 1 ESZB-Satzung; so auch EuGH, Rs. C-370/12 (Pringle), NJW 2013, 29 (Rn. 56).
278 Erwägungsgrund 2 des Beschlusses 2011/199/EU; so auch EuGH, Rs. C-370/12 (Pringle), NJW 2013, 29 (Rn. 56).
279 EuGH, Rs. C-370/12 (Pringle), NJW 2013, 29 (Rn. 56); vgl. mit etwas anderer Argumntation: *Thiele*, EuZW 2014, 694 (696).
280 EuGH, Rs. C-370/12 (Pringle), NJW 2013, 29 (Rn. 56).
281 EuGH, Rs. C-370/12 (Pringle), NJW 2013, 29 (Rn. 58).
282 EuGH, Rs. C-370/12 (Pringle), NJW 2013, 29 (Rn. 60); *Häde*, in: Kahl/Waldhoff/ Walter, Bonner Kommentar GG, Art. 88 GG, Rn. 460; *derselbe*, Exekutivprimat, S. 17 f.; *Hentschelmann*, EuR 2011, 282 (290); *Frenz*, EWS 2013, 27 (29); *Nettesheim*, NJW 2013, 14 (15); *Glaser*, DVBl. 2013, 167 (168); *Palm*, in: Grabitz/Hilf/Nettesheim, EUV/AEUV, Art. 136 AEUV, Rn. 13.

steht keine ausschließliche Zuständigkeit der Union und die Mitgliedstaaten dürfen entsprechend Art. 4 Abs. 1, 5 Abs. 2 EUV tätig werden.[283] An diesem Befund kann auch der Umstand, dass die EZB im Rahmen des Verfahrens angehört wurde, nichts ändern.[284] Die Anhörung ist nicht obligatorisch nach Art. 48 Abs. 6 UAbs. 2 S. 2 EUV erfolgt, weil es sich um eine institutionelle Änderung im Währungsbereich gehandelt hätte, sondern – dies zeigt der fünfte Erwägungsgrund des Beschlusses – überobligatorisch aus eigener Initiative des Europäischen Rates.[285]

Zusammenfassend wird die im ersten Teil des Vertrages niedergelegte Zuständigkeitsordnung durch die nach Art. 1 Beschluss 2011/199/EU vorgesehene Vertragsänderung nicht unzulässig modifiziert,[286] so dass die Vertragsänderung lediglich den dritten Teil des AEUV betrifft und insoweit zulässig ist.

II. Keine Ausdehnung der Zuständigkeiten

Die Vertragsänderung im vereinfachten Verfahren darf nicht zu einer Ausdehnung der Zuständigkeiten der Union führen (Art. 48 Abs. 6 UAbs. 3 EUV). Ihr dürfen auf diesem Wege also keine neuen Hoheitsrechte von den Mitgliedstaaten übertragen und bestehende Hoheitsrechte dürfen nicht sachlich erweitert werden.[287] Dahinter steht der Gedanke, dass die Anforderungen an das Änderungsverfahren mit der Bedeutung der Vertragsänderung steigen und eine so bedeutende Modifikation wie eine Kompetenzübertragung nicht im vereinfachten Vertragsänderungsverfahren möglich sein soll.[288]

In seiner Entscheidung »Pringle« hat der Gerichtshof deutlich gemacht, dass Art. 1 Beschluss 2011/199/EU aus seiner Sicht keine Ausdehnung der Zuständigkeiten der Union enthalte.[289] Denn durch die Schaffung des ESM – diesem Ziel dient die Vertragsänderung ja letztlich – würden der Union keine

---

283 EuGH, Rs. C-370/12 (Pringle), NJW 2013, 29 (Rn. 68).
284 EuGH, Rs. C-370/12 (Pringle), NJW 2013, 29 (Rn. 61).
285 EuGH, Rs. C-370/12 (Pringle), NJW 2013, 29 (Rn. 61).
286 EuGH, Rs. C-370/12 (Pringle), NJW 2013, 29 (Rn. 70); *Frenz*, EWS 2013, 27 (29); *Nettesheim*, NJW 2013, 14 (15); *Glaser*, DVBl. 2013, 167 (168).
287 *Ohler*, in: Grabitz/Hilf/Nettesheim, EUV/AEUV, Art. 48 EUV, Rn. 44.
288 *Calliess*, NVwZ 2013, 97 (98); *Streinz/Ohler/Herrmann*, Reform EU, S. 42.
289 EuGH, Rs. C-370/12 (Pringle), NJW 2013, 29 (Rn. 73).

Hoheitsrechte zuwachsen, die sie vorher nicht schon gehabt hätte.[290] In der Literatur findet die Entscheidung in diesem Punkt überwiegend Zustimmung.[291] Allerdings wird vereinzelt eingewandt, die Sichtweise des Gerichtshofes sei zu »technisch«:[292] *Sester* etwa sieht durch den ESM den »Weg in eine Fiskalunion vorgezeichnet«, da dieser die Währungsunion vertiefe.[293] In die gleiche Richtung argumentiert *Hufeld*, der einen »Umbau der europäischen Wirtschafts- und Währungsverfassung« mit einer Verschiebung von deren Statik konstatiert.[294]

Den Kritikern der Entscheidung ist zuzugeben, dass tatsächlich die Kommission im Auftrag des ESM die Konditionen über das wirtschaftliche Anpassungsprogramm für den hilfsbedürftigen Mitgliedstaat ausverhandelt (Art. 13 Abs. 3 ESM-Vertrag). Die Kommission ist somit an zentraler Stelle in die Entscheidungen des Gouverneursrates eingebunden, so dass sie sicher nicht ohne Einfluss auf die konkreten Konditionen der Stabilitätshilfen ist. Doch dieser Umstand kann nicht darüber hinweg täuschen, dass die Entscheidung über die Gewährung von Stabilitätshilfen einzig im Gouverneursrat des ESM getroffen wird (Art. 13 Abs. 2 ESM-Vertrag). Stimmberechtigte Mitglieder des Gouverneursrates sind nur die Mitgliedstaaten der Eurozone (Art. 5 Abs. 1 ESM-Vertrag). Somit können nur ESM-Hilfen gewährt werden, wenn kein Mitgliedstaat der Eurozone dagegen stimmt (Art. 5 Abs. 6 lit. f) in Verbindung mit Art. 4 Abs. 3 ESM-Vertrag). Da die Entscheidung über Stabilitätshilfen damit letztlich den nationalstaatlichen Regierungen verbleibt, werden keine Zuständigkeiten auf die Union übertragen.[295] Vielmehr verbleiben die bestehenden wirtschaftspolitischen Kompetenzen bei den Mitgliedstaaten der Eurozone, welche diese fortan schlichtweg konzertiert im Gouverneursrat des ESM ausüben. Die Vorschrift des Art. 1 Beschluss 2011/199/EU bewirkt keine Ausdehnung der Zuständigkeiten der Union.

---

290 Ebenda.
291 *Kube*, WM 2012, 245 (246); *Ruffert*, C. M. L. R. 2011, 1777 (1788); *Glaser*, DVBl. 2013, 167 (167); *Calliess*, NVwZ 2013, 97 (104).
292 *Sester*, in: Möllers/Zeitler, Rechtsgemeinschaft, S. 175 (189).
293 Ebenda.
294 *Hufeld*, integration 2011, 117 (120).
295 So auch: BVerfGE 132, 195 (Rn. 132); *Kube*, WM 2012, 245 (246); *Ruffert*, C. M. L. R. 2011, 1777 (1788); *Glaser*, DVBl. 2013, 167 (167); *Calliess*, NVwZ 2013, 97 (104).

III. Schlussfolgerung

Der Beschluss 2011/199/EU des Europäischen Rates verstößt nicht gegen das Unionsrecht, er konnte insbesondere im vereinfachten Änderungsverfahren nach Art. 48 Abs. 6 EUV gefasst werden.

B. ESM-Vertrag

Der ESM-Vertrag ist ein internationales Abkommen.[296] Soweit die Mitgliedstaaten zum Abschluss eines solchen internationalen Vertrags berechtigt sind, darf dieser nicht gegen die Vorgaben des Unionsrechts verstoßen.[297] Fraglich ist, ob der ESM-Vertrag dem Unionsrecht widerspricht.

I. Verstoß gegen Art. 125 Abs. 1 AEUV?

Der ESM-Vertrag könnte im Widerspruch zu der Nicht-Beistandsklausel des Art. 125 Abs. 1 S. 2 AEUV stehen.

Der ESM-Vertrag sieht die Gewährung von Stabilitätshilfen in mannigfaltiger Form vor: So kann der ESM dem beantragenden Mitgliedstaat vorsorgliche Kreditlinien (Art. 14 ESM-Vertrag), Darlehen zur Rekapitalisierung von Finanzinstituten (Art. 15 ESM-Vertrag) sowie Darlehen für diesen selbst (Art. 16 ESM-Vertrag) gewähren. Weiterhin ist der ESM zum Erwerb von Staatsanleihen des betroffenen Mitgliedstaates auf dem Primär- und Sekundärmarkt berechtigt (Art. 17 und 18 ESM-Vertrag). Klärungsbedürftig ist somit, ob die Stabilitätshilfen in ihrer jeweiligen Form mit Art. 125 Abs. 1 S. 2 AEUV vereinbar sind.

---

296 *Glaser*, DÖV 2012, 901; vgl. zudem im Einzelnen zum Gegenstand des ESM-Vertrages S. 49.
297 EuGH, Rs. C-370/12 (Pringle), NJW 2013, 29 (Rn. 69); Rs. C-135/08 (Rottmann), Slg. 2010, I-1449 (Rn. 41); *Häde*, in: Kahl/Waldhoff/Walter, Bonner Kommentar GG, Art. 88 GG, Rn. 523; *Calliess/Schoenfleisch*, JZ 2012, 477 (481); *Antpöhler*, ZaöRV 2012, 353 (383); *Thym*, Ungleichzeitigkeit, S. 311.; *derselbe*, EuZW 2011, 167 (167); *Fischer-Lescano/Oberndorfer*, NJW 2013, 9 (12).

1. Auslegung nach dem Wortlaut

Jede Auslegung einer Vorschrift – auch im unionsrechtlichen Kontext – hat von deren Wortlaut auszugehen.[298] Der Normtext des Art. 125 Abs. 1 S. 2 AEUV lautet:

> »Ein Mitgliedstaat haftet nicht für die Verbindlichkeiten der Zentralregierungen, der regionalen oder lokalen Gebietskörperschaften oder anderen öffentlich-rechtlichen Körperschaften, sonstiger Einrichtungen des öffentlichen Rechts oder öffentlicher Unternehmen eines anderen Mitgliedstaates und tritt nicht für derartige Verbindlichkeiten ein; dies gilt unbeschadet der gegenseitigen finanziellen Garantien für die gemeinsame Durchführung eines bestimmten Vorhabens.«

Fraglich ist, ob ein Mitgliedstaat durch den ESM für die Verbindlichkeiten der Zentralregierung respektive einer sonstigen staatlichen Einrichtung eines anderen Mitgliedstaates »haftet« oder für diese »eintritt«. Während die Verordnung (EG) 3603/93 detaillierte Definitionen für von Art. 125 AEUV erfasste staatliche Einrichtungen enthält, wird die genaue Bedeutung der sonstigen Begrifflichkeiten der Vorschrift nicht dargetan.

Nach dem allgemeinen Sprachgebrauch wird unter »haften« respektive »Haftung« verstanden, dass jemand im Falle eines eintretenden Schadens Ersatz leisten muss, einem anderen gegenüber verantwortlich ist oder für etwas einstehen muss.[299] Synonym verwandt werden Begriffe wie »für etwas aufkommen«, »die Folgen tragen« oder schlicht »verantwortlich sein«.[300]

Demnach müssten die Mitgliedstaaten, um dem Beistandsverbot zu unterfallen, durch den ESM im Falle eines potentiellen Kreditausfalls des Programmstaates »Ersatz leisten«, »verantwortlich sein« oder für dessen Schulden »aufkommen« müssen. Sobald der Gouverneursrat des ESM Stabilitätshilfen bewilligt hat (Art. 5 Abs. 6 lit. f) ESM-Vertrag), können Darlehen an den betroffenen Mitgliedstaat ausgereicht respektive dessen Anleihen angekauft werden (Art. 14 bis 18 ESM-Vertrag). Der Programmstaat wird mit der Valuta vermutlich auch Altkredite und -anleihen bedienen, um liquide zu bleiben. Sollte der betroffene Mitgliedstaat jedoch später zahlungsunfähig

---

298 *Borchardt*, in: Schulze/Zuleeg/Kadelbach, Hdb. Europarecht, § 15, Rn. 34; *Oppermann/Classen/Nettesheim*, Europarecht, § 10, Rn. 170; *Hobe*, Europarecht, § 10, Rn. 46.
299 *Duden online* zu »haften«, http://www.duden.de/rechtschrei-bung/haften_verantworten_buergen (Stand: 20.08.2014).
300 Ebenda.

werden, fallen das gewährte Darlehen oder die erworbene Anleihe aus. Das würde im Ergebnis bedeuten, dass ein Mitgliedstaat über den ESM *de facto* für die Verbindlichkeiten eines anderen Mitgliedstaates »aufgekommen« ist, für diese »Ersatz geleistet« hat oder auch für diese »verantwortlich« geworden ist. Das allgemeine Sprachverständnis des Wortes »haften« spricht daher dafür, dass der Tatbestand des Art. 125 Abs. 1 S. 2 AEUV erfüllt ist. Unter dem alternativ im Tatbestand genannten Begriff des »Eintretens für« ist ein »sich öffentlich für etwas mit Entschiedenheit einsetzen« zu verstehen.[301] Daraus lassen sich vorliegend jedoch keine weiteren Schlüsse für die Wortbedeutung ziehen. Da es sich beim »eintreten« lediglich um eine Alternative zum »Haften« handelt, genügt die Subsumtion unter den Begriff des »Haftens« zur Erfüllung des Tatbestandes bereits aus.

Nach dem – neben dem allgemeinen Sprachgebrauch für die Wortlautauslegung ebenso heranzuziehenden[302] – juristischen Begriffsverständnis wird unter »haften« gemeinhin das »Einstehenmüssen für eine aus einem Schuldverhältnis herrührende Schuld« verstanden.[303] In eine Verbindlichkeit »eintreten« meint das Übernehmen der Haftung für eine Schuld.[304] Diese Begriffe zielen somit auf Bürgschaften, Garantien, Schuldbeitritte und Schuldübernahmen.[305] Nach dem juristischen Sprachgebrauch ließe sich der Wortlaut des Art. 125 Abs. 1 S. 2 AEUV daher so verstehen, dass er lediglich das dem Schuldner gleiche Einstehen für Verbindlichkeiten, nicht aber andere – wirtschaftlich äquivalente – Formen des Beistands umfasst.[306] Das streng juristi-

---

301 *Duden online* zu »eintreten«, http://www.duden.de/rechtschrei-bung/eintreten (Stand: 20.08.2014).
302 *Larenz,* Methodenlehre, S. 320.
303 *Creifelds,* Rechtswörterbuch, S. 609; vgl. auch *Wienbracke,* ZEuS 2013, 1 (5).
304 *Bandilla,* in: Grabitz/Hilf/Nettesheim, EUV/AEUV, Art. 125 AEUV, Rn. 6; vgl. auch *Wienbracke,* ZEuS 2013, 1 (6).
305 *Ohler,* in: Siekmann, EWU, Art. 125 AEUV, Rn. 13; *Herrmann,* EuZW 2010, 413 (415).
306 Im Ergebnis, allerdings nicht immer unter ausdrücklicher Nennung der zugrunde gelegten Auslegungsmethode: EuGH, Rs. C-370/12 (Pringle), NJW 2013, 29 (Rn. 130); *Selmayr,* ZÖR 2013, 259 (270); *Ohler,* in: Siekmann, EWU, Art. 125 AEUV, S. 13 f.; *Herrmann,* EuZW 2010, 413 (415); *Athanassiou,* E. L. Rev. 2011, 558 (561); *Bandilla,* in: Grabitz/Hilf/Nettesheim, EUV/AEUV, Art. 125 AEUV, Rn. 10 f.; *Gnan,* in: von der Groeben/Schwarze, EUV/EGV, Art. 103 EGV, Rn. 24; *Nettesheim,* Staatshilfen, http://www.jura.uni-tuebingen.de/professoren_und_dozenten/nettesheim/projekte/finanzkrise-staatshilfen-und-201ebail-out201c-verbot, S. 12 (Stand: 03.07.2013); *Horn,* NJW 2011, 1398 (1400). A. A. *Kube/Reimer,* NJW

sche Sprachverständnis zugrunde gelegt, wäre der Tatbestand des Art. 125 Abs. 1 S. 2 AEUV durch die Instrumente des ESM – im Gegensatz zum allgemeinen Sprachgebrauch – nicht erfüllt: Weder die Darlehen mit ihren verschiedenen Zweckrichtungen noch die Anleihekäufe führen dazu, dass ein Mitgliedstaat über den ESM respektive dieser selbst für Verbindlichkeiten des Hilfen beantragenden Mitgliedstaates schuldnergleich einstehen muss.[307] Die Darlehen respektive Anleihekäufe dienen vielmehr dazu, dem betroffenen Mitgliedstaat mit der gewährten Valuta die Lösung seiner individuellen haushalterischen Probleme zu ermöglichen – sei es durch die Bedienung von Altkrediten, sei es durch die Rekapitalisierung seiner Banken.

Nur am Rande sei angemerkt, dass – die Rechtswidrigkeit des ESM unterstellt – die Anwendung des Art. 125 Abs. 1 S. 2 Halbsatz 2 AEUV keine legalisierende Wirkung für den ESM haben würde. Denn dem Wortlaut dieses Halbsatzes nach sind lediglich Garantien für bestimmte Vorhaben zulässig. Eine Garantie ist nach dem allgemeinen Sprachgebrauch die Übernahme einer Gewähr für etwas.[308] Schon hier wird deutlich, dass die Instrumente des ESM nicht von der Legalisierungswirkung des zweiten Halbsatzes erfasst werden können. Denn nach dem ESM-Vertrag werden Darlehen gewährt respektive Anleihen gekauft, nicht aber Garantien ausgesprochen. Folglich ist Art. 125 Abs. 1 S. 2 Halbsatz 2 AEUV nicht einschlägig.

Das Ergebnis der wörtlichen Auslegung ist somit nicht eindeutig. Während der allgemeine Sprachgebrauch eher nahelegt, die Instrumente des ESM

2010, 1911 (1913); *Faßbender*, NVwZ 2010, 799 (800); *Frenz/Ehlenz*, EWS 2010, 65 (67); *Knopp*, NJW 2010, 1777 (1779); *Häde*, in: Calliess/Ruffert, EUV/AEUV, Art. 125 AEUV, Rn. 3; *Kempen*, in: Streinz, EUV/AEUV, Art. 125 AEUV, Rn. 4; *Hattenberger*, in: Schwarze, EU-Kommentar, Art. 125 AEUV, Rn. 5; *Rodi*, in: Vedder/Heintschel von Heinegg, HK Unionsrecht, Art. 125 AEUV, Rn. 6; *Glaser*, DVBl. 2013, 167 (169); *derselbe*, DÖV 2012, 901 (905); *Sester*, in: Möllers/Zeitler, Rechtsgemeinschaft, S. 175 (194 f.); *Weber*, EuZW 2011, 935 (938); *Hentschelmann*, EuR 2011, 282 (294); *Kerber*, Klarstellung, http://www.europolis-online.org/fileadmin/PDF/PDF_2010/W%C3%A4hrungsunion_mit_Finanzausgleich_Europolis_Occasional_Paper.pdf, S. 6 (Stand: 03.07.2013); *Khan*, in: Geiger/Khan/Kotzur, EUV/AEUV, Art. 125 AEUV, Rn. 2; *Heß*, JuS 2010, 473 (480); *Selmayr*, ZÖR 2013, 259 (270).
307 EuGH, Rs. C-370/12 (Pringle), NJW 2013, 29 (Rn. 130); *Calliess*, NVwZ 2013, 97 (101 f.).
308 Duden, S. 447.

als vom Beistandsverbot umfasst anzusehen, führt das juristische Begriffsverständnis zum gegenteiligen Ergebnis.

2. Systematische Auslegung

Ausgehend vom nicht eindeutigen Ergebnis der wörtlichen Auslegung stellt sich die Frage, ob die Reichweite des Verbotes des Art. 125 Abs. 1 S. 2 AEUV unter systematischen Gesichtspunkten exakter bestimmt werden kann.

Grundsätzlich ist es den Mitgliedstaaten aufgrund des Prinzips der begrenzten Einzelermächtigung (Art. 5 Abs. 2 EUV) unbenommen, für die Verbindlichkeiten anderer Mitgliedstaaten zu haften oder in diese einzutreten.[309] Das Recht der Mitgliedstaaten zum finanziellen Beistand wird jedoch durch Art. 125 Abs. 1 S. 2 AEUV eingeschränkt.[310] Allein fraglich ist, in welchem Umfang dies geschieht. Legt man hier ein Verständnis des Wortlautes zugrunde, wonach lediglich Beistandsformen wie Bürgschaften, Garantien, Schuldbeitritte, Schuldübernahmen verboten wären,[311] stellt sich die

---

309 *Bast*, in: Grabitz/Hilf/Nettesheim, EUV/AEUV, Art. 5 EUV, Rn. 14; *Häde*, in: Kahl/Waldhoff/Walter, Bonner Kommentar GG, Art. 88 GG, Rn. 460.
310 *Bandilla*, in: Grabitz/Hilf/Nettesheim, EUV/AEUV, Art. 5 AEUV, Rn. 6; *Häde*, in: Calliess/Ruffert, EUV/AEUV, Art. 125 AEUV, Rn. 2.
311 EuGH, Rs. C-370/12 (Pringle), NJW 2013, 29 (Rn. 130); *Bandilla*, in: Grabitz/Hilf/Nettesheim, EUV/AEUV, Art. 125 AEUV, Rn. 10; *Selmayr*, ZÖR 2013, 259 (270); *Ohler*, in: Siekmann, EWU, Art. 125 AEUV, S. 14; *Herrmann*, EuZW 2010, 413 (415); *Athanassiou*, E. L. Rev. 2011, 558 (561); *Gnan*, in: von der Groeben/Schwarze, EUV/EGV, Art. 103 EGV, Rn. 24; *Nettesheim*, Staatshilfen, http://www.jura.uni-tuebingen.de/professoren_und_dozenten/nettesheim/ projekte/finanzkrise-staatshilfen-und-201ebail-out201c-verbot, S. 12 (Stand: 03.07.2013); *Horn*, NJW 2011, 1398 (1400). A. A. *Kube/Reimer*, NJW 2010, 1911 (1913); *Faßbender*, NVwZ 2010, 799 (800); *Frenz/Ehlenz*, EWS 2010, 65 (67); *Knopp*, NJW 2010, 1777 (1779); *Häde*, in: Calliess/Ruffert, EUV/AEUV, Art. 125 AEUV, Rn. 3; *Kempen*, in: Streinz, EUV/AEUV, Art. 125 AEUV, Rn. 4; *Hattenberger*, in: Schwarze, EU-Kommentar, Art. 125 AEUV, Rn. 5; *Rodi*, in: Vedder/Heintschel von Heinegg, HK Unionsrecht, Art. 125 AEUV, Rn. 6; *Glaser,* DVBl. 2013, 167 (169); *derselbe,* DÖV 2012, 901 (905); *Sester*, in: Möllers/Zeitler, Rechtsgemeinschaft, S. 175 (194 f.); *Weber*, EuZW 2011, 935 (938); *Hentschelmann*, EuR 2011, 282 (294); *Kerber,* Klarstellung, http://www.europolis-online.org/fileadmin/PDF/ PDF_2010/W%C3%A4hrungsunion_mit_Finanzausgleich_Europolis_Occasional_P aper.pdf, S. 6 (Stand: 03.07.2013); *Khan*, in: Geiger/Khan/Kotzur, EUV/AEUV, Art. 125 AEUV, Rn. 2; *Heß*, JuS 2010, 473 (480).

Frage, welche Funktion die Vorschrift des Art. 143 Abs. 2 S. 2 lit. c) AEUV hat. Die Norm regelt für Notsituationen die Gewährung eines Beistands durch den Rat, der in Form von mitgliedstaatlichen Krediten dem betroffenen anderen Mitgliedstaat bereitgestellt wird.[312] Nach dieser Regelung können nur Kredite an Mitgliedstaaten ausgereicht werden, die nicht an der gemeinsamen Währung teilnehmen.[313] Da bei der Kreditgewährung ein neues Schuldverhältnis begründet, nicht aber in ein bestehendes eingetreten respektive hierfür die Haftung übernommen wird, könnte die Norm schlichtweg überflüssig sein, wenn Kreditgewährungen von vornherein nicht vom Verbot des Art. 125 Abs. 1 S. 2 AEUV erfasst würden.[314] Denn ohne Art. 125 Abs. 1 S. 2 AEUV wären die Mitgliedstaaten aufgrund des Prinzips der begrenzten Einzelermächtigung (Art. 5 Abs. 2 EUV) ohnehin zur Kreditgewährung befugt.

Allerdings wird der Beistand nach Art. 143 Abs. 2 AEUV durch den Rat gewährt. Insofern ist fraglich, inwiefern es sich überhaupt um einen Beistand der Mitgliedstaaten handelt. Da die Kreditgewährung jedoch letztlich nach Art. 143 Abs. 2 lit. c) AEUV (nach Billigung des Rates) doch durch die Mitgliedstaaten erfolgt, ließe er sich zumindest auch als solcher der Mitgliedstaaten begreifen.

Gegen ein systematisches Verständnis des Art. 143 AEUV, wonach Art. 125 AEUV weit zu interpretieren ist, spricht jedoch, dass die Regelung des heutigen Art. 143 Abs. 2 S. 2 lit. c) AEUV bereits wortlautidentisch in Art. 108 Abs. 2 S. 2 lit. c) EWG-Vertrag bestand. Im EWG-Vertrag existierten die Regelungen über die Ausgestaltung der Wirtschafts- und Währungsunion noch nicht. Dies gilt insbesondere für das Beistandsverbot des heutigen Art. 125 Abs. 1 S. 2 AEUV. Folglich kann der systematischen Konsis-

---

312 *Potacs*, in: Schwarze, EU-Kommentar, Art. 143 AEUV, Rn. 4; *Kempen*, in: Streinz, EUV/AEUV, Art. 143 AEUV, Rn. 5; *Rodi*, in: Vedder/Heintschel von Heinegg, HK Unionsrecht, Art. 143 AEUV, Rn. 5; *Khan*, in: Geiger/Khan/Kotzur, EUV/AEUV, Art. 143 AEUV, Rn. 6; *Bandilla*, in: Grabitz/Hilf/Nettesheim, EUV/AEUV, Art. 143 AEUV, Rn. 1.
313 *Potacs*, in: Schwarze, EU-Kommentar, Art. 143 AEUV, Rn. 1; *Kempen*, in: Streinz, EUV/AEUV, Art. 143 AEUV, Rn. 1; *Rodi*, in: Vedder/Heintschel von Heinegg, HK Unionsrecht, Art. 143 AEUV, Rn. 1; *Khan*, in: Geiger/Khan/Kotzur, EUV/AEUV, Art. 143 AEUV, Rn. 1; *Bandilla*, in: Grabitz/Hilf/Nettesheim, EUV/AEUV, Art. 143 AEUV, Rn. 1.
314 *Hentschelmann*, EuR 2011, 282 (292); *Frenz/Ehlenz*, EWS 2010, 65 (67); *Hattenberger*, in: Schwarze, EU-Kommentar, Art. 125 AEUV, Rn. 5.

tenz des Verhältnisses von Art. 125 zu 143 AEUV keine gesteigerte Bedeutung entnommen werden.

Für ein systematisches Verständnis, das die Instrumente des ESM vom Beistandsverbot erfasst sieht, könnte jedoch die bloße Existenz des Art. 122 Abs. 2 AEUV sprechen. Die Norm ermächtigt die Union dazu, in Notsituationen finanzielle Hilfen an ihre Mitgliedstaaten – und zwar auch solche der Eurozone – auszureichen.[315] Dies ließe sich so verstehen, dass eine entsprechende Bestimmung für Hilfen der Mitgliedstaaten fehlt und diese daher unzulässig wären.[316] Das Argument verkennt jedoch das Prinzip der begrenzten Einzelermächtigung nach Art. 5 Abs. 2 EUV, wonach es den Mitgliedstaaten – so kein Verbot greift – ohnehin freisteht, unterstützend aktiv zu werden.[317] Zudem ließe sich dagegen einwenden, dass Art. 125 Abs. 1 S. 2 AEUV seinem Wortlaut nach nur Beistandsformen wie Bürgschaften, Garantien, Schuldbeitritte und Schuldübernahmen ausschließen könnte, nicht aber sonstige Formen des Beistands. Im Gegenteil ließe sich sogar vertreten, dass Normen wie Art. 122 Abs. 2 und 143 Abs. 2 AEUV zeigen, dass Hilfen zwischen Mitgliedstaaten nicht *per se* ausgeschlossen sind.[318] *Selmayr* leitet insbesondere hieraus ein systematisches Verständnis des Art. 125 Abs. 1 S. 2 AEUV ab, welches Finanzhilfen wie die hier interessierenden Instrumente des ESM nicht erfassen würde.[319]

Im Ergebnis lässt sich die exakte Reichweite des Verbotes des Art. 125 Abs. 1 S. 2 AEUV – namentlich die Erfassung von über Bürgschaften, Garantien, Schuldbeitritte und Schuldübernahmen hinausgehenden Beistandsformen – auch aus der systematischen Einbettung der Vorschrift nicht näher bestimmen.

---

315 *Kämmerer*, in: Siekmann, EWU, Art. 122 AEUV, Rn. 19; *Kempen*, in: Streinz, EUV/AEUV, Art. 122 AEUV, Rn. 2; *Hattenberger*, in: Schwarze, EU-Kommentar, Art. 122 AEUV, Rn. 5; *Bandilla*, in: Grabitz/Hilf/Nettesheim, EUV/AEUV, Art. 122 AEUV, Rn. 20.
316 Potentiell in diese Richtung argumentierend wohl *Bandilla*, in: Grabitz/Hilf/Nettesheim, EUV/AEUV, Art. 122 AEUV, Rn. 20.
317 *Bast*, in: Grabitz/Hilf/Nettesheim, EUV/AEUV, Art. 5 EUV, Rn. 14; *Häde*, in: Kahl/Waldhoff/Walter, Bonner Kommentar GG, Art. 88 GG, Rn. 460.
318 EuGH, Rs. C-370/12 (Pringle), NJW 2013, 29 (Rn. 130); *Selmayr*, ZÖR 2013, 259 (277); *Bandilla*, in: Grabitz/Hilf/Nettesheim, EUV/AEUV, Art. 125 AEUV, Rn. 11.
319 *Selmayr*, ZÖR 2013, 259 (275).

3. Historische Auslegung

Der historischen Auslegung kommt wegen der dynamischen Entwicklung des Unionsrechts nur eine nachrangige Bedeutung zu.[320] Insbesondere bei der historischen Auslegung des Primärrechts wird diese zusätzlich dadurch erschwert, dass es keinen einheitlichen »Gesetzgeber« gibt, dessen Wille erforscht werden könnte.[321] Vielmehr gibt es die – z. T. diametral entgegengesetzten – Interessen der verschiedenen Vertragsparteien, aus denen sich nur bedingt Schlüsse ziehen lassen.[322] Dennoch ist die Entstehungsgeschichte einer Norm bei ihrer Auslegung zu berücksichtigen.[323]

Die Vorarbeiten zur Wirtschafts- und Währungsunion kamen mit der Veröffentlichung des Delors-Berichtes in ihre zentrale Phase.[324] Hinsichtlich der Beurteilungsfähigkeit des Marktes über die Haushaltssituation eines Mitgliedstaates nimmt der Bericht eine eher kritische Position ein.[325] So ist es nicht verwunderlich, dass eine Nicht-Beistandsklausel darin keine Erwähnung findet.[326]

Doch schon in der Mitteilung der Kommission vom 21. August 1990 wird ein Verbot für die »automatische Hilfeleistung bei Haushaltsschwierigkeiten« als konsensualer und essentieller Bestandteil der Wirtschaftsunion benannt.[327] Die einschränkende Formulierung, dass nur »automatische« Hilfen untersagt sind, lässt aufhorchen, zumal sie auch in anderen Dokumenten um die Regierungskonferenzen auftaucht: So etwa in einem Vertragsentwurf der Kommission[328] (»no automatic bail-outs«) oder einer Resolution des Europä-

---

320 *Oppermann/Classen/Nettesheim*, Europarecht, § 10, Rn. 174 f.; *Hobe*, Europarecht, § 10, Rn. 48.
321 *Oppermann/Classen/Nettesheim*, Europarecht, § 10, Rn. 174.
322 *Oppermann/Classen/Nettesheim*, Europarecht, § 10, Rn. 174.
323 Vgl. Ausführungen zu einem Sekundärrechtsakt in EuGH, Rs. 15/60 (Simon), Slg. 1961, S. 239, 262.
324 Im Einzelnen, siehe S. 18.
325 Ziffer 30 des Delors-Berichtes, abgedruckt in *Krägenau/Wetter,* WWU, S. 151; *Rodi*, in: Vedder/Heintschel von Heinegg, HK Unionsrecht, Art. 125 AEUV, Rn. 2.
326 *Gnan*, in: von der Groeben/Schwarze, EUV/EGV, Art. 103 EGV, Rn. 9; *Rodi*, in: Vedder/Heintschel von Heinegg, HK Unionsrecht, Art. 125 AEUV, Rn. 2.
327 *Kommission der Europäischen Gemeinschaften,* Bulletin der Europäischen Gemeinschaften, Beilage 2/91, Regierungskonferenzen: Beiträge der Kommission, S. 38.
328 *Secretary-General of the Commission of the European Communities,* Draft Treaty amending the Treaty establishing the European Economic Community with a view to achieving Economic and Monetary Union vom 09.01.1991, S. 8.

ischen Parlamentes[329] (»A ban on the automatic bailing-out of Member States with budgetary difficulties«). Dies verleitet zu der Schlussfolgerung, dass nicht-automatische Hilfen möglicherweise erlaubt sein könnten. Allerdings finden sich in den Quellen dazu keine weiteren Belege, so dass die genaue Bedeutung letztendlich der Spekulation überlassen bleibt. Es sollte aber wohl sichergestellt werden, dass sich in der Krise zumindest kein Mitgliedstaat auf den finanziellen Beistand anderer Mitgliedstaaten oder der Union verlassen können sollte. Freiwillige Hilfen erscheinen demnach nicht vollständig ausgeschlossen zu sein.[330]

Gegen ein solches Verständnis spricht jedoch die Entwicklung der Vorläufer-Norm des heutigen Art. 125 AEUV. Zunächst enthielt der Entwurf der Kommission nämlich in Art. 104a EGV die folgende Regelung:

> »Mit der Wirtschafts- und Währungsunion unvereinbar und demnach verboten sind:
>
> a) (…)
>
> b) die Gewährung durch die Gemeinschaft oder die Mitgliedstaaten einer bedingungslosen Bürgschaft für die Schulden eines Staates«[331]

Während die Kommission hier lediglich auf das Verbot von Bürgschaften abgestellt hatte, wurde diese Formulierung in späteren Textentwürfen durch eine der heutigen Fassung bereits vergleichbare abgelöst:

> »The Community shall not be liable for or assume the commitments of Central Governments, regional or local authorities, public authorities, other bodies governed by public law, or public undertakings of any Member State, without prejudice to mutual financial guarantees for the joint execution of a specific project. A Member State shall not be liable or assume the commitments of Central Governments, regional or local authorities, public authorities, other bodies governed by public law, or public undertakings of another Member State, without prejudice to mutual financial guarantees for the joint execution of a specific project.«[332]

Daraus folgt, dass der Anwendungsbereich der Nicht-Beistandsklausel im Laufe der Verhandlungen größer geworden ist.[333] Dies könnte so zu verste-

---

329 *Secretary-General of the European Parliament,* Resolutions on the Intergovernmental Conferences vom 22.07.1991, S. 13.
330 Im Ergebnis ähnlich: *Häde,* EuZW 2009, 399 (403).
331 *Kommission der Europäischen Gemeinschaften,* Bulletin der Europäischen Gemeinschaften, Beilage 2/91, Regierungskonferenzen: Beiträge der Kommission, S. 45.
332 *Kommission der Europäischen Gemeinschaften,* Draft Treaty Amendments on Economic and Monetary Union vom 05.12.1990, S. 11.
333 So auch: *Häde,* EuZW 2009, 399 (403).

hen sein, dass die Mitgliedstaaten mit der Norm ein umfassendes Beistandsverbot etablieren wollten. Allerdings ließe sich ebenso gut vertreten, dass zwar eine Erweiterung des Anwendungsbereiches über Bürgschaften hinaus, allerdings eben nur um Beistandsformen wie Garantien, Schuldbeitritte und Schuldübernahmen – nicht aber weitere Formen des Beistands – beabsichtigt gewesen ist. Letztlich fehlen hier jedoch eindeutige Anhaltspunkte dafür, worauf sich der konkrete Wille der Vertragsparteien richtete.

In diesem Zusammenhang soll nicht unerwähnt bleiben, dass allein die Verwendung der englischen Wortkombination *bail out* bereits für ein potentiell weiteres Begriffsverständnis sprechen könnte.[334] Zwar fand diese Formulierung keinen Eingang in die Verträge, allerdings wird die Norm in zahlreichen Dokumenten der Regierungskonferenzen so bezeichnet.[335] Durch die vielfache übereinstimmende Bezeichnung der Norm als *no-bail-out-clause* erscheint es möglich, dass die Mitgliedstaaten von einem weiteren Begriffsverständnis der Vorschrift ausgingen, als sich dies final im Wortlaut des Vertragstextes niedergeschlagen hat. Allerdings fehlt es auch hier an validen Quellen, die so ein Verständnis verlässlich belegen könnten.

Im Ergebnis lässt sich auch im Wege der historischen Auslegung nicht verlässlich ermitteln, welche Reichweite das Verbot des Art. 125 Abs. 1 S. 2 AEUV hat.

---

334 Vgl. »bail out« im Sinne von »aus der Patsche helfen« oder »aus der Klemme helfen« nach *Docherty,* Langenscheidt Großwörterbuch, S. 54; *Blocksidge/Dralle/Martini u. a.,* PONS Großwörterbuch, S. 56.
335 *Secretary-General of the Commission of the European Communities,* Draft Treaty amending the Treaty establishing the European Economic Community with a view to achieving Economic and Monetary Union vom 09.01.1991, S. 8; *Minister of Finance of the Republic of Ireland,* Statement on Ireland's Opening Position vom 27.09.1991, S. 6; *Secretary-General of the European Parliament,* Resolutions on the Intergovernmental Conferences vom 22.07.1991, S. 13; *Minister of Treasury of Italy,* Transition provisions: articles 109c, 109d, 109e, 109f - proposals by Italian delegation vom 27.09.1991, S. 3.

4. Teleologische Auslegung

Die teleologische Auslegung ist für das Unionsrecht von besonderer Bedeutung.[336] Dies liegt in dem evolutiven und dynamischen Charakter des Unionsrechts begründet, mit dem die teleologische Auslegungsmethode am besten korrespondiert.[337] Hiernach ist für das Verständnis einer Norm ihr Zweck entscheidend.[338] Fraglich ist jedoch im Einzelfall, worin der konkrete Zweck einer Norm besteht. Dies ist nämlich begründungsbedürftig.[339] Zu unterscheiden sind hier die objektive und die subjektive teleologische Auslegungsmethode: Während erstere den Zweck einer Norm mit deren Wortlaut oder systematischer Einbettung zu begründen sucht, stellt zweitere auf die Intention des historischen Normgebers ab.[340]

Die objektive teleologische Auslegung knüpft an Wortlaut und systematische Einbettung der interpretationsbedürftigen Norm an. Da die wörtliche und systematische Auslegung bereits zu nicht eben eindeutigen Ergebnissen geführt haben, ist es nicht verwunderlich, dass auch Sinn und Zweck der Vorschrift umstritten sind.

In der Literatur wird Art. 125 Abs. 1 S. 2 AEUV mehrheitlich als strikte Nicht-Beistandsklausel verstanden, welche jedwede Form von Finanzhilfen an einen anderen Mitgliedstaat untersagt.[341] Das bedeutet, dass nicht nur Beistandsformen wie Bürgschaften, Garantien, Schuldbeitritte oder Schuldüber-

---

336 *Hobe,* Europarecht, § 10, Rn. 49; *Oppermann/Classen/Nettesheim,* Europarecht, § 10, Rn. 176.
337 Ebenda.
338 *Müller/Christensen,* Methodik, Rn. 433.
339 *Müller/Christensen,* Methodik, Rn. 93.
340 *Müller/Christensen,* Methodik, Rn. 94.
341 *Häde,* in: Calliess/Ruffert, EUV/AEUV, Art. 125 AEUV, Rn. 3; *derselbe,* Exekutivprimat, S. 19; *Kempen,* in: Streinz, EUV/AEUV, Art. 125 AEUV, Rn. 4; *Hattenberger,* in: Schwarze, EU-Kommentar, Art. 125 AEUV, Rn. 5; *Rodi,* in: Vedder/Heintschel von Heinegg, HK Unionsrecht, Art. 125 AEUV, Rn. 6; *Glaser,* DVBl. 2013, 167 (169); *derselbe,* DÖV 2012, 901 (905); *Sester,* in: Möllers/Zeitler, Rechtsgemeinschaft, S. 175 (194 f.); *Frenz/Ehlenz,* EWS 2010, 65 (67); *Weber,* EuZW 2011, 935 (938); *Hentschelmann,* EuR 2011, 282 (294); *Kerber,* Klarstellung, http://www.europolis-online.org/fileadmin/PDF/PDF_2010/W%C3%A4hrungs union_mit_Finanzausgleich_Europolis_Occasional_Paper.pdf, S. 6 (Stand: 03.07.2013); *Kube/Reimer,* NJW 2010, 1911 (1914); *Faßbender,* NVwZ 2010, 799 (800); *Knopp,* NJW 2010, 1777 (1779); *Khan,* in: Geiger/Khan/Kotzur, EUV/AEUV, Art. 125 AEUV, Rn. 2; *Heß,* JuS 2010, 473 (480).

nahmen, sondern jede Form des finanziellen Beistands vom Verbot umfasst sind.[342] Nach diesem Verständnis ist jeder Mitgliedstaat für sein öffentliches Defizit selbst verantwortlich.[343] Indem es den Mitgliedstaaten untersagt ist, sich in irgendeiner Form gegenseitig finanziell beizustehen, sollen die Märkte den Schuldenstand einer jeden Nation separat evaluieren.[344] Im Ergebnis dessen wird davon ausgegangen, dass Mitgliedstaaten mit einem im Verhältnis zu ihrer Wirtschaftskraft zu hohen Defizit auch nur noch zu erhöhtem Zinssatz Kredit am Kapitalmarkt gewährt wird.[345] Durch steigende Zinsen soll ein Mitgliedstaat somit motiviert werden, sein öffentliches Defizit aus Eigeninteresse wieder auf ein verträgliches Maß zu reduzieren.[346]

Einige Autoren weisen in diesem Zusammenhang darauf hin, dass es zudem missbräuchlich wäre, das Verbot des Art. 125 Abs. 1 S. 2 AEUV – etwa durch die Zwischenschaltung juristischer Personen bei der Beistandsgewährung – zu umgehen.[347] Hiergegen wenden sich wieder andere Stimmen, die ein Umgehungsverbot – vergleichbar § 42 AO – strikt ablehnen.[348]

Darauf kommt es im Ergebnis jedoch nicht entscheidend an. Denn folgt man konsequent der Argumentationslinie der Vertreter der weiten Auslegung, so ergibt sich, dass einem Mitgliedstaat schon dann die Motivation zur Reduzierung seines Defizits genommen wird, wenn sein Zinssatz infolge einer Maßnahme anderer Mitgliedstaaten, welcher konkreten Gestalt sie auch immer sein mag, nicht mehr abhängig von seinem individuellen Schuldenstand differenziert ermittelt und ausgewiesen würde.[349] Entsprechend konse-

---

342 *Ebenda*
343 *Rodi*, in: Vedder/Heintschel von Heinegg, HK Unionsrecht, Art. 125 AEUV, Rn. 1; *Hattenberger*, in: Schwarze, EU-Kommentar, Art. 125 AEUV, Rn. 1; *Kempen*, in: Streinz, EUV/AEUV, Art. 125 AEUV, Rn. 1; *Khan*, in: Geiger/Khan/Kotzur, EUV/AEUV, Art. 125 AEUV, Rn. 1. Zum ökonomischen Hintergrund, siehe auch S. 37 ff.
344 *Rodi*, in: Vedder/Heintschel von Heinegg, HK Unionsrecht, Art. 125 AEUV, Rn. 1; *Hattenberger*, in: Schwarze, EU-Kommentar, Art. 125 AEUV, Rn. 1; *Kempen*, in: Streinz, EUV/AEUV, Art. 125 AEUV, Rn. 1; *Khan*, in: Geiger/Khan/Kotzur, EUV/AEUV, Art. 125 AEUV, Rn. 1. Zum ökonomischen Hintergrund, siehe auch S. 37 ff.
345 Ebenda.
346 Ebenda.
347 *Kube/Reimer*, NJW 2010, 1911 (1913).
348 *Herrmann*, EuZW 2010, 413 (415).
349 Vgl. Argumentation bei *Rodi*, in: Vedder/Heintschel von Heinegg, HK Unionsrecht, Art. 125 AEUV, Rn. 1; *Hattenberger*, in: Schwarze, EU-Kommentar, Art. 125

quent wird jede Maßnahme, die wirtschaftlich Bürgschaften, Garantien, Schuldbeitritten oder Schuldübernahmen gleichkommt, unter das Beistandsverbot subsummiert, ohne dass es auf die konkrete Ausgestaltung der Maßnahme entscheidend ankäme.[350]

Der ESM gewährt Programmstaaten Darlehen und erwirbt deren Anleihen (Art. 14 bis 18 ESM-Vertrag). Damit wird dem betroffenen Mitgliedstaat Liquidität zur Verfügung gestellt. Das wiederum führt dazu, dass die Märkte bei der Evaluation des Schuldenstandes die über den ESM gewährte und potentiell in Aussicht stehende Liquidität einkalkulieren und somit nicht mehr streng zwischen den verschiedenen Mitgliedstaaten unterscheiden. Folglich ist eine Differenzierung des Zinssatzes verzichtbar, da ohnehin die Bonität des ESM maßgeblich ist. Damit entfällt für den einzelnen Mitgliedstaat der Druck, sein Defizit zu reduzieren, um sich zu günstigeren Konditionen am Kapitalmarkt zu finanzieren. Infolgedessen kommen Darlehen den Beistandsformen, die auch nach einem engen Verständnis von Art. 125 Abs. 1 S. 2 AEUV umfasst sind,[351] wirtschaftlich gleich.[352] Da der ESM mit Darlehen und verbrieften Darlehen – namentlich Anleihen – operiert, unterfallen seine Instrumente schlussendlich dem weit verstandenen Beistandsverbot.[353]

AEUV, Rn. 1; *Kempen*, in: Streinz, EUV/AEUV, Art. 125 AEUV, Rn. 1; *Khan*, in: Geiger/Khan/Kotzur, EUV/AEUV, Art. 125 AEUV, Rn. 1. Zum ökonomischen Hintergrund, siehe auch S. 37 ff.

350 *Häde*, in: Calliess/Ruffert, EUV/AEUV, Art. 125 AEUV, Rn. 3; *Kempen*, in: Streinz, EUV/AEUV, Art. 125 AEUV, Rn. 4; *Hattenberger*, in: Schwarze, EU-Kommentar, Art. 125 AEUV, Rn. 5; *Rodi*, in: Vedder/Heintschel von Heinegg, HK Unionsrecht, Art. 125 AEUV, Rn. 6; *Weber*, EuZW 2011, 935 (938).

351 *Ohler*, in: Siekmann, EWU, Art. 125 AEUV, S. 13 f.; *Herrmann*, EuZW 2010, 413 (415); *Athanassiou*, E. L. Rev. 2011, 558 (561); *Bandilla*, in: Grabitz/Hilf/Nettesheim, EUV/AEUV, Art. 125 AEUV, Rn. 10 f.; *Gnan*, in: von der Groeben/Schwarze, EUV/EGV, Art. 103 EGV, Rn. 24; *Nettesheim*, Staatshilfen, http://www.jura.uni-tuebingen.de/professoren_und_dozenten/nettesheim/projekte/finanzkrise-staatshilfen-und-201ebail-out201c-verbot, S. 12 (Stand: 03.07.2013); *Horn*, NJW 2011, 1398 (1400); *Selmayr*, ZÖR 2013, 259 (283).

352 *Häde*, in: Calliess/Ruffert, EUV/AEUV, Art. 125 AEUV, Rn. 3; *Kempen*, in: Streinz, EUV/AEUV, Art. 125 AEUV, Rn. 4; *Hattenberger*, in: Schwarze, EU-Kommentar, Art. 125 AEUV, Rn. 5; *Rodi*, in: Vedder/Heintschel von Heinegg, HK Unionsrecht, Art. 125 AEUV, Rn. 6; *Weber*, EuZW 2011, 935 (938).

353 So etwa ausdrücklich: *Weber*, EuZW 2011, 935 (938); *Sester*, in: Möllers/Zeitler, Rechtsgemeinschaft, S. 175 (195); *Kempen*, in: Streinz, EUV/AEUV, Art. 136 AEUV, Rn. 1. A. A.: *Häde*, in: Kahl/Waldhoff/Walter, Bonner Kommentar GG, Art. 88 GG, Rn. 460.

§ 5 Vereinbarkeit mit Unionsrecht

Die – im Ergebnis auch vom Gerichtshof vertretene – Gegenansicht knüpft an den nach dem juristischen Sprachverständnis ermittelten Wortlaut der Norm an und schließt daraus, dass die Vorschrift lediglich Beistandsformen wie Bürgschaften, Garantien, Schuldbeitritte und Schuldübernahmen zu untersagen bezweckt.[354] Der Sinn der Vorschrift wird darin gesehen, zu verhindern, dass sich ein Mitgliedstaat von vornherein auf die Hilfe der anderen verlässt.[355] Freiwillige Zuwendungen in der Not bleiben jedoch zulässig.[356] Zudem wird darauf verwiesen, dass die ökonomische Konzeption der Nicht-Beistandsklausel ohnehin gescheitert und eine weitere Befolgung damit obsolet geworden sei.[357]

Der Gerichtshof führt zur Begründung seines engen Verständnisses des Beistandsverbotes aus, Art. 125 Abs. 1 S. 2 AEUV verbiete es nicht, dass

»Mitgliedstaaten einem Mitgliedstaat, der für seine eigenen Verbindlichkeiten gegenüber seinen Gläubigern haftbar bleibt, eine Finanzhilfe gewähren, vorausgesetzt, die daran geknüpften Auflagen sind geeignet, ihm einen Anreiz für eine solide Haushaltspolitik zu bieten.«[358]

Der Gerichtshof gelangt zu dieser Erkenntnis, indem er die Norm zunächst streng wörtlich auslegt, dieses Auslegungsresultat jedoch anschließend teleologisch wieder reduziert, indem er Darlehen nur unter der Bedingung als zulässig erachtet, dass mit ihnen eine Verpflichtung zu solider Haushaltspolitik einhergeht.[359] Teile des Schrifttums haben sich dieser Argumentation – mit unterschiedlichen Begründungen – angeschlossen.[360]

Für eine teleologische Reduktion des Art. 125 Abs. 1 S. 2 AEUV anderer Art streitet *Häde*: Während er grundsätzlich für ein umfassend verstandenes

---

354 *Herrmann*, EuZW 2010, 413 (415); *Athanassiou*, E. L. Rev. 2011, 558 (561); *Gnan*, in: von der Groeben/Schwarze, EUV/EGV, Art. 103 EGV, Rn. 24; *Nettesheim*, Staatshilfen, http://www.jura.uni-tuebingen.de/professoren_und_dozenten/nettesheim/projekte/finanzkrise-staatshilfen-und-201ebail-out201c-verbot, S. 12 (Stand: 03.07.2013); *Horn*, NJW 2011, 1398 (1400); *Bandilla*, in: Grabitz/Hilf/Nettesheim, EUV/AEUV, Art. 125 AEUV, Rn. 11; *Part*, in: Mayer/Stöger, EUV/AEUV, Art. 125 AEUV, Rn. 7; *Selmayr*, ZÖR 2013, 259 (283).
355 *Bandilla*, in: Grabitz/Hilf/Nettesheim, EUV/AEUV, Art. 125 AEUV, Rn. 11.
356 *Ebenda*.
357 *Nettesheim*, Staatshilfen, http://www.jura.uni-tuebingen.de/professoren_und_dozenten/nettesheim/projekte/finanzkrise-staatshilfen-und-201ebail-out201c-verbot, S. 15 (Stand: 03.07.2013).
358 EuGH, Rs. C-370/12 (Pringle), NJW 2013, 29 (Rn. 137).
359 *Nettesheim*, NJW 2013, 14 (16).
360 *Wienbracke*, ZEuS 2013, 1 (10 ff.); *Calliess*, NVwZ 2013, 97 (102).

Beistandsverbot eintritt,[361] fordert er bei einer Gefahr für die Stabilität der Wirtschafts- und Währungsunion als Ganzes durch ein Überspringen krisenhafter Erscheinungen von einem Mitgliedstaat auf den anderen (»Dominoeffekt«) die ausnahmsweise Zulässigkeit von Finanzhilfen.[362] Dies erfordere freilich eine nicht einfach zu treffende Prognoseentscheidung, welche der Politik mit einem entsprechenden Einschätzungs- und Beurteilungsspielraum zu überlassen sei.[363] Kennzeichnend für diese Sichtweise ist, dass Kredite nicht bereits zur Hilfe eines in Not geratenen Mitgliedstaates zulässig sind, sondern diese nur das letzte Mittel zur Abwendung der Zahlungsunfähigkeit desselben – mit den damit einhergehenden Folgen für die Stabilität des gesamten Euroraumes – darstellen müssen.[364]

Legt man all die Sichtweisen zugrunde, welche ein eher einschränkendes Verständnis hinsichtlich der Reichweite des Beistandsverbotes haben, so stellen sich die Instrumente des ESM – wohl nach all diesen Ansichten – als potentiell zulässig dar. Dies setzt hinsichtlich der von *Häde* vertretenen teleologischen Reduktion freilich voraus, dass die Stabilitätshilfe nur entsprechend Art. 3 ESM-Vertrag zur Wahrung der Finanzstabilität des gesamten Währungsgebietes eingesetzt wird. Für alle anderen einschränkenden Ansichten ist letztlich entscheidend, dass sich der ESM bei all seinen Instrumenten lediglich dem Programmstaat, nicht aber dessen Gläubigern gegenüber verpflichtet. Die vom ESM gewährten Darlehen respektive erworbenen Anleihen sind daher zwar wirtschaftlich, nicht aber rechtlich, mit Bürgschaften, Garantien, Schuldbeitritten oder Schuldübernahmen gleichzusetzen.

Die subjektive teleologische Auslegung knüpft an die Entstehungsgeschichte der Norm an. Da die historische Auslegung keine weiterführenden

---

361 *Häde*, in: Calliess/Ruffert, EUV/AEUV, Art. 125 AEUV, Rn. 3.; *derselbe*, EuR 2010, 854 (859).
362 *Häde*, EuR 2010, 854 (860); *ders*, in: Calliess/Ruffert, EUV/AEUV, Art. 125 AEUV, Rn. 8; *derselbe*, in: Calliess, Solidarität und Identität, S. 193 (204 f.); *Ohler*, in: Siekmann, EWU, Art. 125 AEUV, Rn. 19; ähnlich *Ekardt/Buscher*, AöR 137 (2012), 42 (69 f.). Explizit a. A.: *Faßbender*, NVwZ 2010, 799 (800); *Knopp*, NJW 2010, 1777 (1780); *Kube/Reimer*, NJW 2010, 1911 (1914); *Khan*, in: Geiger/Khan/Kotzur, EUV/AEUV, Art. 125 AEUV, Rn. 5; *Kempen*, in: Streinz, EUV/AEUV, Art. 125 AEUV, Rn. 4; *Heß*, JuS 2010, 473 (480).
363 *Häde*, EuR 2010, 854 (859); *Ohler*, in: Siekmann, EWU, Art. 125 AEUV, Rn. 20.
364 *Häde*, EuR 2010, 854 (860); *derselbe*, in: Calliess/Ruffert, EUV/AEUV, Art. 125 AEUV, Rn. 8; *derselbe*, in: Calliess, Solidarität und Identität, S. 193 (204 f.).

Erkenntnisse hinsichtlich des Normverständnisses erbracht hat,[365] fehlt die Basis für eine sich darauf notwendigerweise beziehende teleologische Auslegung.

5. Gesamtabwägung

Bei der Abwägung der Auslegungsergebnisse fallen insbesondere der Wortlaut und das Telos des Art. 125 Abs. 1 S. 2 AEUV ins Gewicht. Denn aus der systematischen Einbettung und der Historie der Vorschrift ließen sich keine aussagekräftigen Ergebnisse gewinnen.

Der Wortlaut einer Norm bildet die Grenze der Auslegung.[366] Dieser ist beim Beistandsverbot jedoch nicht eindeutig: Während der allgemeine Sprachgebrauch ein Verständnis nahelegt, wonach auch Darlehen – seien sie verbrieft oder unverbrieft – vom Haftungsbegriff umfasst sind, führt der juristische Sprachgebrauch zum gegenteiligen Ergebnis. Maßgeblich ist daher insbesondere das Telos des Art. 125 Abs. 1 S. 2 AEUV, dem im Unionsrecht ohnehin eine größere Bedeutung als im nationalen Rechtskreis zugeschrieben wird.[367] Letztlich kann die hinter dem Beistandsverbot stehende Konzeption – Disziplinierung von Schuldensündern über höhere Kapitalmarktzinsen[368] – nur zu voller Entfaltung kommen, wenn neben Bürgschaften, Garantien, Schuldbeitritten und Schuldübernahmen auch wirtschaftlich vergleichbare Beistandsformen erfasst sind.[369] Andernfalls ließe sich das ökonomische Fundament der Wirtschafts- und Währungsunion durch Darlehensgewährung – ggf. unter Zwischenschaltung juristischer Personen – nur allzu leicht aus

---

365 Im Einzelnen, siehe S. 62.
366 *Zippelius,* Methodenlehre, S. 56; *Larenz,* Methodenlehre, S. 324; *Bleckmann/Pieper,* in: Dauses, Hdb. EU-WirtschaftsR, B. I., Rn. 6.
367 *Hobe,* Europarecht, § 10, Rn. 49; *Oppermann/Classen/Nettesheim,* Europarecht, § 10, Rn. 176.
368 Vgl. Argumentation bei *Rodi,* in: Vedder/Heintschel von Heinegg, HK Unionsrecht, Art. 125 AEUV, Rn. 1; *Hattenberger,* in: Schwarze, EU-Kommentar, Art. 125 AEUV, Rn. 1; *Kempen,* in: Streinz, EUV/AEUV, Art. 125 AEUV, Rn. 1; *Khan,* in: Geiger/Khan/Kotzur, EUV/AEUV, Art. 125 AEUV, Rn. 1. Zum ökonomischen Hintergrund, siehe auch S. 37 ff.
369 So auch *Kempen,* in: Streinz, EUV/AEUV, Art. 125 AEUV, Rn. 4; *Hattenberger,* in: Schwarze, EU-Kommentar, Art. 125 AEUV, Rn. 5; *Rodi,* in: Vedder/Heintschel von Heinegg, HK Unionsrecht, Art. 125 AEUV, Rn. 6; *Weber,* EuZW 2011, 935 (938).

den Angeln heben. Der Hinweis von *Nettesheim*, dieses Konzept sei gescheitert[370] – mag er nun zutreffen oder nicht –, rechtfertigt es jedenfalls nicht, bei unveränderter Rechtslage die der Wirtschafts- und Währungsunion zugrunde liegende ökonomische Konzeption völlig neu auszurichten.

Der Einwand von *Häde* indes ist gewichtig:[371] Die Nicht-Beistandsklausel soll eine übermäßige Verschuldung im Interesse der Preisstabilität vermeiden helfen, um die Wirtschafts- und Währungsunion dadurch insgesamt auf stabilem Kurs zu halten.[372] Löst die Befolgung der Norm aber größere Turbulenzen aus als ihre Nicht-Befolgung, wirft dies Fragen auf.[373] Klar ist jedoch auch, dass die Nicht-Beistandsklausel maßgeblich von ihrer Glaubwürdigkeit lebt. Können sich die Finanzmärkte darauf verlassen, dass einem vor der Zahlungsunfähigkeit stehenden Mitgliedstaat letztlich beigesprungen wird, preisen sie dies von Anfang an als Faktor in die Bonitätsprüfung ein.[374] Folglich wird das Zinsniveau der verschiedenen Mitgliedstaaten nicht eben – wie ursprünglich gewünscht – breit gefächert, sondern rückt nahe zusammen.[375] Eine Disziplinierungswirkung einzelner, unsolide wirtschaftender Mitgliedstaaten, stellt sich damit gerade nicht ein.[376]

---

370 *Nettesheim,* Staatshilfen, http://www.jura.uni-tuebingen.de/professoren_und_ dozenten/nettesheim/projekte/finanzkrise-staatshilfen-und-201ebail-out201c-verbot, S. 15 (Stand: 03.07.2013).
371 *Häde*, EuR 2010, 854 (860); *derselbe*, in: Calliess/Ruffert, EUV/AEUV, Art. 125 AEUV, Rn. 8; *Ohler*, in: Siekmann, EWU, Art. 125 AEUV, Rn. 19. Explizit a. A.: *Faßbender*, NVwZ 2010, 799 (800); *Knopp*, NJW 2010, 1777 (1780); *Kube/Reimer*, NJW 2010, 1911 (1914); *Khan*, in: Geiger/Khan/Kotzur, EUV/AEUV, Art. 125 AEUV, Rn. 5; *Kempen*, in: Streinz, EUV/AEUV, Art. 125 AEUV, Rn. 4; *Heß*, JuS 2010, 473 (480).
372 Vgl. Argumentation bei *Rodi*, in: Vedder/Heintschel von Heinegg, HK Unionsrecht, Art. 125 AEUV, Rn. 1; *Hattenberger*, in: Schwarze, EU-Kommentar, Art. 125 AEUV, Rn. 1; *Kempen*, in: Streinz, EUV/AEUV, Art. 125 AEUV, Rn. 1; *Khan*, in: Geiger/Khan/Kotzur, EUV/AEUV, Art. 125 AEUV, Rn. 1. Zum ökonomischen Hintergrund, siehe auch S. 37 ff.
373 *Häde*, EuR 2010, 854 (860); *derselbe*, in: Calliess/Ruffert, EUV/AEUV, Art. 125 AEUV, Rn. 8; *Ohler*, in: Siekmann, EWU, Art. 125 AEUV, Rn. 19. Explizit a. A.: *Faßbender*, NVwZ 2010, 799 (800); *Knopp*, NJW 2010, 1777 (1780); *Kube/Reimer*, NJW 2010, 1911 (1914); *Khan*, in: Geiger/Khan/Kotzur, EUV/AEUV, Art. 125 AEUV, Rn. 5; *Kempen*, in: Streinz, EUV/AEUV, Art. 125 AEUV, Rn. 4; *Heß*, JuS 2010, 473 (480).
374 Im Einzelnen, siehe S. 36.
375 Ebenda.
376 Ebenda.

Daher muss es im Ergebnis dabei verbleiben, dass die Vorschrift des Art. 125 Abs. 1 S. 2 AEUV als umfassendes – auch und erst recht in Krisensituationen gültiges – Beistandsverbot für Zuwendungen jeder Art zu verstehen ist. Damit sind alle Formen des Beistands, die wirtschaftlich mit Bürgschaften, Garantien, Schuldbeitritten und Schuldübernahmen vergleichbar sind, erfasst. Folglich unterfallen die Instrumente des ESM – Gewährung von Darlehen und Erwerb von Anleihen – dem Verbot des Art. 125 Abs. 1 S. 2 AEUV und sind im Grundsatz untersagt. Will der Normgeber das dem Beistandsverbot zugrunde liegende Konzept aufgeben oder modifizieren, so ist er zum Tätigwerden berufen. Ob und inwieweit die Union diesem Ruf mit der Schaffung des Art. 136 Abs. 3 AEUV bereits nachgekommen ist, wird noch zu erörtern sein.

II. Verstoß gegen 13 Abs. 2 EUV?

Der ESM bedient sich zur Erfüllung seiner Aufgaben verschiedentlich der Organe der Union – namentlich der Kommission, der EZB und des Gerichtshofes. Da nicht alle Mitgliedstaaten der Union zugleich Mitglieder des ESM sind, ist die rechtliche Zulässigkeit dieser Organleihe klärungsbedürftig.[377]

1. Organleihe hinsichtlich der Kommission und der EZB rechtmäßig?

Kommission und EZB werden durch den ESM-Vertrag an wichtigen Punkten in die Arbeit des ESM einbezogen: So obliegt es ihnen, einen Antrag auf Stabilitätshilfe vorzuprüfen (Art. 13 Abs. 1 ESM-Vertrag), nach einer Entscheidung zur Gewährung von Stabilitätshilfen das Memorandum of Understanding auszuhandeln (Art. 13 Abs. 3 ESM-Vertrag) sowie die Einhaltung von dessen Auflagen zu überwachen (Art. 13 Abs. 7 ESM-Vertrag).[378] Außerdem sind Vertreter der Kommission und der EZB Beobachter in den Gremien des ESM (Art. 5 Abs. 3 und 6 Abs. 2 ESM-Vertrag) und können für dessen Beschlüsse ein Dringlichkeitsverfahren ansetzen (Art. 4 Abs. 4 ESM-

---

377 In die gleiche Richtung: *Azoulai/Ackermann/Dougan u. a.*, C. M. L. R. 2012, 1 (7); *Palm*, in: Grabitz/Hilf/Nettesheim, EUV/AEUV, Art. 136 AEUV, Rn. 51.
378 EuGH, Rs. C-370/12 (Pringle), NJW 2013, 29 (Rn. 156).

3. Teil: Der Europäische Stabilitätsmechanismus

Vertrag).[379] Schließlich wirken Kommission und EZB an der Evaluierung der vorsorglichen Finanzhilfe mit (Art. 14 Abs. 6). Letztere Beteiligung fand in der »Pringle«-Entscheidung des Gerichtshofes keine weitere Beachtung.[380] Die Kooperation der Organe untereinander sieht dabei meistens so aus, dass sich die Kommission mit der EZB ins Benehmen setzen muss.[381]

Der ESM ist nicht der erste Fall, in dem sich die Mitgliedstaaten der Unionsorgane für die Erledigung von Aufgaben bedient haben, die nicht der Union selbst zugeordnet sind. So koordinierte die Kommission einst außerhalb des Rechtsrahmens der Union eine von den Mitgliedstaaten gewährte Sonderhilfe für Bangladesch, ohne dass dies durch den Gerichtshof beanstandet worden wäre.[382] Dieser stellte in einem Folgeurteil darüber hinaus sogar ausdrücklich klar:

> »Keine Bestimmung des Vertrages hindert die Mitgliedstaaten daran, außerhalb seines Rahmens Verfahrenselemente anzuwenden, die sich an den Vorschriften für die Gemeinschaftsaufgaben orientieren, und die Gemeinschaftsorgane an einem solchen Verfahren zu beteiligen.«[383]

Allerdings weist *Thym* zu Recht darauf hin, dass in beiden entschiedenen Fällen sämtliche Mitgliedstaaten an den Entscheidungen mitgewirkt und somit die Organleihe gebilligt haben.[384] Ein Indiz dafür, dass die Mitgliedstaaten eine ähnliche Rechtsauffassung haben, ist die Verabschiedung des Sozialabkommens: Dieses wurde von elf der damals zwölf Mitgliedstaaten der Union unterzeichnet – lediglich das Vereinigte Königreich opponierte.[385] Das Sozialabkommen sah zu seinen Zwecken ebenfalls eine Einbeziehung der Kommission vor, welche jedoch durch ein beigefügtes Protokoll ausdrücklich rechtlich abgesichert wurde:

---

379 Ebenda.
380 Vgl. EuGH, Rs. C-370/12 (Pringle), NJW 2013, 29 (Rn. 156).
381 Vgl. die Vorschriften der Art. 13 Abs. 1, Abs. 3, Abs. 7, 14 Abs. 6 – nicht aber Art. 4 Abs. 6 ESM-Vertrag, wo ein gleichberechtigtes Zusammenwirken vorgesehen ist.
382 EuGH, Rs. C-181/91 und C-248/91 (Parlament/Rat und Kommission), Slg. 1993, I-3685 (Rn. 20).
383 EuGH, Rs. C-316/91 (Parlament/Rat), Slg. 1994, I-625 (Rn. 41).
384 *Thym*, Ungleichzeitigkeit, S. 317.
385 *Eurofound*, Zustandekommen Sozialprotokoll, http://eurofound.europa.eu/european-industrial-relations-dictionary-institutional-framework (Stand: 01.08.2014).

> »Die Hohen Vertragsparteien (...) kommen überein, diese 11 Mitgliedstaaten zu ermächtigen, die Organe, Verfahren und Mechanismen des Vertrages in Anspruch zu nehmen, um die erforderlichen Rechtsakte und Beschlüsse zur Umsetzung des genannten Abkommens untereinander anzunehmen und anzuwenden, soweit sie betroffen sind.«[386]

Diese Protokollerklärung aller damaligen Mitgliedstaaten wäre überflüssig, wenn eine Organleihe auch ohne die Zustimmung aller Mitglieder der Union möglich gewesen wäre.

Der Gerichtshof geht in »Pringle« nicht weiter darauf ein, ob ein Konsens aller Mitgliedstaaten über die Organleihe hergestellt wurde respektive zu unterstellen ist.[387] Dies wird von *Nettesheim* zu Recht kritisiert, der zudem darauf hinweist, dass in Art. 1 Beschluss 2011/199/EU oder dem Übermittlungsvermerk des Rates vom 20. Juni 2011[388] ein solcher Konsens erblickt werden könnte.[389] Auf den Übermittlungsvermerk hatte zuvor bereits die Generalanwältin mit dem Hinweis Bezug genommen, dass den Mitgliedstaaten zum Zeitpunkt von dessen Annahme bereits alle wesentlichen Informationen über die Ausgestaltung des ESM bekannt waren.[390]

Hiernach erscheint es überzeugend, mit *Thym*[391] davon auszugehen, dass ein Konsens aller Mitgliedstaaten für die Zulässigkeit einer Organleihe unverzichtbare Voraussetzung ist.[392] Die Union finanziert sich aus Beiträgen aller Mitgliedstaaten, so dass die zusätzliche Inanspruchnahme nur durch die ESM-Mitglieder letztlich auf Kosten der anderen Beitragszahler ginge.

Fraglich ist, ob vorliegend ein solcher Konsens bestand. Das Einverständnis der anderen, nicht am ESM beteiligten Mitgliedstaaten, könnte in dem gemeinsam beschlossenen Übermittlungsvermerk zu sehen sein. Dieser lautet:

> »Die Vertreter der Mitgliedstaaten der Europäischen Union kommen überein, dass der ESM-Vertrag Bestimmungen enthalten soll, nach denen die Europäische Kom-

---

386 BGBl. 1992 II, S. 1313 f.
387 EuGH, Rs. C-370/12 (Pringle), NJW 2013, 29 (Rn. 155 ff.).
388 *Rat der Europäischen Union,* Rat der Europäischen Union, http://register.consilium.europa.eu/doc/srv?l=EN&f=ST%2012114%202011%20INIT, S. 2 (Stand: 13.02.2015).
389 *Nettesheim,* NJW 2013, 14 (15).
390 Stellungnahme der Generalanwältin, Rs. C-370/12 (Pringle), Rn. 172.
391 *Thym,* Ungleichzeitigkeit, S. 317.
392 A. A. *Craig,* der selbst bei vorliegendem Konsens eine Organleihe ablehnt: *Craig,* E. L. Rev. 2012, 231 (241 ff.).

mission und die Europäische Zentralbank die in dem Vertrag aufgeführten Aufgaben ausführen.«[393]

Der Übermittlungsvermerk genügt den an eine konsensuale Erlaubnis für die Zulässigkeit der Organleihe zu stellenden Anforderungen.[394] Dem steht auch nicht entgegen, dass der ESM-Vertrag zu diesem Zeitpunkt noch nicht beschlossen war, da seine wesentlichen Eckpunkte nach der Tagung des Rates vom 20. April 2011 bereits bekannt waren.[395] Der Übermittlungsvermerk wird zudem im zehnten Erwägungsgrund des ESM-Vertrages ausdrücklich in Bezug genommen. Darüber hinaus ist, wie *Nettesheim*[396] zutreffend anmerkt, bereits in Art. 1 Beschluss 2011/199/EU eine Erlaubnis zur Organleihe zu sehen. Denn auch dieser Beschluss wurde von allen Mitgliedstaaten gefasst, um die Einrichtung des ESM in seiner konkreten Gestalt zu ermöglichen. Daher wäre es widersprüchlich eine Vertragsänderung zur Schaffung des ESM zu beschließen, gleichzeitig jedoch gegen die im Rahmen eben dieses ESM vorgesehene Organleihe zu opponieren.

Schließlich bestehen keine Anzeichen dafür, dass die Organleihe zu einer Verfälschung der Zuständigkeiten der Organe führen könnte. Der Gerichtshof hat mehrfach betont, dass es dazu nicht kommen dürfte, freilich ohne näher zu spezifizieren, was er unter einer Verfälschung versteht.[397] Insbesondere in Art. 13 Abs. 3 UAbs. 2 ESM-Vertrag wird betont, dass die im Zuge der Stabilitätshilfen erteilten Auflagen im Einklang mit dem AEUV stehen müssen.[398] Zudem sei darauf hingewiesen, dass hinsichtlich sämtlicher Beiträge der Kommission und der EZB die Letztentscheidung beim ESM selbst liegt.[399]

---

393 *Rat der Europäischen Union,* Rat der Europäischen Union 2011, http://register.consilium.europa.eu/doc/srv?l=EN&f=ST%2012114%202011%20INIT, S. 2 (Stand: 01.08.2014).
394 So auch die Stellungnahme der Generalanwältin, Rs. C-370/12 (Pringle), Rn. 172.
395 So auch die Stellungnahme der Generalanwältin, Rs. C-370/12 (Pringle), Rn. 172.
396 *Nettesheim,* NJW 2013, 14 (15).
397 EuGH, Gutachten 1/92, Slg. 1992, I-2821 (Rn. 41); Gutachten 1/00, Slg. 2002, I-3493 (Rn. 20).
398 EuGH, Rs. C-370/12 (Pringle), NJW 2013, 29 (Rn. 162 ff.).
399 Ebenda.

2. Organleihe hinsichtlich des Gerichtshofes rechtmäßig?

Nach Art. 37 Abs. 3 ESM-Vertrag kann der Gerichtshof angerufen werden, um Entscheidungen des Gouverneursrates des ESM überprüfen zu lassen. Folglich findet auch hier eine Organleihe statt, die vorgenannten Anforderungen zu genügen hat.[400] Allerdings merkt *Thym* an, dass ein Konsens der Mitgliedstaaten über die Zulässigkeit einer Organleihe ebenfalls vorliegt, wenn dieser bereits im Primärrecht angelegt ist.[401] So liegen die Dinge hier. Denn in Art. 273 AEUV gestatten die Mitgliedstaaten ausdrücklich, Streitigkeiten zwischen ihnen per Schiedsvertrag beim Gerichtshof anhängig zu machen, wenn ein Zusammenhang mit dem AEUV oder EUV besteht. Die Voraussetzungen der Norm liegen vor.[402] Die Mitglieder des ESM sind zugleich Mitgliedstaaten der Union.[403] Der ESM-Vertrag ist als Schiedsvertrag anzusehen,[404] da hierunter seit jeher auch zwischenstaatliche Abkommen verstanden werden.[405] Schließlich besteht ein Zusammenhang mit dem Unionsrecht.[406] Die Anforderungen an den Zusammenhang dürfen nicht überspannt werden, ausreichend ist ein Bezug zum Tätigwerden oder zu den Zielen der Union.[407] Der ESM bezweckt die Finanzstabilität der Eurozone zu gewährleisten (Art. 3 ESM-Vertrag). Die Regelungen über die Eurozone finden sich in Art. 119 ff. AEUV. In Art. 13 Abs. 3 UAbs. 2 ESM-Vertrag wird auf die entsprechenden Bestimmungen sogar ausdrücklich Bezug genommen.[408]

3. Schlussfolgerung

Die Bestimmungen der Art. 4 Abs. 4, 5 Abs. 3, 6 Abs. 2, 13 Abs. 1, Abs. 3, Abs. 4, Abs. 7, 14 Abs. 6 sowie 37 Abs. 3 ESM-Vertrag verstoßen nicht gegen Art. 13 Abs. 2 EUV.

---

400 Im Einzelnen, siehe S. 73.
401 *Thym,* Ungleichzeitigkeit, S. 317.
402 EuGH, Rs. C-370/12 (Pringle), NJW 2013, 29 (Rn. 176).
403 EuGH, Rs. C-370/12 (Pringle), NJW 2013, 29 (Rn. 175).
404 EuGH, Rs. C-370/12 (Pringle), NJW 2013, 29 (Rn. 172).
405 *Cremer,* in: Calliess/Ruffert, EUV/AEUV, Art. 273 AEUV, Rn. 2.
406 EuGH, Rs. C-370/12 (Pringle), NJW 2013, 29 (Rn. 173).
407 *Cremer,* in: Calliess/Ruffert, EUV/AEUV, Art. 273 AEUV, Rn. 2.
408 EuGH, Rs. C-370/12 (Pringle), NJW 2013, 29 (Rn. 174).

III. Verstoß gegen Art. 123 Abs. 1 AEUV?

Die Norm des Art. 123 Abs. 1 AEUV ist stets im Zusammenhang mit Art. 124 AEUV zu sehen und beinhaltet das Verbot der monetären Haushaltsfinanzierung in zweierlei Spielarten: Zum einen ist eine Finanzierung der Union und der Mitgliedstaaten über Kredite beim ESZB verboten (Art. 123 Abs. 1 Var. 1 AEUV) und zum anderen ist es dem ESZB untersagt, Schuldtitel unmittelbar von den Mitgliedstaaten zu erwerben (Art. 123 Abs. 1 Var. 2 AEUV). Der Markt soll auf die zu hohe Verschuldung eines Mitgliedstaates reagieren, indem er mehr Zinsen auf dessen Anleihen verlangt.[409] Infolgedessen wird es – so die Konzeption – für den betroffenen Staat zu kostspielig, sich über den Markt zu finanzieren und er reduziert sein Defizit.[410] Ohne die Art. 123 Abs. 1 und 124 AEUV hätte der betroffene Mitgliedstaat nämlich die Möglichkeit, sich bei der EZB oder seiner Notenbank zu Vorzugskonditionen zu finanzieren und so die bezweckten Zinsaufschläge zu umgehen.

Eines der Instrumente des ESM besteht darin, Anleihen von Programmstaaten auf dem Primär- und Sekundärmarkt zu erwerben. Sollte der ESM vom Verbot des Art. 123 Abs. 1 Var. 2 AEUV – unmittelbar Schuldtitel von Mitgliedstaaten zu erwerben – erfasst werden, wäre diese Regelung des ESM-Vertrages unzulässig. Allerdings bezieht sich das Verbot des Art. 123 Abs. 1 Var. 2 AEUV seinem eindeutigen Wortlaut nach nur auf die EZB und die nationalen Zentralbanken:[411] Denn verboten ist nur der unmittelbare Erwerb von Schuldtiteln »durch die Europäische Zentralbank oder die nationalen Zentralbanken« (Art. 123 Abs. 1 Var. 2 AEUV). Der ESM ist somit eindeutig kein Adressat des Verbots, er ist nicht mit dem ESZB gleichzuset-

---

409 Im Einzelnen, siehe S. 36; *Häde*, in: Calliess/Ruffert, EUV/AEUV, Art. 123 AEUV, Rn. 1 ff.; *Bandilla*, in: Grabitz/Hilf/Nettesheim, EUV/AEUV, Art. 123 AEUV, Rn. 1 ff.
410 Ebenda.
411 EuGH, Rs. C-370/12 (Pringle), NJW 2013, 29 (Rn. 123); *Bandilla*, in: Grabitz/Hilf/Nettesheim, EUV/AEUV, Art. 123 AEUV, Rn. 10; *Häde*, in: Calliess/Ruffert, EUV/AEUV, Art. 123 AEUV, Rn. 12; *Weiß/Haberkamm*, EuZW 2013, 95 (97); *Calliess*, NVwZ 2013, 97 (100); *Hattenberger*, in: Schwarze, EU-Kommentar, Art. 123 AEUV, Rn. 4.

zen.[412] Einige Autoren wollen die Bestimmungen des Art. 123 Abs. 1 Var. 2 AEUV jedoch ausweiten und auch an Mitgliedstaaten richten, die – etwa über eine internationale Organisation – Beistand gewähren.[413] Diese wohl teleologische Auslegung des Art. 123 Abs. 1 Var. 2 AEUV verträgt sich mit dessen Wortlaut nicht. Denn die Norm benennt als Adressaten des Verbotes ganz ausdrücklich nur die EZB und die nationalen Zentralbanken. Da der Wortlaut die Grenze der Auslegung darstellt,[414] ist die Norm einer anderslautenden teleologischen Auslegung nicht zugänglich, so dass sich das Verbot nach dem hier zugrunde gelegten Verständnis nur an die EZB und die nationalen Zentralbanken richtet.[415] Folglich ist die Bestimmung des Art. 123 Abs. 1 Var. 2 AEUV durch den ESM-Vertrag nicht verletzt.[416]

Nur am Rande sei angemerkt, dass eine – bislang nicht praktizierte – Finanzierung des ESM (mit »Banklizenz«) bei der EZB dem Verbot der Kreditfinanzierung des öffentlichen Sektors beim ESZB (Art. 123 Abs. 1 Var. 1 AEUV) unterfiele.[417] Denn der ESM ist zwar eine selbstständige internationale Organisation, aber nichts desto trotz dem öffentlichen Sektor wie ein »öffentliches Unternehmen« zuzurechnen.[418] Die Vorschrift des Art. 8

---

412 EuGH, Rs. C-370/12 (Pringle), NJW 2013, 29 (Rn. 126); *Weiß/Haberkamm*, EuZW 2013, 95 (97); *Calliess*, NVwZ 2013, 97 (100); *Hattenberger*, in: Schwarze, EU-Kommentar, Art. 123 AEUV, Rn. 4; *Glaser*, DÖV 2012, 901 (903).
413 *Frenz/Ehlenz*, EWS 2010, 65 (67); *Kube/Reimer*, ZG 2011, 332 (335 f.).
414 *Zippelius,* Methodenlehre, S. 56; *Larenz,* Methodenlehre, S. 324; *Bleckmann/Pieper*, in: Dauses, Hdb. EU-WirtschaftsR, B. I., Rn. 6.
415 *Hattenberger*, in: Schwarze, EU-Kommentar, Art. 123 AEUV, Rn. 4; *Glaser*, DÖV 2012, 901 (903).
416 EuGH, Rs. C-370/12 (Pringle), NJW 2013, 29 (Rn. 128); *Weiß/Haberkamm*, EuZW 2013, 95 (97); *Calliess*, NVwZ 2013, 97 (100); *Frenz*, EWS 2013, 27 (30).
417 BVerfG, NJW 2012, 3145 (Rn. 276); BVerfGE 132, 195 (Rn. 173); Stellungnahme der EZB vom 17.03.2011 zu einem Entwurf des Beschlusses des Europäischen Rates zur Änderung des Artikels 136 des Vertrags über die Arbeitsweise der Europäischen Union hinsichtlich eines Stabilitätsmechanismus für die Mitgliedstaaten, deren Währung der Euro ist, ABl. 2011 C 140/8 (Ziffer 9); *Kube,* Refinanzierung ESM,http://www.verfassungsbeschwerde.eu/fileadmin/pdf/2012-09-06_ Rechtsgutachten_ESM_EZB.pdf, S. 16 (Stand: 23.09.2014); *Häde*, in: Kahl/ Waldhoff/Walter, Bonner Kommentar GG, Art. 88 GG, Rn. 472; *Weiß*, in: Hilpold/ Steinmair, Finanzarchitektur, S. 113 (126 ff.).
418 BVerfG, NJW 2012, 3145 (Rn. 277); BVerfGE 132, 195 (Rn. 173); Stellungnahme der EZB vom 17.03.2011 zu einem Entwurf des Beschlusses des Europäischen Rates zur Änderung des Artikels 136 des Vertrags über die Arbeitsweise der Europäischen Union hinsichtlich eines Stabilitätsmechanismus für die Mitgliedstaaten, de-

Abs. 1 Verordnung (EG) 3603/93 enthält eine Definition dessen, was unter einem »öffentlichen Unternehmen« zu verstehen ist:

> »Als ‚öffentliche Unternehmen' im Sinne von Artikel 104 und Artikel 104b Absatz 1 des Vertrages gelten Unternehmen, auf die der Staat oder andere Gebietskörperschaften aufgrund von Eigentumsrechten, finanziellen Beteiligungen oder Bestimmungen, die die Tätigkeit der Unternehmen regeln, unmittelbar oder mittelbar einen beherrschenden Einfluss ausüben können.
>
> Von einem beherrschenden Einfluss wird ausgegangen, wenn der Staat oder andere Gebietskörperschaften unmittelbar oder mittelbar
>
> a) die Mehrheit des gezeichneten Kapitels des Unternehmens besitzen oder
>
> b) über die Mehrheit der mit den Anteilen am Unternehmen verbundenen Stimmrechte verfügen oder
>
> c) mehr als die Hälfte der Mitglieder des Verwaltungs-, Leitungs- oder Aufsichtsorgans des Unternehmens bestellen können.«

Anhand der gewählten Formulierung der Definition in der Verordnung (EG) 3603/93 ist deutlich das Bemühen zu erkennen, jedwede Form von »Schlupflöchern« zu schließen, um eine monetäre Haushaltsfinanzierung »durch die Hintertür« wirkungsvoll zu unterbinden.[419] Die Definition ist somit als umfassend und dementsprechend im Anwendungsbereich weit anzusehen.[420] Der ESM ist eine internationale Organisation, deren Stammkapital in Gänze von den Mitgliedsstaaten der Eurozone gehalten wird. Die Organisation ist somit vollständig staatlich beherrscht. Damit ist die Anforderung des Art. 8 Abs. 1 lit. a) Verordnung (EG) 3603/93 sogar übererfüllt, wonach lediglich die Mehrheit des gezeichneten Kapitals dem Staat zugehörig sein muss. Keinen Unterschied kann es an dieser Stelle machen, dass das Stammkapital des ESM nicht lediglich von einem, sondern von mehreren Staaten gezeichnet wurde. Denn vom Zweck des Art. 123 Abs. 1 Var. 1 AEUV ausgehend, dem Staat keine Finanzierung bei der Zentralbank zu Vorzugskonditionen zu ermöglichen, ist ausschlaggebend, dass im Ergebnis dem öffentliche Sektor

---

ren Währung der Euro ist, ABl. 2011 C 140/8 (Ziffer 9); *Kube*, Refinanzierung ESM, http://www.verfassungsbeschwerde.eu/fileadmin/pdf/2012-09-06_Rechtsgutachten_ESM_EZB.pdf, S. 16 (Stand: 23.09.2014); *Häde*, in: Kahl/Waldhoff/Walter, Bonner Kommentar GG, Art. 88 GG, Rn. 472.

419 *Bandilla*, in: Grabitz/Hilf/Nettesheim, EUV/AEUV, Art. 123 AEUV, Rn. 7 f.; *Häde*, in: Calliess/Ruffert, EUV/AEUV, Art. 123 AEUV, Rn. 12 f.; *Kämmerer*, in: Siekmann, EWU, Art. 123 AEUV, Rn. 32.

420 Ebenda.

weder in einem noch in mehreren Mitgliedstaaten Zentralbankgeld zugeleitet werden darf.[421] Ein sich bei dem ESZB – mit »Banklizenz« – refinanzierender ESM verstieße daher gegen Art. 123 Abs. 1 Var. 1 AEUV.

IV. Verstoß gegen Art. 2 Abs. 1 AEUV?

Die Sperrwirkung des Art. 2 Abs. 1 AEUV entsteht nur insoweit, wie der Union die ausschließliche Gesetzgebungszuständigkeit zusteht. Im Bereich der Währungspolitik steht der Union zwar eine ausschließliche Zuständigkeit zu (Art. 3 Abs. 1 lit. c) in Verbindung mit Art. 127 ff. AEUV), doch der ESM ist dem Bereich der Wirtschaftspolitik zuzuordnen, so dass die Tätigkeit der Mitgliedstaaten hier nicht nach Art. 2 Abs. 1 AEUV gesperrt war.[422] Der ESM-Vertrag steht daher nicht im Widerspruch hierzu.[423]

Ebenso wenig lässt sich aus Art. 3 Abs. 2 in Verbindung mit Art. 127 ff. AEUV eine ausschließliche Zuständigkeit der Union herleiten, welche die Sperrwirkung des Art. 2 Abs. 1 AEUV hätte.[424] Denn die Vorschrift weist der Union die ausschließliche Zuständigkeit für den Abschluss internationaler Übereinkünfte nur zu, wenn dies notwendig ist, damit sie interne Zuständigkeiten ausüben kann respektive diese nicht beeinträchtigt oder in ihrer Tragweite verändert werden.

Den ESM-Vertrag als Übereinkommen anzusehen, welches notwendig ist, um der Union die Ausübung einer internen Zuständigkeit auszuüben, scheidet aus. Denn eine Zuständigkeit zur Schaffung des ESM besteht aufgrund des wirtschaftspolitischen Charakters der Maßnahme nicht.[425]

---

421 BVerfG, NJW 2012, 3145 (Rn. 277); Stellungnahme der EZB vom 17.03.2011 zu einem Entwurf des Beschlusses des Europäischen Rates zur Änderung des Artikels 136 des Vertrags über die Arbeitsweise der Europäischen Union hinsichtlich eines Stabilitätsmechanismus für die Mitgliedstaaten, deren Währung der Euro ist, ABl. 2011 C 140/8 (Ziffer 9); *Kube,* Refinanzierung ESM, http://www.verfassungsbeschwerde.eu/fileadmin/pdf/2012-09-06_Rechtsgutachten_ESM_EZB.pdf, S. 16 (Stand: 23.09.2014); *Häde,* in: Kahl/Waldhoff/Walter, Bonner Kommentar GG, Art. 88 GG, Rn. 472.
422 Im Einzelnen, siehe S. 51; EuGH, Rs. C-370/12 (Pringle), NJW 2013, 29 (Rn. 93 ff.).
423 EuGH, Rs. C-370/12 (Pringle), NJW 2013, 29 (Rn. 95 ff.).
424 *Mögele,* in: Streinz, EUV/AEUV, Art. 3 AEUV, Rn. 12.
425 Im Einzelnen, siehe S. 51.

Durch den ESM wird zudem keine Zuständigkeit der Union beeinträchtigt oder in ihrer Tragweite verändert.[426] Die Europäische Finanzstabilisierungsfazilität war eine Zweckgesellschaft nach luxemburgischem Recht, die ebenfalls außerhalb des Unionsrechts angesiedelt war.[427] Zu ihrer Gründung hätte die Union keine Zuständigkeit gehabt, folglich kann auch keine Kompetenz beeinträchtigt worden sein.[428] Der auf Art. 122 Abs. 2 AEUV fußende Europäische Finanzstabilisierungsmechanismus wird ebenso wenig beeinträchtigt,[429] da diese Zuständigkeit die Union nicht zur Schaffung eines permanenten Rettungsmechanismus berechtigt.[430] Die Wirtschafts- und Währungsunion wird durch den ESM auch nicht, wie *Nettesheim* meint, insgesamt in seiner Tragweite verändert.[431] Denn Anknüpfungspunkt für die Veränderung muss stets eine bestimmte Zuständigkeit – sprich eine Rechtsgrundlage – sein, nicht der ohnehin schwer zu ermittelnde Charakter eines Regelungsbereiches als solcher. Die Vorschrift des Art. 3 Abs. 2 AEUV wird durch den ESM-Vertrag daher nicht tangiert.[432]

V. Schlussfolgerung

Der ESM-Vertrag verstößt zunächst gegen Art. 125 Abs. 1 S. 2 AEUV, nicht aber gegen andere Normen des Unionsrechts.

VI. Wirkung des Art. 136 Abs. 3 AEUV

Die Wirkung des durch Art. 1 Beschluss 2011/199/EU neu geschaffenen Art. 136 Abs. 3 AEUV ist umstritten.[433] Der Konflikt konzentriert sich dabei auf die Frage, ob die Norm den ESM deklaratorisch oder konstitutiv von der

---

426 EuGH, Rs. C-370/12 (Pringle), NJW 2013, 29 (Rn. 121); *Frenz*, EWS 2013, 27 (29).
427 *Bandilla*, in: Grabitz/Hilf/Nettesheim, EUV/AEUV, Art. 122 AEUV, Rn. 31.
428 EuGH, Rs. C-370/12 (Pringle), NJW 2013, 29 (Rn. 102); *Frenz*, EWS 2013, 27 (29).
429 Ebenda.
430 *Bandilla*, in: Grabitz/Hilf/Nettesheim, EUV/AEUV, Art. 122 AEUV, Rn. 26.
431 *Nettesheim*, NJW 2013, 14 (15).
432 EuGH, Rs. C-370/12 (Pringle), NJW 2013, 29 (Rn. 101); *Frenz*, EWS 2013, 27 (29)..
433 *Herrmann*, EuZW 2012, 805 (807 f.); *Ohler*, in: Siekmann, EWU, Art. 136 AEUV, Rn. 15.

Nicht-Beistandsklausel freistellt.[434] Die Vorschrift des Art. 136 Abs. 3 AEUV lautet wörtlich:

»Die Mitgliedstaaten, deren Währung der Euro ist, können einen Stabilitätsmechanismus einrichten, der aktiviert wird, wenn dies unabdingbar ist, um die Stabilität des Euro-Währungsgebietes insgesamt zu wahren. Die Gewährung aller erforderlichen Finanzhilfen im Rahmen des Mechanismus wird strengen Auflagen unterliegen.«

Für die Wirkung, die man Art. 136 Abs. 3 AEUV zumisst, kommt es entscheidend auf die Art. 125 Abs. 1 S. 2 AEUV entnommene Reichweite des Beistandsverbotes an.[435] Legt man eine weite Auslegung des Art. 125 Abs. 1 S. 2 AEUV zugrunde, so dass die Vorschrift auch die Instrumente des ESM erfasst, so kommt Art. 136 Abs. 3 AEUV ein konstitutiver Charakter zu.[436] Die Zulässigkeit ist allerdings nicht bedingungslos, mit den Hilfen müssen »strenge Auflagen« verbunden sein (Art. 136 Abs. 3 AEUV). Wird diese Bedingung erfüllt, so können die grundsätzlich gegen das Beistandsverbot verstoßenden Instrumente des ESM als ausnahmsweise zulässig angesehen werden.[437]

Dieser Auffassung scheint das Bundesverfassungsgericht zuzuneigen, das in Art. 136 Abs. 3 AEUV »eine grundlegenden Umgestaltung der ursprünglichen Wirtschafts- und Währungsunion« erkannt hat.[438] Die Formulierung des Gerichts lässt sich wohl kaum so deuten, dass der Norm rein deklaratorischer Charakter beigemessen und eine Errichtung des ESM mithin bereits im

---

434 *Herrmann*, EuZW 2012, 805 (807 f.); *Ohler*, in: Siekmann, EWU, Art. 136 AEUV, Rn. 15.
435 *Palm*, in: Grabitz/Hilf/Nettesheim, EUV/AEUV, Art. 136 AEUV, Rn. 43; dazu im Einzelnen, siehe S. 56.
436 *Kempen*, in: Streinz, EUV/AEUV, Art. 136 AEUV, Rn. 6; *Potacs*, in: Schwarze, EU-Kommentar, Art. 136 AEUV, Rn. 6; *Kube/Reimer*, ZG 2011, 332 (339); *Thym*, EuZW 2011, 167 (170); *Sester*, in: Möllers/Zeitler, Rechtsgemeinschaft, S. 175 (195); *Rathke*, DÖV 2011, 753 (756); *Glaser*, DVBl. 2013, 167 (169); *derselbe*, DÖV 2012, 901 (906).
437 *Kempen*, in: Streinz, EUV/AEUV, Art. 125 AEUV, Rn. 6; *derselbe*, in: Streinz, EUV/AEUV, Art. 136 AEUV, Rn. 6; *Potacs*, in: Schwarze, EU-Kommentar, Art. 136 AEUV, Rn. 6; *Kube/Reimer*, ZG 2011, 332 (339); *Thym*, EuZW 2011, 167 (170); *Sester*, in: Möllers/Zeitler, Rechtsgemeinschaft, S. 175 (195); *Glaser*, DVBl. 2013, 167 (169); *Schorkopf*, in: Heintzen, Haushalte, S. 119 (127).
438 BVerfG, NJW 2014, 1505 (Rn. 180); zuvor ganz ähnlich im Eilverfahren BVerfGE 132, 195 (Rn. 128); sowie diese Formulierung aufgreifend *Weber*, EuR 2013, 375 (382 f.); *Palm*, in: Grabitz/Hilf/Nettesheim, EUV/AEUV, Art. 136 AEUV, Rn. 44.

bestehenden Rahmen des Unionsrechts als realisierbar angesehen wird.[439] Vielmehr scheint das Bundesverfassungsgericht Art. 136 Abs. 3 AEUV als Ausnahme zu dem ansonsten verletzten Beistandsverbot des Art. 125 Abs. 1 S. 2 AEUV anzusehen.[440]

Legt man eine geringere Reichweite des Verbotes aus Art. 125 Abs. 1 S. 2 AEUV zugrunde, ergibt sich ein differenzierteres Bild: *Selmayr* etwa vertritt eine sehr enge Auslegung des Art. 125 Abs. 1 S. 2 AEUV, wonach freiwillige Finanzhilfen wie Darlehen nicht vom Beistandsverbot umfasst werden.[441] Infolgedessen sieht er die Nicht-Beistandsklausel durch die Instrumente des ESM nicht weiter tangiert und misst Art. 136 Abs. 3 AEUV eine rein deklaratorische Bedeutung zu.[442]

Der Gerichtshof geht ebenfalls von einer lediglich deklaratorischen Bedeutung des Art. 136 Abs. 3 AEUV aus,[443] indem er die Instrumente des ESM als von vornherein nicht vom Beistandsverbot erfasst ansieht, allerdings nur solange diese unter einer zu Haushaltsdisziplin anhaltenden Konditionierung eingesetzt werden.[444] Diese Sichtweise mag auch dadurch motiviert gewesen sein, dass der ESM zum Zeitpunkt der Entscheidung des Gerichtshofes längst seine Arbeit aufgenommen hatte – ohne dass Art. 136 Abs. 3 AEUV bereits in Kraft getreten wäre.[445] Hätte der Gerichtshof nun eine konstitutive Wirkung des Art. 136 Abs. 3 AEUV angenommen, wäre ein Tätigwerden des ESM vor Ratifikation der Vertragsänderung als rechtlich höchst problematisch einzuschätzen gewesen.

Andere Autoren messen Art. 136 Abs. 3 AEUV im Ergebnis ebenfalls lediglich deklaratorische Bedeutung zu,[446] differieren aber in der Begründung: *Häde* etwa geht von einer teleologischen Reduktion des Beistandsverbotes aus, wenn ein Mitgliedstaat vor der Zahlungsunfähigkeit steht und ein »Do-

---

439 *Herrmann*, EuZW 2012, 805 (807 f.); *Calliess*, NVwZ 2013, 97 (103).
440 *Calliess*, NVwZ 2013, 97 (103); in dieselbe Richtung: *Tomuschat*, DVBl. 2012, 1431 (1433).
441 *Selmayr*, ZÖR 2013, 259 (269 ff.).
442 *Selmayr*, ZÖR 2013, 259 (298).
443 EuGH, Rs. C-370/12 (Pringle), NJW 2013, 29 (Rn. 185).
444 EuGH, Rs. C-370/12 (Pringle), NJW 2013, 29 (Rn. 147); *Palm*, in: Grabitz/Hilf/Nettesheim, EUV/AEUV, Art. 136 AEUV, Rn. 45.
445 *Selmayr*, ZÖR 2013, 259 (299); *Calliess*, NVwZ 2013, 97 (100).
446 *Häde*, in: Kahl/Waldhoff/Walter, Bonner Kommentar GG, Art. 88 GG, Rn. 460; *derselbe*, in: Calliess, Solidarität und Identität, S. 193 (203 f.).

minoeffekt« für die Stabilität der gesamten Union droht.[447] Folglich kommt er bei den Instrumenten des ESM – jedenfalls solange diese unter strikter Einhaltung des Art. 3 ESM-Vertrag gewährt werden – zu keiner Verletzung des Art. 125 Abs. 1 S. 2 AEUV.[448] In Konsequenz dessen wird eine konstitutive Freistellung des Art. 136 Abs. 3 AEUV vom Beistandsverbot nicht benötigt und die Norm hat, so *Häde*, nur deklaratorischen Charakter.[449]

Entsprechend der hier vertretenen Ansicht, dass der ESM-Vertrag gegen Art. 125 Abs. 1 S. 2 AEUV verstößt,[450] wird in der Folge von einer konstitutiven Wirkung des Art. 136 Abs. 3 AEUV ausgegangen. Die Norm legalisiert folglich die Instrumente des ESM, so dass diese nicht dem Verbot des Art. 125 Abs. 1 S. 2 AEUV unterfallen. Entgegen der Ansicht von *Kube/Reimer*[451] umfasst die Legalisierungswirkung nicht die Vorschrift des Art. 123 Abs. 1 AEUV, da diese Norm nach der hier vertretenen Auffassung von vornherein nicht durch den ESM verletzt wird.[452]

VII. Verstoß gegen Art. 4 Abs. 3 EUV?

Die Mitgliedstaaten sind gemäß Art. 4 Abs. 3 EUV zur loyalen Zusammenarbeit mit der Union verpflichtet. Dieser Grundsatz könnte in verschiedener Hinsicht durch den Abschluss des ESM-Vertrages durch die Mitgliedstaaten der Eurozone tangiert worden sein.

Zunächst ist fraglich, ob die Mitgliedstaaten unionsrechtlich – das Völkerrecht ist nicht Gegenstand der vorliegenden Untersuchung – zum Abschluss des ESM-Vertrages befugt waren. Denn eine nach außen hin wirksame Verpflichtung der Mitgliedstaaten, die eine Binnenkompetenz der Union betrifft,

---

447 *Ohler*, in: Siekmann, EWU, Art. 125 AEUV, Rn. 19; *Häde*, EuR 2010, 854 (860); derselbe, in: Calliess/Ruffert, EUV/AEUV, Art. 125 AEUV, Rn. 8.
448 *Häde*, EuR 2010, 854 (860); derselbe, in: Calliess/Ruffert, EUV/AEUV, Art. 125 AEUV, Rn. 8.
449 *Häde*, in: Kahl/Waldhoff/Walter, Bonner Kommentar GG, Art. 88 GG, Rn. 460; derselbe, Exekutivprimat, S. 20.
450 Im Einzelnen, siehe S. 71.
451 *Kube/Reimer*, ZG 2011, 332 (335).
452 Im Einzelnen, siehe S. 77.

würde dem Loyalitätsgebot widersprechen.[453] Der ESM ist dem Bereich der Wirtschaftspolitik zuzurechnen, der weiterhin in die Zuständigkeit der Mitgliedstaaten fällt.[454] Im Bereich der Wirtschaftspolitik steht der Union weder eine ausschließliche noch eine geteilte Zuständigkeit zu; denn nur die Mitgliedstaaten koordinieren hier untereinander.[455] Daraus folgt, dass die Vertragsparteien des ESM-Vertrages unionsrechtlich zum Vertragsschluss berechtigt waren, mithin insoweit keine Verletzung des Art. 4 Abs. 3 EUV gegeben ist.[456]

Weiterhin klärungsbedürftig ist, ob die Mitgliedstaaten der Eurozone sich nicht des Instrumentes der verstärkten Zusammenarbeit nach Art. 20 EUV in Verbindung mit Art. 326 ff. AEUV hätten bedienen müssen, bevor sie einen internationalen Vertrag wie den ESM-Vertrag abschließen.[457] Allerdings ermächtigen die Regelungen der verstärkten Zusammenarbeit nur zur Nutzung aller bereits vorhandenen Rechtsgrundlagen der Verträge, nicht aber zu einer Erweiterung der Rechtsetzungsbefugnisse über den bestehenden Rahmen hinaus.[458] In diesem Zusammenhang wurde jedoch bereits festgestellt, dass die Einführung des ESM aufgrund des bestehenden Unionsrechts nicht möglich ist.[459] Infolgedessen kam die Einführung des ESM im Rahmen der verstärkten Zusammenarbeit nicht in Betracht. Somit war der Abschluss des ESM-Vertrages als internationaler Vertrag unter dem Aspekt der vorrangigen Anwendung der verstärkten Zusammenarbeit nicht illoyal gegenüber der Union.

Schließlich könnte eine Umgehung des Vertragsänderungsverfahrens nach Art. 48 EUV einen Verstoß gegen das Loyalitätsgebot aus Art. 4 Abs. 3 EUV

---

453 *Calliess/Schoenfleisch*, JZ 2012, 477 (481); *Streinz*, in: Streinz, EUV/AEUV, Art. 4 EUV, Rn. 72; *Hatje*, in: Schwarze, EU-Kommentar, Art. 4 EUV, Rn. 74; *Bogdandy/Schill*, in: Grabitz/Hilf/Nettesheim, EUV/AEUV, Art. 4 EUV, Rn. 102.
454 Im Einzelnen, siehe S. 51.
455 Im Einzelnen, siehe S. 136.
456 EuGH, Rs. C-370/12 (Pringle), NJW 2013, 29 (Rn. 68); BVerfGE 132, 195 (Rn. 123); *Repasi*, EuR 2013, 45 (52 f.).
457 So *Fischer-Lescano/Kommer,* Verstärkte Zusammenarbeit, http://library.fes.de/pdf-files/id/ipa/08454.pdf, S. 10 (Stand: 04.02.2015); *Repasi*, EuR 2013, 45 (59 f.); in dieselbe Richtung schon vor Einführung der verstärkten Zusammenarbeit: *Häde*, EuZW 1996, 138 (141 f.).
458 *Ruffert*, in: Calliess/Ruffert, EUV/AEUV, Art. 326 AEUV, Rn. 2.
459 Im Einzelnen, siehe S. 51.

darstellen.[460] Dazu müssten einzelne Regelungen des ESM-Vertrages eine Änderung der Verträge darstellen, wodurch das Verfahren des Art. 48 EUV anzuwenden gewesen wäre. Grundsätzlich stellen textliche Modifikationen des EUV respektive AEUV eine Vertragsänderung im Sinne des Art. 48 EUV dar.[461] Durch den ESM-Vertrag soll jedoch – anders als durch den nach Art. 48 Abs. 6 EUV erlassenen Beschluss 2011/199/EU – weder der Text des EUV noch des AEUV verändert werden. Allerdings können internationale Abkommen auch ohne ausdrückliche Modifikation der Vertragstexte von EUV respektive AEUV *de facto* eine Änderung derselben darstellen.[462] Vorliegend ist nicht zu leugnen, dass die Einführung des ESM das überkommene Gefüge der Wirtschafts- und Währungsunion neu ordnet. Das Bundesverfassungsgericht spricht in diesem Zusammenhang von einer »grundlegenden Umgestaltung der ursprünglichen Wirtschafts- und Währungsunion«.[463] Allerdings darf auch nicht übersehen werden, dass der ESM-Vertrag insoweit von Art. 1 Beschluss 2011/199/EU flankiert wird, der diese Umgestaltung primärrechtlich – ordnungsgemäß nach dem Verfahren des Art. 48 Abs. 6 EUV[464] – in Art. 136 Abs. 3 AEUV absichert. Das hat zur Folge, dass die Regelungen des ESM-Vertrages keine *de facto*-Änderung der Verträge (mehr) darstellen. Daher scheidet eine Verletzung des Art. 4 Abs. 3 EUV unter dem Gesichtspunkt einer Verfahrensverletzung hinsichtlich Art. 48 EUV aus.[465]

---

460 *Pechstein*, in: Streinz, EUV/AEUV, Art. 48 EUV, Rn. 14.
461 *Ohler*, in: Grabitz/Hilf/Nettesheim, EUV/AEUV, Art. 48 EUV, Rn. 21; *Cremer*, in: Calliess/Ruffert, EUV/AEUV, Art. 48 EUV, Rn. 1.
462 *Pechstein*, in: Streinz, EUV/AEUV, Art. 48 EUV, Rn. 14; *Ohler*, in: Grabitz/Hilf/Nettes-heim, EUV/AEUV, Art. 48 EUV, Rn. 23; *Herrnfeld*, in: Schwarze, EU-Kommentar, Art. 48 EUV, Rn. 22.
463 BVerfG, NJW 2014, 1505 (Rn. 180); zuvor ganz ähnlich im Eilverfahren BVerfGE 132, 195 (Rn. 128).
464 Im Einzelnen, siehe S. 50 ff.
465 Im Ergebnis ebenso: EuGH, Rs. C-370/12 (Pringle), NJW 2013, 29 (Rn. 152); a. A. *Glaser*, DÖV 2012, 901 (905).

3. Teil: Der Europäische Stabilitätsmechanismus

VIII. Schlussfolgerung

Der ESM-Vertrag steht nicht im Widerspruch zum Unionsrecht, das Vertragswerk wird hinsichtlich Art. 125 Abs. 1 S. 2 AEUV durch Art. 136 Abs. 3 AEUV legalisiert.

§ 6   *Vereinbarkeit mit deutschem Verfassungsrecht*

Ergänzend zu der unionsrechtlichen Untersuchung des ESM soll hier auf die zentralen Fragen zu dessen Vereinbarkeit mit dem Grundgesetz – anhand der Rechtsprechung des Bundesverfassungsgerichtes – eingegangen werden.[466] Dabei soll weniger die Frage nach der konkreten innerstaatlichen Umsetzung[467] respektive Begleitgesetzgebung im Mittelpunkt stehen, sondern vielmehr die grundlegende Vereinbarkeit des ESM als solchem mit dem Grundgesetz.

A.   Obergrenze für zulässige Verpflichtungen?

Im Kontext der Stabilitätshilfen des ESM stellt sich zunächst die Frage, ob die von der Bundesrepublik eingegangen finanziellen Zahlungsverpflichtungen in ihrer absoluten Höhe eine verfassungsrechtlich determinierte, absolute Grenze überschreiten könnten.[468] Eine konkrete Summe lässt sich hier freilich schwer ermitteln. Allerdings erscheint es als problematisch, wenn erhebliche finanzielle Verpflichtungen für nachfolgende Staatsbürger-Generationen eingegangen werden, die vom heute beschließenden Bundestag noch gar nicht repräsentiert werden.[469] Die budgetäre Gesamtverantwortung setzt daher voraus, dass zukünftigen Bundestagen ein substantieller finanzieller Spielraum verbleiben muss, im Rahmen dessen er frei entscheiden kann.[470]

---

466 Im Einzelnen zum Gegenstand des ESM, siehe S. 49.
467 Vgl. zur Rechtsnatur des Zustimmungsaktes *Daiber*, DÖV 2014, 809 (819) m. w. N.
468 Vgl. BVerfG, NJW 2014, 1505 (Rn. 174); Kube, WM 2012, 245 (249); Weiß, in: Hilpold/Steinmair, Finanzarchitektur, S. 113 (124 f).
469 *Rathke*, DÖV 2011, 753 (759); *Kube*, AöR 137 (2012), 205 (217).
470 Vgl. BVerfG, NJW 2014, 1505 (Rn. 174 f.); siehe auch *Cromme*, DÖV 2013, 594 (595).

Andernfalls erübrigen sich sämtliche Entscheidungen mit finanziellen Folgen und vom einstmaligen Budgetrecht bleibt nicht viel mehr als eine leere Hülle. Die Obergrenze ist daher überschritten, sobald das Haushaltsrecht des Bundestages »vollständig leerläuft«.[471] Letztlich macht dies eine Relation des Volumens der Verpflichtungen einerseits zu dem Umfang des Bundeshaushaltes andererseits erforderlich.[472] In jedem Fall kommt dem Parlament dabei als dem zur politischen Entscheidung demokratisch legitimierten Verfassungsorgan eine weite Einschätzungsprärogative zu, die nur bedingt einer verfassungsgerichtlichen Kontrolle auf evidente Fehler unterliegt.[473]

Das von der Bundesrepublik am ESM genehmigte Stammkapital beträgt EUR 190,0248 Milliarden (Anhang II ESM-Vertrag). Davon hat Deutschland entsprechend Art. 8 Abs. 2 S. 2 ESM-Vertrag einen Betrag von EUR 21,71712 Milliarden in fünf Tranchen eingezahlt.[474] Für weitere EUR 168,30768 Milliarden als abrufbares Kapital steht die Bundesrepublik somit bei einer Entscheidung zum Abruf nach Art. 9 Abs. 1 ESM-Vertrag im *obligo*.[475]

Damit ist zunächst fraglich, welche Größe man dem Bundeshaushalt – der etwa in 2011 selbst ein Volumen von EUR 305,8 Milliarden hatte – gegenüberstellt:[476] Wählt man hier das eingezahlte Stammkapital, so macht dieses lediglich 7,1 Prozent des Bundeshaushaltes aus. Geht man hingegen von der vollen Summe des genehmigten Stammkapitals aus, so ergibt dieses einen Anteil von immerhin 62,1 Prozent des gesamten Bundeshaushaltes. Bei ersterem Prozentsatz liegt eine Verletzung der Verfassungsidentität ferner, beim zweiten tendenziell näher. Unbekannt bleiben dabei freilich die Kosten, welche der Bundesrepublik im Zuge der Wirtschaftskrise als Folge einer verweigerten Partizipation am Rettungsmechanismus ESM entstanden wären – und genau diese Frage macht die politische Dimension der Entscheidung

---

471 Vgl. BVerfGE 129, 124 (182 f.); 132, 195 (Rn. 112); BVerfG, NJW 2014, 1505 (Rn. 174).
472 *Kube*, in: Maunz/Dürig, GG, Art. 110, Rn. 52; *derselbe*, WM 2012, 245 (249); *derselbe*, AöR 137 (2012), 205 (217).
473 BVerfGE 132, 195 (Rn. 167); BVerfG, NJW 2014, 1505 (Rn. 185); *Kube*, WM 2012, 245 (249).
474 BVerfG, NJW 2014, 1505 (Rn. 205 f.); *Rathke*, DÖV 2011, 753 (759).
475 BVerfG, NJW 2014, 1505 (Rn. 205 f.); *Rathke*, DÖV 2011, 753 (759).
476 *Rathke*, DÖV 2011, 753 (759).

aus.⁴⁷⁷ Nimmt man die politische Einschätzungsprärogative des Bundestages hier ernst, ist die Entscheidung des Gesetzgebers für eine Beteiligung am ESM vor dem Hintergrund der Wahrung der Verfassungsidentität zumindest nicht evident fehlerhaft.⁴⁷⁸

B. Zustimmungsvorbehalt für wesentliche Budgetentscheidungen?

Abgesehen davon, dass es eine Obergrenze für das Eingehen von Zahlungsverpflichtungen gibt, stellt sich weiterhin die Frage, ob nicht jede wesentliche haushaltspolitische Entscheidung einer konstitutiven Zustimmung des Bundestages bedarf. Maßnahmen im Kontext der Krise mit weitreichenden budgetären Konsequenzen sind dabei in mannigfaltiger Weise möglich.

Zunächst sind Zuständigkeitsübertragungen auf andere Organisationen denkbar, die an Stelle des Bundestages – möglicherweise schneller und effizienter – auf krisenhafte Erscheinungen reagieren können.⁴⁷⁹ Außerdem könnten Zahlungsverpflichtungen eingegangen werden, die in ihrer konkreten Höhe noch nicht abschätzbar sind.⁴⁸⁰ Dadurch könnten Forderungen entstehen, welche die dargelegte Obergrenze – ohne dass dies vorab transparent wäre – sogar noch überschreiten und den demokratisch legitimierten Gesetzgeber damit letztlich jedes Handlungsspielraums berauben. Des Weiteren könnte anderen Staaten oder Organisationen Einfluss auf wesentliche Budgetentscheidungen eingeräumt werden.⁴⁸¹ Die Einflussnahme fremder Akteure zuzulassen bedeutet zwar einen weniger weit gehenden Eingriff als die Übertragung der vollständigen Entscheidungskompetenz, doch auch hier bestehen erheblich Risiken: Die konkreten Folgen von intergouvernementalen oder supranationalen »Bürgschafts- oder Leistungsautomatismen« sind in ihren finanziellen Auswirkungen nicht konkret abschätzbar, da sich deren Aktivitätsgrad aus der wirtschaftlichen Entwicklung ergibt und sich all dies der

---

477 BVerfGE 132, 195 (Rn. 167); vgl. auch: *Kube*, WM 2012, 245 (249).
478 BVerfGE 132, 195 (Rn. 167); BVerfG, NJW 2014, 1505 (Rn. 185); *Thym*, EuZW 2011, 167 (170); *Kahl*, DVBl. 2013, 197 (201); *Müller-Franken*, NJW 2012, 3161 (3162).
479 BVerfG, NJW 2014, 1505 (Rn. 163).
480 BVerfG, NJW 2014, 1505 (Rn. 163).
481 BVerfGE 129, 124 (179 f.); 132, 195 (Rn. 109); BVerfG, NJW 2014, 1505 (Rn. 164).

Kontrolle des Bundestages entzieht.[482] Das gilt schließlich auch für die Haftungsübernahme hinsichtlich Willensentschließungen fremder Staaten, bei denen sich die Konsequenzen der Einflussnahme dem in der Bundesrepublik demokratisch legitimierten Gesetzgeber entziehen.[483]

Die Verantwortung des Bundestages für den Haushalt ist Ausfluss des allgemeinen Wahlrechts aus Art. 38 Abs. 1 GG.[484] Diese Vorschrift stellt die freie und gleiche Teilhabe an der in Deutschland ausgeübten Staatsgewalt sicher.[485] Dazu gehört die dem Volk gegenüber verantwortliche Entscheidung über Einnahmen und Ausgaben des Staates als zentrales Element demokratischer Willensbildung.[486] Die budgetäre Gesamtverantwortung des Bundestages wird vom Gewährleistungsgehalt des Demokratiegebotes (Art. 20 Abs. 1 und Abs. 2 GG) umfasst und ist als solches auch vor dem verfassungsändernden Gesetzgeber wegen seines für die Verfassung identitätsstiftenden Charakters geschützt.[487]

Im Ergebnis wird der Bundestag seiner budgetären Gesamtverantwortung daher nur gerecht, wenn er die für die Bundesrepublik letztverbindliche Einnahme- und Ausgabeentscheidung selber trifft und dieses Recht durch keine Form der Fremdbestimmung beschnitten wird.[488] Darüber hinaus muss der

---

482 BVerfGE 129, 124 (180); 132, 195 (Rn. 109); BVerfG, NJW 2014, 1505 (Rn. 164); *Herrmann*, EuZW 2012, 805 (808); *Weber*, EuZW 2011, 935 (938).
483 BVerfG, NJW 2014, 1505 (Rn. 165); *Herrmann*, EuZW 2012, 805 (808).
484 BVerfGE 129, 124 (177); 132, 195 (Rn. 106); BVerfG, NJW 2014, 1505 (Rn. 161); *Van Oyen*, Staatstheorie, S. 129 f.; *Weiß*, in: Hilpold/Steinmair, Finanzarchitektur, S. 113 (118).
485 BVerfGE 37, 271 (279); 73, 339 (375); 123, 267 (340); BVerfG, NJW 2014, 1505 (Rn. 159).
486 BVerfG, NJW 2014, 1505 (Rn. 161); siehe hierzu auch *Schorkopf*, VVDStRL, 2012, Band 71, S. 183 (216 f.).
487 BVerfG, NJW 2014, 1505 (Rn. 159 ff.); *Häde*, in: Hatje/Müller-Graff, EnzEuR, Band 1, § 17, Rn. 40 f.; *derselbe*, in: Möllers/Zeitler, Rechtsgemeinschaft, S. 245 (249); *Calliess*, VVDStRL, 2012, Band 71, S. 113 (173 f.); *Huber*, in: Möllers/Zeitler, Rechtsgemeinschaft, S. 229 (231); *Weiß*, in: Hilpold/Steinmair, Finanzarchitektur, S. 113 (118).
488 BVerfGE 129, 124 (178 f.); 130, 318 (344 f.); BVerfGE 132, 195 (Rn. 107 und 110); BVerfG, NJW 2014, 1505 (Rn. 162 und 165); *Häde*, in: Hatje/Müller-Graff, EnzEuR, Band 1, § 17, Rn. 40 f.; *derselbe*, Exekutivprimat, S. 34; *Rathke*, DÖV 2011, 753 (759); *Kube*, in: Maunz/Dürig, GG, Art. 110, Rn. 50; *Hufeld*, integration 2011, 117 (129); *Peuker*, EuR 2013, 75 (85); *Kahl*, DVBl. 2013, 197 (202); *Weiß*, in: Hilpold/Steinmair, Finanzarchitektur, S. 113 (119 f.); vgl. auch *Nettesheim*, NJW 2012, 1409 (1411).

Bundestag auf die Ausgestaltung der primär an anderer Stelle konzipierten Entscheidungen hinreichenden Einfluss ausüben können.[489] Andernfalls würde das Parlament andernorts getroffene Entscheidungen nur noch nachvollziehen und damit seiner grundgesetzlich vorgeschriebenen Verantwortung für das Budgetrecht ebenfalls nicht genügen.[490]

I. Vereinbarkeit von Art. 25 Abs. 2 ESM-Vertrag mit dem Grundgesetz?

Zunächst wäre der ESM-Vertrag mit dem Grundgesetz unvereinbar, wenn durch dessen Abschluss Zahlungsverpflichtungen in einer im Vorhinein nicht abschätzbaren Höhe eingegangen würden. Dazu trifft Art. 8 Abs. 5 ESM-Vertrag folgende Regelung:

> »Die Haftung eines jeden ESM-Mitglieds bleibt unter allen Umständen auf seinen Anteil am genehmigten Stammkapital zum Ausgabekurs begrenzt. Kein ESM-Mitglied haftet aufgrund seiner Mitgliedschaft für die Verpflichtungen des ESM. Die Verpflichtungen der ESM-Mitglieder zur Leistung von Kapitalbeiträgen zum genehmigten Stammkapital gemäß diesem Vertrag bleibt unberührt, falls ein ESM-Mitglied Finanzhilfe vom ESM erhält oder die Voraussetzungen dafür erfüllt.«

Daraus ergibt sich, dass die Mitglieder des ESM in voller Höhe ihres genehmigten Stammkapitals für die Verbindlichkeiten des ESM haften. Das genehmigte Stammkapital der Bundesrepublik beträgt EUR 190,0248 Milliarden (Anhang II ESM-Vertrag). Fraglich ist, ob eine darüber hinausgehende Haftung möglich ist. Dafür könnte sprechen, dass in Art. 25 Abs. 2 ESM-Vertrag eine Nachschusspflicht aller ESM-Mitglieder geregelt ist, falls ein Mitglied sein genehmigtes Stammkapital trotz Aufforderung nicht einzahlt.[491] Dem steht jedoch die ihrem Wortlaut nach eindeutige Bestimmung des Art. 8 Abs. 5 ESM-Vertrag entgegen, der gerade unter keinen Umständen eine Haftung über das genehmigte Stammkapital hinaus zulässt.[492] Letztlich kann dies jedoch dahinstehen, da die strikte Haftungsbegrenzung auf das genehmigte Stammkapital durch eine gemeinsame Auslegungserklärung der

---

489 BVerfGE 132, 195 (Rn. 110); BVerfG, NJW 2014, 1505 (Rn. 165).
490 BVerfGE 129, 124 (178 f.); 130, 318 (344 f.); 132, 195 (Rn. 107); BVerfG, NJW 2014, 1505 (Rn. 162).
491 BVerfGE 132, 195 (Rn. 50).
492 *Herrmann*, EuZW 2012, 805 (808 f.); *Peuker*, EuR 2013, 75 (82); *Müller-Franken*, NJW 2012, 3161; *Hilpold*, in: Hilpold/Steinmair, Finanzarchitektur, S. 3 (65).

Vertragsparteien[493] in Verbindung mit einer einseitigen Erklärung der Bundesrepublik[494] klargestellt wurde.[495] Darüber könnten sich die Vertragsparteien zwar später möglicherweise wiederum hinwegsetzen, dann stünde der Bundesrepublik jedoch ein Kündigungsrecht zu, da die vorgenannte Auslegung für sie erkennbar »wesentliche Grundlage« des Vertragsschlusses war.[496] Im Ergebnis wurden mit Abschluss des ESM-Vertrages keine in ihrer konkreten Höhe nicht abschätzbaren Zahlungsverpflichtungen übernommen, so dass die Gesamtverantwortung des Bundestages für den Haushalt wahrgenommen worden und die Bestimmung insofern verfassungsgemäß ist.

II. Vereinbarkeit von Art. 5 Abs. 6 lit. b), d), f), i) und l) sowie Abs. 7 lit. n) ESM-Vertrag mit dem Grundgesetz?

Weiterhin ist klärungsbedürftig, ob die Kompetenzen des ESM die budgetäre Gesamtverantwortung insofern berühren, als fremde Akteure in den Bundeshaushalt betreffende und dem Bundestag vorbehaltene Letztentscheidungen einbezogen werden. Die zentralen Entscheidungen stehen in der Binnenstruktur des ESM dessen Gouverneursrat zu (Art. 5 ESM-Vertrag). Dieser beschließt unter Einbeziehung all seiner Mitglieder in den ihm enumerativ durch Art. 5 Abs. 6 und Abs. 7 ESM-Vertrag zugewiesenen Bereichen.

1. Beschlüsse nach Art. 5 Abs. 6 lit. b) ESM-Vertrag

Die Vorschrift des Art. 5 Abs. 6 lit. b) ESM-Vertrag sieht vor, dass der Gouverneursrat die Ausgabe von neuen Anteilen zu einem höheren als dem Emissions-Nennwert beschließen kann. Der Emissions-Nennwert eines Anteils beträgt EUR 100.000,00 und es wurden insgesamt sieben Millionen Anteile ausgegeben (Art. 8 Abs. 1 S. 2 ESM-Vertrag). Grundsätzlich dürfen

---

493 BGBl. II 2012, 1086.
494 BGBl. II 2012, 1087.
495 BVerfG, NJW 2014, 1505 (Rn. 188); *Palm*, in: Grabitz/Hilf/Nettesheim, EUV/AEUV, Art. 136 AEUV, Rn. 11.
496 *Schorkopf*, NVwZ 2012, 1273 (1275); *Palm*, in: Grabitz/Hilf/Nettesheim, EUV/AEUV, Art. 136 AEUV, Rn. 11; siehe hierzu auch: *Tomuschat*, DVBl. 2012, 1431 (1433); *von Oyen*, Staatstheorie, S. 132.

neue Anteile nur zum Nennwert ausgegeben werden (Art. 8 Abs. 2 S. 4 ESM-Vertrag). Ausnahmsweise kann aufgrund besonderer Umstände eine Ausgabe zu einem höheren als dem Emissions-Nennwert im Gouverneursrat beschlossen werden (Art. 8 Abs. 2 S. 4 ESM-Vertrag).

Hierzu stellt sich die Frage, ob durch die Begebung von Anteilen mit einem höherem als dem Emissions-Nennwert die Grenze dessen überschritten wird, was verfassungsrechtlich zulässig ist. Denn es wurde bereits dargelegt, dass die Verfassungsmäßigkeit des ESM eine wirksame Begrenzung der Haftung auf das genehmigte Stammkapital voraussetzt.[497] Diese Limititierung könnte unterlaufen werden, indem das genehmigte Stammkapital – und somit die Haftungssumme – durch die Ausgabe neuer Anteile zu einem höheren Nennwert stetig vergrößerbar wäre. Im Ergebnis könnte das nämlich dazu führen, dass für die Bundesrepublik eine Zahlungspflicht entstehen könnte, welche über die in Art. 8 Abs. 5 ESM-Vertrag festgelegte hinausgeht.[498]

Damit wird deutlich, dass es sich hier um potentiell erhebliche finanzielle Belastungen für den Bundeshaushalt handeln kann.[499] Folglich ist der Beschluss zur Ausgabe von Anteilen über dem Nennwert als wesentliche Budgetentscheidung zu werten, die – wie dargelegt[500] – der konstitutiven Zustimmung des Bundestages bedarf.[501]

Im Gouverneursrat ist nun je ein Vertreter eines jeden ESM-Mitglieds vertreten, so dass die Entscheidung nicht allein dem deutschen Vertreter obliegt, es sich vielmehr um ein intergouvernementales Gremium handelt. Der Beschluss nach Art. 5 Abs. 6 lit. b) ESM-Vertrag setzt jedoch Einstimmigkeit voraus, so dass entsprechende Beschlüsse nur mit Zustimmung des Vertreters der Bundesrepublik gefasst werden können (vgl. Art. 4 Abs. 3 ESM-Vertrag).[502] Verfassungsrechtlich ist damit hinreichend, aber eben auch notwendig, dass sich der Bundestag im Binnenverhältnis die Festlegung des Abstimmungsverhaltens des deutschen Vertreters im Gouverneursrat vorbe-

---

497 Im Einzelnen, siehe S. 91 ff.
498 Vgl. BVerfGE 132, 195 (Rn. 141).
499 BVerfG, NJW 2014, 1505 (Rn. 191).
500 Im Einzelnen, siehe S. 89 ff.
501 Vgl. BVerfG, NJW 2014, 1505 (Rn. 191). Zudem BVerfGE 132, 195 (Rn. 168 ff.).
502 Ebenda.

hält.[503] Genau dies hat der Bundestag in § 4 ESMFinG[504] geregelt, der einen entsprechenden Zustimmungsvorbehalt des Parlamentes statuiert.[505]

Die konstitutive Zustimmung des Bundestages muss dabei in jedem Fall sichergestellt werden. Dies gilt auch für das Dringlichkeitsabstimmungsverfahren nach Art. 4 Abs. 4 ESM-Vertrag, in dem bereits eine Mehrheit der Anteile von 85 Prozent (statt Einstimmigkeit) für vorgenannten Beschluss ausreichend ist. Verfassungsrechtlich ist ein Beschluss im Rahmen des Dringlichkeitsabstimmungsverfahrens somit nur zulässig, sofern die Bundesrepublik über eine entsprechende Sperrminorität von über 15 Prozent verfügt. Dies ist der Fall. Die Bundesrepublik hält nämlich insgesamt 27,1464 Prozent der Anteile, kann eine Beschlussfassung somit im Alleingang verhindern.[506]

Zusammenfassend ist Art. 5 Abs. 6 lit. b) ESM-Vertrag verfassungsgemäß. Dafür ist jedoch die Beibehaltung der »Veto-Position« die Voraussetzung.[507]

2. Beschlüsse nach Art. 5 Abs. 6 lit. d) ESM-Vertrag

Nach Art. 5 Abs. 6 lit. d) ESM-Vertrag kann der Gouverneursrat

> »Veränderungen des genehmigten Stammkapitals und Anpassung des maximalen Darlehensvolumens des ESM nach Maßgabe des Artikels 10 Abs. 1«

beschließen. Durch eine Erhöhung des genehmigten Stammkapitals steigt zugleich der Betrag, für den die Bundesrepublik haftet. Allerdings wurde bereits dargelegt, dass die Entscheidung nach Art. 5 Abs. 6 ESM-Vertrag weder im ordentlichen noch im Dringlichkeitsabstimmungsverfahren gegen den

---

503 Vgl. BVerfG, NJW 2014, 1505 (Rn. 191); *Häde*, in: Hatje/Müller-Graff, EnzEuR, Band 1, § 17, Rn. 40 f. Zudem BVerfGE 132, 195 (Rn. 168 ff.); *Rathke*, DÖV 2011, 753 (760).
504 BGBl. I 2012, S. 1918.
505 *Häde*, in: Hatje/Müller-Graff, EnzEuR, Band 1, § 17, Rn. 42; *Uerpmann-Wittzack*, in: Hatje, Einheit des Unionsrechts, S. 49 (52).
506 BVerfG, NJW 2014, 1505 (Rn. 191); *Uerpmann-Wittzack*, in: Hatje, Einheit des Unionsrechts, S. 49 (52).
507 BVerfG, NJW 2014, 1505 (Rn. 192 f. und 219 ff.); *Kube*, WM 2012, 245 (249).

Willen des deutschen Vertreters im Gouverneursrat fallen kann.[508] Dessen Abstimmungsverhalten ist wiederum über § 4 ESMFinG dem Zustimmungsvorbehalt des Deutschen Bundestages unterworfen.[509]

Etwas anderes würde nur gelten, wenn durch Art. 5 Abs. 6 lit. d) ESM-Vertrag das Stimmgewicht der Bundesrepublik in verfassungsrechtlich bedenklicher Weise reduziert werden könnte.[510] Die Norm verweist hinsichtlich des Verfahrens der Kapitalerhöhung auf Art. 10 Abs. 1 ESM-Vertrag. Nach Art. 10 Abs. 1 S. 2 ESM-Vertrag ist der Gouverneursrat berechtigt,

> »das genehmigte Stammkapital zu verändern und Art. 8 und Anhang II entsprechend zu ändern.«

In Art. 8 Abs. 1 S. 2 ESM-Vertrag ist sichergestellt, dass die Anteile nach dem Schlüssel des Anhangs I ausgegeben werden, wonach der Bundesrepublik *de facto* eine Veto-Position zukommt. Sollte Art. 10 Abs. 1 S. 2 ESM-Vertrag nun dazu berechtigen, diesen Schlüssel zu verändern, wäre dies aus verfassungsrechtlicher Sicht problematisch.

Die Bedenken greifen im Ergebnis jedoch nicht durch. Denn zum einen setzt der Beschluss des Gouverneursrates zu einer Veränderung des Art. 8 ESM-Vertrag wiederum zunächst die Zustimmung des deutschen Verterters voraus. Zum anderen stellt Art. 10 Abs. 1 S. 4 ESM-Vertrag ausdrücklich klar, dass die neuen Anteile wiederum nach dem in Anhang I vorgesehenen Schlüssel verteilt werden. Die Berechtigung zur Veränderung des Art. 8 ESM-Vertrag reicht demnach nur soweit, dass die Summe des genehmigten Stammkapitals, nicht aber der Anhang I modifiziert werden darf. Demnach hätte die Bundesrepublik weiterhin eine Veto-Position inne. Die Vorschrift des Art. 5 Abs. 6 lit. d) ESM-Vertrag ist unter verfassungsrechtlichen Gesichtspunkten nicht zu beanstanden.

3. Beschlüsse nach Art. 5 Abs. 6 lit. f) ESM-Vertrag

Art. 5 Abs. 6 lit. f) ESM-Vertrag betrifft die Gewährung von Stabilitätshilfen an notleidende ESM-Mitglieder. Die Stabilitätshilfen können in verschie-

---

508 Im Einzelnen, siehe S. 94 ff.
509 Vgl. BVerfG, NJW 2014, 1505 (Rn. 191). Zudem BVerfGE 132, 195 (Rn. 168 ff.); *Rathke*, DÖV 2011, 753 (760).
510 BVerfG, NJW 2014, 1505 (Rn. 219 ff.).

ner Form – etwa als Bereitstellung von Darlehen und Anleihekaufprogrammen – gewährt werden (vgl. Art. 14 bis 18 ESM-Vertrag). Die Vorschrift des Art. 5 Abs. 6 lit. i) ESM-Vertrag macht deutlich, dass die Instrumentarien der Stabilitätshilfe zudem durch Beschluss des Gouverneursrates jederzeit erweitert werden können.

Es liegt auf der Hand, dass die Gewährung von Stabilitätshilfe an Krisenstaaten mit erheblichen Rückzahlungsrisiken verbunden ist. Nicht zuletzt deshalb schreibt Art. 10 Abs. 1 S. 1 ESM-Vertrag eine stetige Überprüfung der angemessenen Kapitalausstattung vor.

Den grundgesetzlichen Anforderungen an wesentliche Budgetentscheidungen genügt die Norm. Denn es ist – wie bereits dargelegt[511] – sichergestellt, dass die Beschlüsse nach Art. 5 Abs. 6 ESM-Vertrag nicht gegen die Stimme des deutschen Vertreters im Gouverneursrat getroffen werden können.[512] Die Norm ist demnach mit dem Grundgesetz vereinbar.

4. Beschlüsse nach Art. 5 Abs. 6 lit. l) ESM-Vertrag

Soweit ein neues Mitglied in den ESM aufgenommen wird, regelt Art. 5 Abs. 6 lit. l) ESM-Vertrag die entsprechenden durch den Gouverneursrat zu fassenden Beschlüsse. Vorliegend interessieren diesbezüglich insbesondere die Auswirkungen auf die Stimmanteile in den Organen des ESM. Dazu regelt Art. 2 Abs. 3 ESM-Vertrag:

»Ein neuer Mitgliedstaat, der dem ESM nach dessen Einrichtung beitritt, erhält für seinen Kapitalbeitrag, der gemäß dem Beitragsschlüssel nach Art. 11 berechnet wird, Anteile am ESM.«

Aus Art. 11 Abs. 3 lit. a) ESM-Vertrag wiederum ergibt sich, dass durch den Beitritt eines Neumitglieds das genehmigte Stammkapital entsprechend erhöht wird. Das genaue Ausmaß der Erhöhung erfolgt nach Maßgabe des Art. 10 Abs. 3 ESM-Vertrag.

Zunächst ist dazu festzuhalten, dass die bestehende Regelung des Art. 5 Abs. 6 lit. l) ESM-Vertrag verfassungsrechtlich nicht zu beanstanden ist, da nach den derzeit maßgeblichen Stimmgewichten eine Entscheidung gegen

---

511 Im Einzelnen, siehe S. 89 ff.
512 Vgl. BVerfG, NJW 2014, 1505 (Rn. 191). Zudem BVerfGE 132, 195 (Rn. 168 ff.).

den Willen des Vertreters der Bundesrepublik im Gouverneursrat nicht möglich ist.[513] Der deutsche Vertreter ist durch § 4 ESMFinG an den Souverän rückgekoppelt, so dass er letztlich die wesentliche Budgetentscheidung grundgesetzkonform trifft.[514]

Ein potentielles Risiko für die zukünftige Verfassungsgemäßheit der Norm besteht insoweit, als durch die Aufnahme von Neumitgliedern das Stimmgewicht der Bundesrepublik reduziert wird. Denn sobald der deutsche Vertreter nicht mehr über 15 Prozent der Stimmanteile verfügt, wäre es möglich, ihn im Dringlichkeitsabstimmungsverfahren zu überstimmen. Daraus folgt, dass ein Stimmanteil von unter 15 Prozent nicht mit dem Grundgesetz vereinbar wäre. Die Bundesrepublik hat es dabei aufgrund ihrer bestehenden Veto-Postition selbst in der Hand, die weitere Verfassungsgemäßheit des ESM zu gewährleisten.

5. Beschlüsse nach Art. 5 Abs. 7 lit. n) ESM-Vertrag

Schließlich enthält Art. 5 Abs. 7 lit. n) ESM-Vertrag eine Art Reservekompetenz für »sonstige erforderliche Beschlüsse«, die nicht ausdrücklich im ESM-Vertrag aufgeführt werden. Als denkbare Beschlüsse kommt eine Vielzahl an Entscheidungen in Betracht, deren Auswirkungen nicht absehbar sind. Folglich muss zumindest eine potentielle Qualität als wesentliche Budgetentscheidung im Sinne des Grundgesetzes unterstellt werden.

Die Reservekompetenz des Art. 5 Abs. 7 lit. n) ESM-Vertrag erfordert eine qualifizierte Mehrheit. Dafür ist eine Anteilsmajorität von 80 Prozent erforderlich (Art. 4 Abs. 5 ESM-Vertrag). Diese Mehrheit ist aufgrund des deutschen Anteils von über 27 Prozent am ESM nicht gegen die Bundesrepublik zu erreichen.[515] Die Rückkopplung über § 4 ESMFinG stellt insoweit die Wahrung der Budgethoheit des Bundestages sicher.[516] Somit ist Art. 5 Abs. 7 lit. n) ESM-Vetrag verfassungskonform.

---

513 Vgl. BVerfG, NJW 2014, 1505 (Rn. 191). Zudem BVerfGE 132, 195 (Rn. 168 ff.).
514 Vgl. BVerfG, NJW 2014, 1505 (Rn. 191). Zudem BVerfGE 132, 195 (Rn. 168 ff.); *Rathke*, DÖV 2011, 753 (760).
515 Vgl. BVerfG, NJW 2014, 1505 (Rn. 191). Zudem BVerfGE 132, 195 (Rn. 168 ff.).
516 Vgl. BVerfG, NJW 2014, 1505 (Rn. 191). Zudem BVerfGE 132, 195 (Rn. 168 ff.); *Rathke*, DÖV 2011, 753 (760).

6. Schlussfolgerung

Im Ergebnis sind Art. 5 Abs. 6 lit. b), d), f), i) und l) sowie Abs. 7 lit. n) ESM-Vertrag mit dem Grundgesetz vereinbar.

III. Vereinbarkeit von Art. 4 Abs. 8 ESM-Vertrag mit dem Grundgesetz?

Ferner bestimmt die Vorschrift des Art. 4 Abs. 8 ESM-Vertrag, dass die Stimmrechte eines ESM-Mitglieds suspendiert werden, wenn dieses Kapitalabrufpflichten nach Art. 8, 9 und 10 ESM-Vertrag nicht nachkommt.[517] Das bedeutet, dass für den Zeitraum der Stimmrechtsaussetzung alle Entscheidungen des Direktoriums und des Gouverneursrates – mit Ausnahme der nach Art. 10 Abs. 1 S. 2 und S. 3 ESM-Vertrag – ohne Zustimmung der Bundesrepublik gefasst werden könnten.[518] Davon wären auch die Entscheidungen nach Art. 5 Abs. 6 und Abs. 7 ESM-Vertrag betroffen, so dass die budgetäre Gesamtverantwortung insofern mangels konstitutiver Bundestagszustimmung nicht mehr abgesichert wäre.[519] Damit kann die Norm nur verfassungsgemäß sein, wenn die Bundesrepublik sicherzustellen in der Lage ist, entsprechenden Kapitalabrufverlangen jederzeit nachkommen zu können.[520]

Das kann sie nur gewährleisten, indem die potentiellen Zahlungsverpflichtungen im Haushaltsplan abgebildet werden (Art. 110 Abs. 1 GG).[521] Da es sich beim Haushaltsgesetz um eine Prognoseentscheidung handelt, räumt Art. 110 Abs. 3 GG dem Gesetzgeber die Möglichkeit ein, Abweichungen im Haushaltsvollzug durch Verabschiedung eines Nachtragshaushaltes Rechnung zu tragen.[522] Davon hat der Bundestag für das Haushaltsjahr 2012 Gebrauch gemacht, um eine erste Tranche in den ESM einzuzahlen.[523] Hinsichtlich der weiteren Tranchen des eingezahlten Stammkapitals wurden die ent-

---

517 BVerfGE 132, 195 (Rn. 158); BVerfG, NJW 2014, 1505 (Rn. 195).
518 BVerfGE 132, 195 (Rn. 158 f.); BVerfG, NJW 2014, 1505 (Rn. 197).
519 BVerfGE 132, 195 (Rn. 162); BVerfG, NJW 2014, 1505 (Rn. 199).
520 BVerfGE 132, 195 (Rn. 164); BVerfG, NJW 2014, 1505 (Rn. 200).
521 BVerfG, NJW 2014, 1505 (Rn. 201).
522 BVerfG, NJW 2014, 1505 (Rn. 202).
523 BVerfG, NJW 2014, 1505 (Rn. 205).

sprechenden Beträge in den Haushaltsjahren 2013[524] und 2014[525] eingestellt.[526]

Fraglich bleibt jedoch, inwiefern darüber hinaus für das abrufbare Stammkapital, welches die Bundesrepublik noch nicht eingezahlt hat, im Haushalt Vorsorge zu treffen ist. Hierbei handelt es sich letztlich um eine Prognose darüber, wie wahrscheinlich eine Inanspruchnahme der Stabilitätshilfen ist.[527] Diese Entscheidung ist vornehmlich eine politische, wobei dem Bundestag als unmittelbar demokratisch legitimiertem Verfassungsorgan eine Einschätzungsprärogative zukommt.[528] Bislang sind insoweit keine Summen in den Haushalt eingestellt, da der Gesetzgeber anscheinend davon ausgeht, dass die Haftungsrisiken derzeit auf das eingezahlte Stammkapital begrenzt sind.[529] Diese politische Bewertung der wirtschaftlichen Lage ist verfassungsrechtlich nicht zu beanstanden.[530] Zusammenfassend ist die Vorschrift des Art. 4 Abs. 8 ESM-Vertrag somit verfassungsgemäß.

IV. Vereinbarkeit von Art. 9 Abs. 2 ESM-Vertrag mit dem Grundgesetz?

Schließlich könnte die Bundesrepublik durch ihre Mitgliedschaft im ESM verfassungswidrig die Haftung für Willensentschließung fremder Staaten übernommen haben. Die Vorschrift des Art. 9 Abs. 2 ESM-Vertrag zeigt, dass die Vertragsparteien die Gefahr der Entstehung von Verlusten beim ESM gesehen und diesbezüglich Reaktionsmöglichkeiten eingeräumt haben.[531] Die Norm lautet nämlich wörtlich:

> »Das Direktorium kann genehmigtes nicht eingezahltes Kapital durch Beschluss mit einfacher Mehrheit abrufen, um die Höhe des eingezahlten Kapitals wiederherzustellen, wenn diese durch das Auffangen von Verlusten unter den in Art. 8 Absatz 2 fest-

---

524 BGBl. I 2012, 2757.
525 *Bundesministerium der Finanzen*, Haushalt 2014, http://www.bundeshaushalt-info.de/fileadmin/de.bundeshaushalt/content_de/dokumente/2014/soll/Haushaltsplan-2014.pdf, S. 3165 (Stand: 27.11.2014).
526 BVerfG, NJW 2014, 1505 (Rn. 205).
527 BVerfG, NJW 2014, 1505 (Rn. 210).
528 BVerfG, NJW 2014, 1505 (Rn. 211).
529 BVerfG, NJW 2014, 1505 (Rn. 212).
530 Ebenda.
531 BVerfGE 132, 195 (Rn. 170); BVerfG, NJW 2014, 1505 (Rn. 217).

gelegten Betrag – der vom Gouverneursrat gemäß dem Verfahren nach Artikel 10 geändert werden kann – abgesunken ist, und den ESM-Mitgliedern eine angemessene Frist für dessen Einzahlung setzen.«

Unzulässig wäre dies, wenn der Bundestag dadurch den weiteren Geschehensablauf aus der Hand gegeben hätte und nunmehr haftender »Zuschauer« der vom ESM verfolgten Geschäftspolitik wäre.[532]

Um dies beurteilen zu können, stellt sich zunächst die Frage, wodurch Verluste des ESM entstehen können: Insbesondere dürften solche nämlich das Ergebnis von Stabilitätshilfen und Anleiheoperationen sein.[533] Damit sind zwei Maßnahmetypen angesprochen, auf welche die Bundesrepublik maßgeblichen Einfluss hat: Denn zum einen bedürfen Stabilitätshilfen gemäß Art. 13 Abs. 2 ESM-Vertrag der Zustimmung des Gouverneursrates, in dem Deutschland nicht überstimmt werden kann, somit *de facto* eine Veto-Position innehat und sich diese nach § 4 ESMFinG entsprechend des Bundestag-Votums auszurichten hat.[534] Zum anderen kann der Bundestag über § 4 ESMFinG die Ausgestaltung der detaillierten Leitlinien für Anleiheoperationen (Art. 21 Abs. 2 ESM-Vertrag) und die Anlagepolitik (Art. 22 Abs. 1 ESM-Vertrag) mitgestalten, da ein mandatsgebundenes Direktoriumsmitglied aus der Bundesrepublik entsandt wird und diesem im Direktorium ebenfalls *de facto* eine Veto-Position zukommt (Art. 6 Abs. 5 in Verbindung mit Art. 4 Abs. 5).[535]

Die dargestellten Einflussmöglichkeiten des Bundestages bewirken, dass dieser seiner Verantwortung für den bundesrepublikanischen Haushalt ausreichend nachkommen kann.[536] Die aus der Mitgliedschaft Deutschlands im ESM folgende Verlustverantwortlichkeit stellt daher keinen Verstoß gegen das Grundgesetzt dar.[537]

---

532 Vgl. BVerfGE 132, 195 (Rn. 110); BVerfG, NJW 2014, 1505 (Rn. 165); *Weber*, EuZW 2011, 935 (938).
533 BVerfGE 132, 195 (Rn. 170); BVerfG, NJW 2014, 1505 (Rn. 217 f.).
534 BVerfGE 132, 195 (Rn. 170); BVerfG, NJW 2014, 1505 (Rn. 217).
535 BVerfGE 132, 195 (Rn. 171); BVerfG, NJW 2014, 1505 (Rn. 218).
536 BVerfG, NJW 2014, 1505 (Rn. 217 f.).
537 Ebenda.

3. Teil: Der Europäische Stabilitätsmechanismus

C. Schlussfolgerung

Das Zustimmungsgesetz zum ESM-Vertrag verstößt nicht gegen das Grundgesetzt, insbesondere nicht gegen die budgetäre Gesamtverantwortung des Deutschen Bundestages.

4. Teil: Maßnahmen des *sixpacks*

§ 7   Untersuchungsgegenstand

Das *sixpack* war eine der ersten strukturellen Reformen der Wirtschafts- und Währungsunion, die infolge der Krise ergriffen wurden.[538] Es besteht aus insgesamt sechs Rechtsakten zur Stärkung der europäischen Wirtschafts- und Währungsunion. Insbesondere die VO 1173/2011 und 1174/2011 erscheinen rechtlich problematisch. Durch diese nur für die Mitgliedstaaten der Eurozone verbindlichen Rechtsakte werden bislang nicht vorgesehene Sanktionen und ein neuer Abstimmungsmodus für deren Erlass eingeführt.[539]

Die VO 1173/2011 dient dem Zweck, die Durchsetzbarkeit der Haushaltsdisziplin in der Union zu erhöhen.[540] Die präventive Komponente des Stabilitäts- und Wachstumspakts wird dazu durch Art. 4 Abs. 1 sanktionsbewehrt. Bislang waren dem präventiven Bereich des Stabilitäts- und Wachstumspaktes Sanktionen fremd. Im Rahmen der korrektiven Komponente standen auch bisher schon Sanktionsmöglichkeiten bereit, die nunmehr durch Art. 5 Abs. 1 und 6 Abs. 1 erweitert werden. Schließlich werden durch die Regelung des Art. 8 Abs. 1 Falschangaben ebenfalls sanktioniert, um die für die Errechnung der Defizitquoten notwendige Korrektheit der Datenbasis sicherzustellen.

Neben der haushaltpolitischen Überwachung führt die Union mit der VO 1174/2011 ein makroökonomisches Kontrollinstrument ein.[541] Ungleichgewichte sollen dadurch frühzeitig erkannt und beseitigt werden. Das Verfahren dafür ist in der VO 1176/2011 niedergelegt, Art. 3 Abs. 1 und Abs. 2 VO 1174/2011 ergänzen das Prozedere lediglich um Sanktionsmöglichkeiten, falls Mitgliedstaaten den Empfehlungen der Union nicht Folge leisten.

Sämtliche vorgenannte Maßnahmen – ausgenommen Art. 8 VO 1173/2011 – werden in einem Verfahren festgesetzt, bei dem die Kommission die Anwendung einer bestimmten Sanktion empfiehlt und diese Empfehlung nur

---

538 Im Einzelnen hierzu, siehe S. 46 f.
539 *Häde*, JZ 2011, 333 (334); *Antpöhler*, ZaöRV 2012, 353 (364 f.).
540 *Häde*, JZ 2011, 333 (334); *Antpöhler*, ZaöRV 2012, 353 (364).
541 *Häde*, JZ 2011, 333 (334); *Antpöhler*, ZaöRV 2012, 353 (365).

dann nicht in Kraft tritt, wenn der Rat binnen zehn Tagen deren Ablehnung mit qualifizierter Mehrheit beschließt (Art. 4 Abs. 2, 5 Abs. 2, 6 Abs. 2 VO 1173/2011 sowie Art. 3 Abs. 3 VO 1174/2011).

§ 8   Vereinbarkeit mit Unionsrecht

A.   Maßnahmen mit Sanktionscharakter

I.   Verzinsliche Einlage des Art. 4 Abs. 1 VO 1173/2011

Die verzinsliche Einlage der Vorschrift des Art. 4 Abs. 1 VO 1173/2011 ist Teil des *sixpacks* und soll die Durchsetzbarkeit der vorgeschriebenen Haushaltsdisziplin erhöhen.[542] Sie bedarf zu ihrer Rechtmäßigkeit einer tauglichen Rechtsgrundlage (Art. 5 Abs. 2 EUV).

1.   Rechtsgrundlage des Art. 121 Abs. 6 AEUV

Fraglich ist, ob Art. 121 Abs. 6 AEUV eine ausreichende Rechtsgrundlage für Art. 4 Abs. 1 VO 1173/2011 darstellt.

a)   Auslegung nach dem Wortlaut

Jede Auslegung hat vom Wortlaut der betreffenden Norm auszugehen.[543] Die Vorschrift des Art. 121 Abs. 6 AEUV lautet:

> »Das Europäische Parlament und der Rat können gemäß dem ordentlichen Gesetzgebungsverfahren durch Verordnungen die Einzelheiten des Verfahrens der multilateralen Überwachung im Sinne der Absätze 3 und 4 festlegen.«

Demnach könnte die Norm eine taugliche Rechtsgrundlage für die in Rede stehende Verordnung darstellen, wenn deren Art. 4 Abs. 1 lediglich »Einzelheiten des Verfahrens der multilateralen Überwachung« regelt.

---

542 Siehe dazu bereits S. 102.
543 *Borchardt*, in: Schulze/Zuleeg/Kadelbach, Hdb. Europarecht, § 15, Rn. 34; *Oppermann/Classen/Nettesheim*, Europarecht, § 10, Rn. 170; *Hobe*, Europarecht, § 10, Rn. 46.

Nach dem allgemeinen Sprachverständnis ist unter »Einzelheiten« ein »einzelner Teil, Gegenstand, Umstand eines größeren Ganzen, eines größeren Zusammenhangs« oder ein »Detail« zu verstehen.[544]

Die Vorschrift des Art. 4 Abs. 1 VO 1173/2011 knüpft an ein mehrstufiges Verfahren an und ergänzt dieses final um eine Sanktionsmöglichkeit. Das vorausgehende Verfahren stellt sich wie folgt dar:

Konstatieren Rat und Kommission bei einem Mitgliedstaat eine erhebliche Abweichung vom angemessenen Anpassungspfad in Richtung des mittelfristigen Haushaltszieles (Art. 121 Abs. 3 UAbs. 1 AEUV in Verbindung mit Art. 6 Abs. 1 VO 1466/97), so richtet die Kommission an diesen Mitgliedstaat eine Verwarnung (Art. 121 Abs. 4 UAbs. 1 S. 1 AEUV in Verbindung mit Art. 6 Abs. 2 UAbs. 1 VO 1466/97). Binnen einen Monats nach Annahme der Verwarnung richtet der Rat eine Empfehlung an den betroffenen Mitgliedstaat, welche politischen Maßnahmen er innerhalb einer bestimmten Frist zur Beseitigung der Abweichung ergreifen soll (Art. 121 Abs. 4 UAbs. 1 S. 2 AEUV in Verbindung mit Art. 6 Abs. 2 UAbs. 2 VO 1466/97). Ergreift der Mitgliedstaat die Maßnahmen nicht fristgerecht, so empfiehlt die Kommission dem Rat die Feststellung dieses Sachverhalts (Art. 6 Abs. 2 UAbs. 4 VO 1466/97). Für den Beschluss ist eine qualifizierte Mehrheit erforderlich (Art. 6 Abs. 2 UAbs. 4 VO 1466/97). Kommt der Beschluss nicht zustande und ergreift der Mitgliedstaat weiterhin nicht die empfohlenen Maßnahmen, so empfiehlt die Kommission dem Rat die Feststellung einen Monat später erneut (Art. 6 Abs. 2 UAbs. 5 S. 1 VO 1466/97).

Die Regelung des Art. 4 Abs. 1 VO 1173/2011 knüpft an die dargestellten Beschlüsse zur Feststellung der Nicht-Ergreifung der Maßnahmen an (Art. 6 Abs. 2 UAbs. 4 und 5 VO 1466/97), indem der Kommission auferlegt wird, innerhalb von 20 Tagen nach Ergehen des Feststellungs-Beschlusses dem Rat einen weiteren Beschluss des Inhalts zu empfehlen, dass der betroffene Mitgliedstaat bei der Kommission eine verzinsliche Einlage in Höhe von 0,2 Prozent seines BIP des Vorjahres zu hinterlegen hat.

Daraus folgt die Frage, ob die Einführung einer Sanktion im Verfahren der multilateralen Überwachung als eine »Einzelheit« dessen angesehen werden

---

544 *Duden online* zu »Einzelheit«, http://www.duden.de/rechtschreibung/Einzelheit (Stand: 08.04.2014).

kann, mithin ein »einzelner Teil« oder ein »Detail« des Überwachungsverfahrens als »größerem Ganzen« ist.

Führt man sich in diesem Zusammenhang noch einmal das Verfahren der multilateralen Überwachung allein insoweit vor Augen, wie es (mit Gesamtbewertung, Verwarnung, Empfehlung und Empfehlungsveröffentlichung (Art. 121 Abs. 3 und 4 AEUV)) bereits primärrechtlich determiniert ist, so erscheint es doch verwunderlich, dass ausgerechnet die Sanktion als »schärfstes Schwert« des ansonsten in seinen wesentlichen Schritten beschriebenen Verfahrens keine Erwähnung findet. Denn um ein »Detail« oder »Teil« des Verfahrens als »größerem Ganzen« zu sein, müsste die verzinsliche Einlage in ihrer Bedeutung unterhalb von Instrumenten wie etwa der Empfehlung oder Verwarnung einzuordnen sein. Dass dies nicht der Fall ist, liegt auf der Hand. Im Gegenteil, die Sanktion stellt den »Schlusspunkt«[545] des Verfahrens mit der höchsten Eingriffsintensität[546] dar. Sie ist folglich weniger »Detail« oder »Teil« eines »größeren Ganzen«, sondern vielmehr außerhalb des durch Art. 121 Abs. 3 und 4 AEUV gesteckten Rahmens zu verorten. Somit kann die verzinsliche Einlage des Art. 4 Abs. 1 VO 1173/2011 kaum als »Einzelheit des Verfahrens« angesehen werden.

Zu einem anderen Ergebnis führt wohl auch nicht die Auslegung der englischen Vertragsfassung, die insofern gleichermaßen verbindlich ist.[547] Diese lautet:

> »The European Parliament and the Council, acting by means of regulations in accordance with the ordinary legislative procedure, may adopt detailed rules for the multilateral surveillance procedure referred to in paragraphs 3 and 4.«

Die »Einzelheiten des Verfahrens der multilateralen Überwachung« werden hier mit »detailed rules for the multilateral surveillance procedure« übersetzt. Das Wortpaar »detailed rules« ist kein stehender Begriff des englischen Rechtskreises.[548] Daher ist der Begriff »detailed« als auf das Substantiv »rules« bezogenes Adjektiv zu verstehen, das mit »detailliert«, »genau« oder

---

545 *Gaitanides*, in: Siekmann, EWU, Art. 126 AEUV, Rn. 128.
546 Vgl. indirekte Bezeichnung von Sanktionen als »weitestgehende Maßnahme« bei *Bandilla*, in: Grabitz/Hilf/Nettesheim, EUV/AEUV, Art. 126 AEUV, Rn. 86.
547 Art. 358 AEUV in Verbindung mit Art. 55 EUV.
548 Vgl. fehlende Eintragungen in *Garner*, Black's Law Dictionary, S. 479 und 1359. sowie in *Burton*, Legal Thesaurus, S. 165 und 528.

»ausführlich« zu übersetzen ist.[549] Ein stehender Begriff in diesem Zusammenhang ist etwa das Wortpaar »detailed account«, welches als detaillierte Rechnung übersetzt wird.[550] Unter dem Wort »rules« sind »Regeln«, »Vorschriften« oder »Bestimmungen« zu verstehen.[551] Im Ergebnis dürfen somit nach der englischen Fassung »detaillierte Regelungen für das Verfahren der multilateralen Überwachung« getroffen werden.

Ein Bedeutungsunterschied kommt dieser Formulierung mit Blick auf die deutsche Version nicht zu. In beiden Sprachfassungen wird hinreichend deutlich, dass es ein übergeordnetes Verfahren der multilateralen Überwachung gibt, welches den Rahmen bildet und nur innerhalb dessen eine nähere Ausgestaltung stattfinden soll.

Die Verwendung des Wortpaares »detailed rules« an anderen Stellen des AEUV bestätigt dieses Resultat: In den Art. 103 Abs. 2 lit. b), 126 XIV UAbs. 3, 182 Abs. 1 Spiegelstrich 2, 182 Abs. 3, 203 und 317 Abs. 2 lautet die Übersetzung des englischen Begriffspaares stets und einheitlich »die Einzelheiten«. Damit entspricht das Ergebnis der Auslegung nach dem englischen Wortlaut dem der deutschen grammatikalischen Interpretation. Den verwendeten Formulierungen wohnt der identische Aussagegehalt inne.

Die Vorschrift des Art. 4 Abs. 1 VO 1173/2011 findet dem Wortlaut nach in Art. 121 Abs. 6 AEUV wohl kaum eine hinreichende Rechtsgrundlage.

b) Systematische Auslegung

Bei der im Unionsrecht ebenfalls gebräuchlichen systematischen Auslegungsmethode[552] rückt das Normengefüge des Kapitels verstärkt in den Blick, dem Art. 121 Abs. 6 AEUV zugehörig ist. Dabei ist vor allem eines augenfällig: Während das Primärrecht beim Verfahren wegen übermäßigen öffentlichen Defizits Sanktionen ausdrücklich vorsieht, fehlen beim multilateralen Überwachungsverfahren entsprechende Regelungen.

---

549 *Blocksidge/Dralle/Martini u. a.,* PONS Großwörterbuch, S. 242; *Docherty,* Langenscheidt Großwörterbuch, S. 206.
550 Ebenda.
551 *Blocksidge/Dralle/Martini u. a.,* PONS Großwörterbuch, S. 842; *Docherty,* Langenscheidt Großwörterbuch, S. 725.
552 *Oppermann/Classen/Nettesheim,* Europarecht, § 10, Rn. 172; *Hobe,* Europarecht, § 10, Rn. 47.

4. Teil: Maßnahmen des sixpacks

Die Vorschrift des Art. 4 Abs. 1 VO 1173/2011 sieht bei der Nicht-Befolgung der Empfehlungen des Rates letztlich die Hinterlegung einer verzinslichen Einlage vor. Dies stellt eine Sanktion dar. Die Sanktionierung nicht empfehlungsgemäßen Verhaltens findet sich ebenso beim Defizitverfahren des Art. 126 AEUV. Hier wird in Art. 126 Abs. 11 AEUV detailliert beschrieben, mit welchen Sanktionsinstrumenten der Rat auf einen in Verzug gesetzten Mitgliedstaat einwirken kann: Die möglichen Maßnahmen reichen von erweiterten Veröffentlichungspflichten bei der Emission von Staatsanleihen über ein Ersuchen an die Europäische Investitionsbank ihre Darlehenspolitik gegenüber dem betroffenen Mitgliedstaat zu verändern bis hin zu unverzinslichen Einlagen und Geldbußen. Die verzinsliche Einlage des Art. 4 Abs. 1 VO 1173/2011 reiht sich unter dem Gesichtspunkt der Eingriffsintensität in etwa zwischen das Ersuchen an die Europäische Investitionsbank und die unverzinsliche Einlage ein. Denn der betroffene Mitgliedstaat bekommt seine Finanzmittel – im Gegensatz zur Geldbuße – wieder zurück und dies sogar – anders als bei der unverzinslichen Einlage – inklusive Zinsen. Im Schrifttum besteht darüber hinaus Einigkeit, dass die Aufzählung der Sanktionsinstrumente in Art. 126 Abs. 11 AEUV abschließend ist.[553]

Regelt nun aber Art. 126 Abs. 11 AEUV explizit die im Defizitverfahren möglichen Sanktionen – und dabei sogar zwei Maßnahmen von geringerer Intensität als der verzinslichen Einlage –, so erscheint es unter systematischen Gesichtspunkten unschlüssig, dass für das multilaterale Überwachungsverfahren in Art. 121 AEUV keinerlei Bestimmungen über Sanktionsmaßnahmen vorgesehen sind. Dies gilt insbesondere vor dem Hintergrund, dass im Defizitverfahren mit Art. 126 Abs. 14 AEUV eine dem Art. 121 Abs. 6 AEUV vergleichbare Ermächtigungsnorm für den Erlass von Durchführungsvorschriften besteht.

Im Ergebnis weisen Art. 121 und 126 AEUV somit eine vergleichbare Normstruktur auf: Das Verfahren wird in seinen wesentlichen Zügen beschrieben, während die nachgeordneten Details der Verfahrensgestaltung dem Sekundärrecht überlassen werden. Signifikant ist lediglich die ausdrückliche Erwähnung von Sanktionen als Bestandteil des Defizitverfahrens, wo-

---

553 Dies gilt zumindest für das Defizitverfahren selbst, siehe dazu m. w. N *Bandilla*, in: Grabitz/Hilf/Nettesheim, EUV/AEUV, Art. 126 AEUV, Rn. 96; sowie *Häde*, in: Calliess/Ruffert, EUV/AEUV, Art. 126 AEUV, Rn. 59.

§ 8 Vereinbarkeit mit Unionsrecht

hingegen bei der multilateralen Überwachung keine äquivalenten Druckmittel vorgesehen sind. Unter systematischen Gesichtspunkten lässt sich daraus nur folgern, dass beim Defizitverfahren Sanktionen möglich sein sollen und bei der multilateralen Überwachung eben gerade nicht. Die Einführung von Sanktionen auf dem Wege des Sekundärrechts ist daher systemwidrig. Diesbezügliche Regelungen sind dem Primärrecht vorbehalten.

Auch die systematische Auslegung des Art. 121 Abs. 6 AEUV ergibt, dass dieser keine ausreichende Rechtsgrundlage für Art. 4 Abs. 1 VO 1173/2011 darstellt.

c) Historische Auslegung

Die Vorschrift des heutigen Art. 121 AEUV besteht seit dem Vertrag von Maastricht in nahezu unveränderter Form.[554] Bei der historischen Auslegung der Norm sind daher die Verhandlungen zum Vertrag von Maastricht näher in den Blick zu nehmen. Die konkreten Arbeiten am Vertragstext fanden von 1990 bis 1991 bei der Regierungskonferenz über die Wirtschafts- und Währungsunion in Rom statt.[555]

Basis für die Verhandlungen war ein erster Textentwurf der Kommission,[556] in dem sie die verschiedenen Positionen der Mitgliedstaaten[557] konsensual zu bündeln versuchte.[558] Der Entwurf sah vor, dass der Rat Leitlinien für die Wirtschaftspolitik der Mitgliedstaaten vorgeben und deren Umsetzung überwachen können sollte (Art. 102b bis 102d EGV). Stellt sich die Wirtschaftspolitik eines Mitgliedstaates als mit den Leitlinien unvereinbar

---

554 *Bandilla*, in: Grabitz/Hilf/Nettesheim, EUV/AEUV, Art. 121 AEUV, Rn. 1. Der Vertrag von Lissabon ermächtigt die Kommission nunmehr dazu, bei Verstößen gegen die Grundzüge der Wirtschaftspolitik eine Verwarnung an den betreffenden Mitgliedstaat zu richten. Grundlegende Änderungen ergeben sich dadurch jedoch nicht.
555 *Krägenau/Wetter*, WWU, S. 76.
556 *Kommission der Europäischen Gemeinschaften,* Bulletin der Europäischen Gemeinschaften, Beilage 2/91, Regierungskonferenzen: Beiträge der Kommission, S. 41 ff.
557 *Kommission der Europäischen Gemeinschaften,* Bulletin der Europäischen Gemeinschaften, Beilage 2/91, Regierungskonferenzen: Beiträge der Kommission, S. 37.
558 *Kommission der Europäischen Gemeinschaften,* Bulletin der Europäischen Gemeinschaften, Beilage 2/91, Regierungskonferenzen: Beiträge der Kommission, S. 9.

dar, so sollte der Rat folgendes Verfahren zur Anwendung bringen (Art. 102d Abs. 3 EGV):

> »Im Falle eines festgestellten Verstoßes und abweichend von den Artikeln 169, 170 und 171 befaßt die Kommission, nachdem sie an den betroffenen Mitgliedstaat eine Aufforderung gerichtet hat, den Rat mit einem vertraulichen Vorschlag für eine Empfehlung hinsichtlich der zu ergreifenden Sanierungsmaßnahmen.
>
> Äußert sich der Rat nicht innerhalb eines Monats, so kann die Kommission ihren Empfehlungsvorschlag öffentlich bekannt geben.«[559]

Weitergehende, über die Veröffentlichung von Empfehlungen hinausgehende Konsequenzen, hatte ein Verstoß gegen die Leitlinien nach diesem initialen Vertragsentwurf der Kommission nicht zur Folge. Maßnahmen mit echtem Sanktionscharakter – wie etwa eine verzinsliche Einlage – waren explizit nicht vorgesehen. Dass dies kein Versehen, sondern eine bewusste Entscheidung der Kommission darstellt, wird durch ihre Begründung des Textentwurfes deutlich:

> »Man ist übereinstimmend der Ansicht, daß bestimmte Regeln (keine monetäre Finanzierung, keine automatische Hilfeleistung bei Haushaltsschwierigkeiten) und ein Grundsatz (Vermeidung exzessiver Haushaltsdefizite) in den Vertrag aufgenommen werden sollen. Die Regeln müssen eingehalten werden, doch kann man für die Anwendung des Grundsatzes eine mehr oder minder verbindliche Form bis hin zur Anwendung von *Sanktionen* ins Auge fassen. In diesem Punkt gibt die Kommission einem *System von Anreizen* den Vorzug, die im Rahmen einer engen multilateralen Überwachung wirksam würden. Schon allein die Transparenz dieser Verfahren trägt durch die Auswirkungen auf das politische Geschehen in den einzelnen Mitgliedstaaten in hohem Maße zu ihrem Erfolg bei[.]«[560]

In diesem Zitat zeigt sich, dass die Kommission ihren zusammenfassenden Textentwurf als Ergebnis einer sorgfältigen Abwägung verstanden wissen wollte. Denn obwohl ihr die Möglichkeit der Einführung von Sanktionen im Rahmen der multilateralen Überwachung wohl bewusst war, entschied sie sich explizit dafür, ein »System von Anreizen« vorzuschlagen.

Der initiale Textentwurf der Kommission bildete in der Folge die Grundlage für eine breite Debatte über die konkrete Ausgestaltung der Wirtschafts-

---

559 *Kommission der Europäischen Gemeinschaften,* Bulletin der Europäischen Gemeinschaften, Beilage 2/91, Regierungskonferenzen: Beiträge der Kommission, S. 44.
560 *Kommission der Europäischen Gemeinschaften,* Bulletin der Europäischen Gemeinschaften, Beilage 2/91, Regierungskonferenzen: Beiträge der Kommission, S. 38; Hervorhebungen durch den Verfasser.

§ 8 Vereinbarkeit mit Unionsrecht

und Währungsunion, an der sich die europäischen Institutionen ebenso wie die Mitgliedstaaten beteiligten.

Das Europäische Parlament brachte sich durch einen Entschließungsantrag[561] in den Prozess ein, in dem es ein vom Kommissionsvorschlag abweichendes, aber ebenfalls ohne Sanktionen auskommendes Verfahren der multilateralen Überwachung vorschlug:

> »Um die Einhaltung dieser Leitlinien zu gewährleisten, wird das mit der Entscheidung des Rates (90/141/EWG) eingeführte System der multilateralen Überwachung der Wirtschaftspolitik auf all jene Bereiche der Wirtschaftspolitik ausgedehnt, die sich unmittelbar auf die Funktionsweise der Wirtschafts- und Währungsunion auswirken, und durch geeignete *Druckmittel* verstärkt, deren Einsatz den in Absatz 3 vorgesehenen Mechanismus unterliegt.«[562]

Im angesprochenen Absatz 3 heißt es dann weiter:

> »Bei gravierenden Wirtschaftsproblemen oder in Fällen, in denen die Konvergenz der Wirtschaftspolitiken den Mitgliedstaaten Anpassungsmaßnahmen abverlangt, die ihre normalen Kapazitäten übersteigen, können sie einen besonderen finanziellen Stützungsmechanismus in Anspruch nehmen, und zwar in Form eines Zuschusses aus dem Gemeinschaftshaushalt oder eines Darlehens durch ein Finanzierungsinstrument der Gemeinschaft. Die *Bedingungen und Modalitäten für diese Unterstützung* werden vom Rat im Rahmen des Entscheidungsverfahrens gemeinsam mit dem Europäischen Parlament auf Vorschlag der Kommission in Abstimmung mit der multilateralen Überwachung des Haushaltsdefizits beschlossen.«[563]

Die »Druckmittel«, durch welche die Mitgliedstaaten zur Beachtung der Leitlinien angehalten werden sollten, stellen sich bei näherer Betrachtung folglich wiederum als ein Anreizsystem dar. Ein in Schwierigkeiten geratener Mitgliedstaat sollte danach finanzielle Unterstützung der Union erhalten können, allerdings nur unter bestimmten »Bedingungen«, durch welche die Union eine Veränderung der Ausrichtung der Wirtschaftspolitik hätte bewirken können. Damit liegen das multilaterale Überwachungssystem laut Textentwurf der Kommission und das des Europäischen Parlaments in Bezug auf die hier relevante Fragestellung im Ergebnis nah beieinander: Beide basieren auf einem Anreizsystem und kommen ohne Sanktionen aus.

---

561 Entschließung zur Wirtschafts- und Währungsunion, ABl. 1990 C 284/62 ff.
562 Entschließung zur Wirtschafts- und Währungsunion, ABl. 1990 C 284/67; Hervorhebungen durch den Verfasser.
563 Entschließung zur Wirtschafts- und Währungsunion, ABl. 1990 C 284/68; Hervorhebungen durch den Verfasser.

Neben dem Europäischen Parlament gab u. a. auch die Französische Republik eine Stellungnahme zum Kommissionsentwurf ab. Darin machte sie deutlich, dass sie ein strengeres Überwachungsverfahren mit Sanktionen favorisierte. Wörtlich heißt es dort:

»1. Within the framework of the guidelines referred to in Article 1-2, the Council shall co-ordinate the Member States' economic policies.

2. Each year it shall examine their economic situation and their economic policy objectives. If it appears that they do not comply with the guidelines set by the European Council and that they are likely to compromise the Union's monetary stability, the Council shall make recommendations to the Member State concerned, without prejudice to Article 4-3(3).

3. If a recommendation made to a Member State pursuant to paragraph 2 is not implemented the Council may make that recommendation public. It may also decide *to reduce or suspend the commitments in the Community budget for the benefit of the State concerned* after consultation of the European Parliament, in accordance with the procedures laid down in Article 203.«[564]

Nach den Vorstellungen Frankreichs sollte somit – neben der Veröffentlichung der nicht befolgten Empfehlung – eine Sanktionierung durch Nicht-Auszahlung von Mitteln aus dem EU-Budget erfolgen, die dem Mitgliedstaat ansonsten laut Haushaltsplanung zugestanden hätten. Dieser Vorschlag geht über den Kommissionsentwurf hinaus und stellt eine Sanktion dar. Er erklärt sich möglicherweise auch aus der grundsätzlichen Präferenz Frankreichs, die Wirtschafts- und Währungsunion idealerweise als eine »Europäische Wirtschaftsregierung«[565] mit umfassenden Befugnissen auszugestalten.

Diejenigen Mitgliedstaaten, die sich im Rahmen der Regierungskonferenz für die Einführung von echten Sanktionen aussprachen, konnten sich im Ergebnis jedoch nicht durchsetzen. Dies zeigen die verschiedenen, im Zuge der Verhandlungen erstellten Textentwürfe[566] (sog. *non-papers*) ebenso wie die

---

564 *Französische Regierung,* Draft Treaty on Economic and Monetary Union submitted by the French Government vom 26.01.1991, S. 5; Hervorhebungen durch den Verfasser.
565 *Ungerer,* Regierungskonferenz WWU, S. 10; *Krägenau/Wetter,* WWU, S. 65.
566 *Kommission der Europäischen Gemeinschaften,* Draft Treaty Amendments on Economic and Monetary Union vom 05.12.1990, S. 10. *Vorsitzenden der Regierungskonferenz, Non-Paper* vom 10.05.1991, abgedruckt in *Krägenau/Wetter,* WWU, S. 219; *Kommission der Europäischen Gemeinschaften,* Draft Treaty on the Union vom 18.06.1991, S. 25; *Presidency of the Intergovernmental Conference on Economic and Monetary Union,* Draft Treaty texts concerning Economic Policy (Art. 102

finale Fassung des Vertrages. Stets wurde die Veröffentlichung der wirtschaftspolitischen Empfehlung des Rates als letzter und weitestgehender Verfahrensschritt der multilateralen Überwachung vorgesehen.[567] Der dokumentierte Verhandlungsprozess zeigt aber in erster Linie, dass die Mitgliedstaaten bei der multilateralen Überwachung letztlich ein Anreizsystem einem Sanktionsregime vorzogen. Dies spiegelt sich im finalen Vertragstext wider, der Sanktionsmöglichkeiten nicht vorsieht. Daraus folgt, dass der mehrheitliche Wille der Regierungskonferenz als Normgeberin darauf gerichtet war, Verstöße gegen die Grundzüge der Wirtschaftspolitik im Rahmen des multilateralen Überwachungsverfahrens unsanktioniert zu lassen. Demnach widerspräche die Einführung von Sanktionen auf dem Wege des Sekundärrechts dem ursprünglichen Willen der Normgeberin.

Die Vorschrift des Art. 121 Abs. 6 AEUV stellt seiner Entstehungsgeschichte nach somit keine ausreichende Rechtsgrundlage für Art. 4 Abs. 1 VO 1173/2011 dar.

d) Teleologische Auslegung

Nach der teleologischen Auslegung ist für das Verständnis einer Norm ihr Zweck entscheidend.[568]

aa) Zu unterscheiden sind hier die objektive und die subjektive teleologische Auslegungsmethode: Während erstere den Zweck einer Norm mit deren

---

A - 104 A) and External Monetary Policy (Art. 109) vom 06.09.1991, S. 2; *dasselbe,* Proposal by the Presidency to the intergovernmental Conference on Economic and Monetary Union vom 28.10.1991, S. 10; *dasselbe,* Revised Version of EMU Text Presented by the Chairman of the EMU Working Group vom 28.11.1991, S. 8.

567 *Kommission der Europäischen Gemeinschaften,* Draft Treaty Amendments on Economic and Monetary Union vom 05.12.1990, S. 10; *dieselbe,* Draft Treaty on the Union vom 18.06.1991, S. 25; *Presidency of the Intergovernmental Conference on Economic and Monetary Union,* Draft Treaty texts concerning Economic Policy (Art. 102 A - 104 A) and External Monetary Policy (Art. 109) vom 06.09.1991, S. 2; *dasselbe,* Proposal by the Presidency to the intergovernmental Conference on Economic and Monetary Union vom 28.10.1991, S. 10; *dasselbe,* Revised Version of EMU Text Presented by the Chairman of the EMU Working Group vom 28.11.1991, S. 8.

568 *Müller/Christensen,* Methodik, Rn. 433.

Wortlaut oder systematischer Einbettung zu begründen sucht, stellt zweitere auf die Intention des historischen Normgebers ab.[569]

(1) Bei der Ableitung des Zwecks aus dem Wortlaut steht – naturgemäß – die Formulierung des Art. 121 Abs. 6 AEUV im Fokus, wonach Parlament und Rat »die Einzelheiten des Verfahrens der multilateralen Überwachung im Sinne der Absätze 3 und 4« per Verordnung regeln können. Sucht man den Zweck des Art. 121 Abs. 6 AEUV mit dessen Wortlaut zu begründen, so ergibt sich, dass die Norm die Ermächtigungsgrundlage für die Regelung der Details der multilateralen Überwachung darstellt. Die Betrachtung wäre jedoch unvollständig, wenn man bei der Frage danach, was unter »Einzelheiten« konkret zu verstehen ist, unberücksichtigt ließe, welchem Zweck – wiederum nur dem Wortlaut nach – das Verfahren der multilateralen Überwachung selbst zu dienen bestimmt ist. Aufschluss gibt hier Art. 121 Abs. 3 AEUV, der den Zweck der multilateralen Überwachung mit einer »engere[n] Koordinierung der Wirtschaftspolitik« und der Schaffung »dauerhafte[r] Konvergenz der Wirtschaftsleistungen der Mitgliedstaaten« angibt. Dies wird durch die Verwendung des Wortes »um« deutlich, welches eine kausale Relation zwischen den beiden genannten Zwecken und dem Überwachungsverfahren herstellt.

Besteht nun, dem Wortlaut des Art. 121 Abs. 3 AEUV nach, einer der Zwecke der multilateralen Überwachung in der Koordinierung der Wirtschaftspolitik der Mitgliedstaaten, so ist wiederum zu fragen, welchem Zweck die Koordinierung ihrerseits dient. Erneut ergeben sich hier zwei Zielrichtungen: Die Koordinierung soll einerseits makroökonomischen Ungleichgewichten[570] entgegenwirken und andererseits der Vermeidung übermäßiger öffentlicher Haushaltsdefizite dienen[571].

Der weitere Zweck der Koordinierung besteht in der Erreichung einer größeren Konvergenz der Wirtschaftsleistung der Mitgliedstaaten. Konvergenz meint in diesem Zusammenhang eine »Annäherung«[572] der verschiedenen Niveaus der Wirtschaftsleistung der Mitgliedstaaten aneinander.

---

569 *Müller/Christensen,* Methodik, Rn. 94.
570 *Ohler,* in: Siekmann, EWU, Art. 121 AEUV, Rn. 2.
571 *Ohler,* in: Siekmann, EWU, Art. 121 AEUV, Rn. 4; *Bandilla,* in: Grabitz/Hilf/Nettesheim, EUV/AEUV, Art. 121 AEUV, Rn. 3.
572 *Duden online* zu »Konvergenz«, http://www.duden.de/suchen/dudenonline/

(2) Außerdem kann der Zweck des Art. 121 Abs. 6 AEUV durch systematische Erwägungen begründet werden (ebenfalls objektive teleologische Auslegung).[573] Dabei ist die konkrete Einzelnorm im Lichte des Regelungszwecks des Kapitels zu betrachten, in das sie eingebettet ist.[574] Dies ist vorliegend das Kapitel über die Wirtschaftspolitik, dessen Ziele sich gemäß Art. 120 AEUV in Verbindung mit Art. 3 EUV ergeben.[575] In Art. 3 EUV werden die allgemeinen Ziele der Union definiert, wobei Art. 3 Abs. 3 S. 2 EUV die wirtschaftspolitischen Ziele weiter ausdifferenziert:[576]

»[Die Union] wirkt auf die nachhaltige Entwicklung Europas auf der Grundlage eines ausgewogenen Wirtschaftswachstums und von Preisstabilität (…) [und] eine in hohem Maße wettbewerbsfähige soziale Marktwirtschaft, die auf Vollbeschäftigung und sozialen Fortschritt abzielt, (…) hin.«

Die Essenz dieser vertraglichen Zielbestimmung entspricht – mit Ausnahme des außenwirtschaftlichen Gleichgewichts – ziemlich genau dem, was bereits mit dem EWG-Vertrag angestrebt und in Deutschland unter dem Schlagwort »Magisches Dreieck« diskutiert wurde: Wachstum, Beschäftigung und Preisstabilität.[577] Die Ziele des »magischen Dreiecks« sind dabei jedoch nicht gleichlaufend, sondern oftmals divergierend und somit im Einzelfall in einen angemessenen Ausgleich zu bringen.[578] Die soziale Komponente der Marktwirtschaft findet im Vertrag von Lissabon zwar Erwähnung, ändert an der primären Verfolgung der Ziele des »magischen Dreiecks« jedoch nichts.[579]

Konvergenz (Stand: 08.04.2014).
573 *Müller/Christensen*, Methodik, Rn. 97.
574 *Bleckmann/Pieper*, in: Dauses, Hdb. EU-WirtschaftsR, B. I., Rn. 24; *Müller/Christensen*, Methodik, Rn. 97.
575 Vgl. *Schulze-Steinen*, Rechtsfragen Wirtschaftsunion, S. 174.
576 Vgl. insbesondere Überschrift zu *Ruffert*, in: Calliess/Ruffert, EUV/AEUV, Art. 3 EUV, Rn. 22.
577 *Ruffert*, in: Calliess/Ruffert, EUV/AEUV, Art. 3 EUV, Rn. 23; *Terhechte*, in: Grabitz/Hilf/Nettesheim, EUV/AEUV, Art. 3 EUV, Rn. 49; *Heintschel von Heinegg*, in: Vedder/Heintschel von Heinegg, HK Unionsrecht, Art. 3 EUV, Rn. 12 f.
578 *Ruffert*, in: Calliess/Ruffert, EUV/AEUV, Art. 3 EUV, Rn. 24; *Moritz*, Geldtheorie, S. 173.
579 *Heintschel von Heinegg*, in: Vedder/Heintschel von Heinegg, HK Unionsrecht, Art. 3 EUV, Rn. 13.

4. Teil: Maßnahmen des sixpacks

(3) Schließlich stehen keine historischen Dokumente zur Verfügung, die eine andere Begründung des Zwecks als die bereits dargestellte in Art. 121 Abs. 3 AEUV zum Ausdruck kommende Regelungsintention des historischen Normgebers nahelegen würden (subjektive teleologische Auslegung).

(4) Im Ergebnis bezweckt die Vorschrift des Art. 121 Abs. 6 AEUV, der Union die Möglichkeit zur Regelung der Details des multilateralen Überwachungsverfahrens zu geben, um somit mittelbar den Zielen des »magischen Dreiecks« (Wachstum, Beschäftigung und Preisstabilität) zu dienen. Die aus dem Wortlaut begründeten Zwecke – Vermeidung übermäßiger öffentlicher Defizite und makroökonomischer Ungleichgewichte – sind dabei bereits als Instrumente zur Erreichung von Preisstabilität in diesem Ziel enthalten. Zudem soll sich das Niveau der Wirtschaftsleistung der Mitgliedstaaten aneinander angleichen (Konvergenz).

bb) Klärungsbedürftig ist somit, ob die Sanktion des Art. 4 Abs. 1 VO 1173/2011 den derart begründeten Zwecken des Art. 121 Abs. 6 AEUV entspricht.

(1) Die Sanktion könnte durch eine Stärkung des multilateralen Überwachungsverfahrens dem Zweck der präventiven Vermeidung von Haushaltsdefiziten und folglich – mittelbar – der Preisstabilität dienen. Bislang sah das Verfahren der multilateralen Überwachung für den Fall der Nicht-Befolgung einer Ratsempfehlung als äußerste Maßnahme ihre Veröffentlichung vor (Art. 121 Abs. 4 S. 3 AEUV).[580] Sinn der Veröffentlichung ist es, sich zur Bekräftigung der Empfehlung den Druck der Gruppe (also der anderen Vertreter im Rat), der Märkte und der Öffentlichkeit zunutze zu machen.[581] Hier würde die Sanktionierung der Nicht-Befolgung einer Ratsempfehlung mit einer verzinslichen Einlage von 0,2 Prozent des Vorjahres-BIP noch einen Schritt weiter gehen und den Druck somit zusätzlich erhöhen. Dies könnte dafür sprechen, dass die Sanktion dem Zweck des Art. 121 Abs. 6 AEUV dient. Andererseits wird das sich anbahnende Defizit des betroffenen Mit-

---

580 *Bandilla*, in: Grabitz/Hilf/Nettesheim, EUV/AEUV, Art. 121 AEUV, Rn. 30.
581 *Schulze-Steinen*, Rechtsfragen Wirtschaftsunion, S. 278. sowie m. w. N. *Häde*, in: Calliess/Ruffert, EUV/AEUV, Art. 126 AEUV, Rn. 63.

gliedstaates durch die Leistung einer Einlage – und sei sie auch verzinslich – nicht kleiner, sondern größer. Die Tauglichkeit des Instruments ist daher nicht unkritisch zu sehen.

(2) Der Grundsatz des »*effet utile*« fordert eine Auslegung, durch welche eine maximale Wirksamkeit der Norm erreicht wird.[582] Sie fragt nach dem Zweck der Norm und ist eine Ausprägung der teleologischen Auslegungsmethode.[583] Legt man den Zweck des Art. 121 Abs. 6 AEUV – optimale Feinsteuerung der multilateralen Überwachung – zugrunde, so ergibt sich, dass eine Sanktionierung durchaus der Stringenz des Überwachungsverfahrens nützt. Der »*effet utile*« würde in Bezug auf Art. 121 Abs. 6 AEUV also erreicht, wenn man die verzinsliche Einlage des Art. 4 Abs. 1 VO 1173/2011 dementsprechend als eine »Einzelheit des Verfahrens« ansehen würde.[584]

(3) Es ist im Übrigen nicht erkennbar, dass die Sanktion einem der anderen – möglicherweise auch konfligierendem – Zwecke des Art. 121 Abs. 6 AEUV entspricht. Die Sanktionswirkung ist an das Entstehen eines übermäßigen Defizits geknüpft, greift also nicht bei Phänomenen wie makroökonomischen Ungleichgewichten.

Fraglich ist aber, wie sich die Sanktion auf den ebenfalls verfolgten Zweck der (Voll-)Beschäftigung auswirkt. Dabei ist davon auszugehen, dass die Sanktion der Vermeidung übermäßiger Defizite und damit der Gewährleistung von Preisstabilität dient. Es wurde bereits eingangs dargelegt, dass eine erhöhte Staatsverschuldung zu einem Anwachsen der Geldmenge und damit den Regeln der Quantitätstheorie folgend zu einer erhöhten Inflation führt.[585] Daran anknüpfend stellt die modifizierte Philippskurve einen Zusammenhang von Inflation und Beschäftigungsquote dergestalt her, dass ein ansteigendes Preisniveau regelmäßig mit einer reduzierten Arbeitslosigkeit einhergingе.[586]

---

582 *Hobe,* Europarecht, § 10, Rn. 49; *Müller/Christensen,* Methodik, Rn. 439 m. w. N.; zudem: *Oppermann/Classen/Nettesheim,* Europarecht, § 10, Rn. 178.
583 *Müller/Christensen,* Methodik, Rn. 439 m. w. N.; zudem: *Oppermann/Classen/Nettesheim,* Europarecht, § 10, Rn. 178.
584 Im Ergebnis ebenso: *Obwexer,* ZÖR 2012, 209 (226).
585 Zum Zusammenhang von Staatsverschuldung und Preisstabilität, siehe S. 33.
586 *Moritz,* Geldtheorie, S. 176.

4. Teil: Maßnahmen des sixpacks

Daraus leiteten Vertreter der durch *John Maynard Keynes* geprägten ökonomischen Schule ab, dass man zwischen Kombinationen von Arbeitslosigkeit und Inflation gewissermaßen wie aus einer »Menükarte« wählen könne.[587] Demnach würde eine Sanktion, die der Sicherung der Preisstabilität dient, regelmäßig negative Auswirkungen auf die Beschäftigungsquote haben. Dagegen wandten die Vertreter der sog. monetaristischen Schule ein, dass die Arbeitslosigkeit sich nicht über die modifizierte Philippskurve steuern lasse, eine erhöhte Inflationsrate also mitnichten zwingend eine höhere Beschäftigungsquote zur Folge habe.[588]

Dieser Streit kann jedoch letztlich dahinstehen, da inzwischen zumindest darüber Konsens besteht, dass eine stetig steigende Inflation langfristig nicht dazu geeignet ist, den Beschäftigungsstand auf einem Niveau oberhalb des Marktgleichgewichts zu sichern.[589] Zudem kann eine höhere Inflationsrate, so sie denn wirtschaftspolitisch gewollt ist, auch durch andere wirtschafts- und geldpolitische Maßnahmen jenseits einer Erhöhung der Staatsverschuldung erreicht werden.[590]

cc) Festzuhalten bleibt damit, dass die teleologische Auslegung dafür spricht, dass Art. 121 Abs. 6 AEUV eine taugliche Rechtsgrundlage für Art. 4 Abs. 1 VO 1173/2011 sein könnte.

e)   Auslegung nach der Lehre von den ungeschriebenen Zuständigkeiten

Die Vorschrift des Art. 121 Abs. 6 AEUV kommt als Ermächtigungsnorm grundsätzlich als Anknüpfungspunkt für die Lehre von den ungeschriebenen Kompetenzen in Betracht.

Bei der mittlerweile in Rechtsprechung und Literatur allgemein anerkannten[591] Lehre von den ungeschriebenen Zuständigkeiten handelt es sich um

---

587 *Moritz,* Geldtheorie, S. 177.
588 *Moritz,* Geldtheorie, S. 180.
589 *Illing,* Geldpolitik, S. 82.
590 Vgl. *Moritz,* Geldtheorie, S. 139 und 334.
591 Statt vieler: EuGH, Rs. 8/55 (Fédéchar), Slg. 1955/56, S. 312; Rs. 22/70 (AETR), Slg. 1971, S. 263; *Oppermann/Classen/Nettesheim,* Europarecht, § 12, Rn. 11 f.; *Winkler,* in: Grabitz/Hilf/Nettesheim, EUV/AEUV, Art. 352 AEUV, Rn. 78 ff.

eine Auslegungsregel.[592] Anknüpfungspunkt ist dabei stets eine ausdrückliche Rechtsgrundlage, deren im Wege der teleologischen Auslegung ermittelter Zweck durch die Lehre von den ungeschriebenen Zuständigkeiten um die zu seiner Erreichung notwendigen Mittel ergänzt wird.[593] Eine eigene Rechtsquelle stellen die ungeschriebenen Kompetenzen nicht dar.[594]

Der Gerichtshof geht davon aus, dass

> »die Vorschriften eines internationalen Vertrages oder eines Gesetzes zugleich diejenigen Vorschriften beinhalten, bei deren Fehlen sie sinnlos wären oder nicht in vernünftiger und zweckmäßiger Weise zur Anwendung gelangen könnten.«[595]

Der Zweck des Art. 121 Abs. 6 AEUV besteht insbesondere darin, durch die sekundärrechtliche Regelung der Einzelheiten des multilateralen Überwachungsverfahrens Preisstabilität zu gewährleisten.[596] Diesem Zweck dient die verzinsliche Einlage, indem sie das multilaterale Überwachungsverfahren robuster macht.[597]

Nach *Becker* setzt die Anwendbarkeit der Lehre von den ungeschriebenen Kompetenzen darüber hinaus jedoch die Beachtung der folgenden Anforderung voraus:

> »Die Ableitung von implied powers darf nicht das aus der Existenz der Kompetenzen im weiteren Sinne entwickelte Abwägungsgebot zwischen den auf Dynamik gerichteten Interessen der Gemeinschaften einerseits und auf die Wahrung nationaler Belange gerichteten Interessen der Mitgliedstaaten andererseits verletzen.«[598]

Von einem Vorrang der mitgliedstaatlichen Interessen auf Wahrung ihrer nationalen Interessen ist nach *Loebenstein* insbesondere auszugehen, wenn der Vertrag zu einem bestimmten Thema »beredt« schweigt.[599] Dies, so *Slot* unter Bezugnahme auf *Loebenstein*, sei der Fall,

---

592 *Küchenhoff*, DVBl. 1951, 585 (619); *Nicolaysen*, EuR 1966, 129 (131); *Winkler*, in: Grabitz/Hilf/Nettesheim, EUV/AEUV, Art. 352 AEUV, Rn. 79; *Jakob*, Sanktionen, S. 28; *Sloot*, Implied Powers EG, S. 28; *Böhm*, Kompetenzlücken, S. 153.
593 *Nicolaysen*, EuR 1966, 129 (132); *Winkler*, in: Grabitz/Hilf/Nettesheim, EUV/AEUV, Art. 352 AEUV, Rn. 79; *Jakob*, Sanktionen, S. 28; *Sloot*, Implied Powers EG, S. 28; *Böhm*, Kompetenzlücken, S. 153.
594 Ebenda.
595 EuGH, Rs. 8/55 (Fédéchar), Slg. 1955/56, S. 312.
596 Im Einzelnen, siehe S. 112 ff.
597 Ebenda.
598 *Becker*, Anwendbarkeit implied powers, S. 104.
599 *Loebenstein*, in: Festschrift Adamovich, S. 339 (342).

4. Teil: Maßnahmen des sixpacks

»wenn die Lücke als solche von den Mitgliedstaaten gerade bewusster- und gewolltermaßen im Vertragstext belassen wurde.«[600]

Die Entstehungsgeschichte des Art. 121 Abs. 6 AEUV zeigt, dass die Mitgliedstaaten die Möglichkeit eines sanktionsbewehrten Überwachungssystems sehr wohl erkannten, dem jedoch letztlich die Etablierung eines auf Sanktionen verzichtenden Anreizsystems vorzogen.[601] Der Verzicht auf eine Erwähnung von Sanktionsmöglichkeiten in Art. 121 AEUV ist somit als »beredtes Schweigen« zu verstehen. Dieser Umstand wirkt sich im Ergebnis so aus, dass die Wahrung der nationalen Belange vorliegend das auf Dynamik ausgerichtete Interesse der Union überwiegt. Im Ergebnis stellt Art. 121 Abs. 6 AEUV damit auch nach der Lehre von den ungeschriebenen Kompetenzen keine ausreichende Rechtsgrundlage für Art. 4 Abs. 1 VO 1173/2011 dar.

f) Gesamtabwägung der Auslegungsergebnisse

Im Ergebnis der Auslegung ergeben sich somit widersprüchliche Resultate: Wortlaut, Systematik und Entstehungsgeschichte des Art. 121 Abs. 6 AEUV sprechen dagegen, dass die Sanktion des Art. 4 Abs. 1 VO 1173/2011 als »Einzelheit des Verfahrens« angesehen werden kann, während das Telos der Norm ein solches Verständnis – obgleich nicht als ungeschriebene Kompetenz – zulassen würde.

Bei sich widersprechenden Auslegungsergebnissen gibt es keine natürliche Rangordnung unter den Methoden.[602] Vielmehr sind die einzelnen Teilergebnisse gegeneinander und untereinander abzuwägen, um schließlich unter begründeter Bevorzugung des einen und Zurückstellung des anderen Kriteriums ein Gesamtergebnis der Auslegung zu erreichen.[603] Allerdings gibt es dabei einige Konstellationen, in denen typischerweise das Ergebnis der einen dem Ergebnis der anderen Auslegungsmethode vorgeht.[604]

---

600 *Sloot,* Implied Powers EG, S. 115.
601 Im Einzelnen, siehe S. 108 ff.
602 *Zippelius,* Methodenlehre, S. 56; *Horn,* Einführung Rechtswissenschaft, Rn. 177; *Tettinger,* Arbeitstechnik, Rn. 216.
603 *Zippelius,* Methodenlehre, S. 56; *Horn,* Einführung Rechtswissenschaft, Rn. 177; *Tettinger,* Arbeitstechnik, Rn. 216.
604 *Zippelius,* Methodenlehre, S. 56.

So tritt die Entstehungsgeschichte einer Norm hinter deren Telos zurück, wenn der Erlass der Vorschrift bereits zeitlich weit zurück liegt.[605] Dies wird man bei den recht jungen Verträgen von Maastricht bis Lissabon jedoch nicht annehmen können. Zudem stellt der eindeutige Wortlaut der Norm eine Grenze für die Anwendung der anderen Auslegungsmethoden dar.[606] Vorliegend schließt die Verwendung des Wortes »Einzelheiten« bereits nahezu vollständig aus, dass darunter auch Sanktionen verstanden werden könnten.

Doch selbst, wenn man dies nicht annehmen möchte, gelangt man schlussendlich zu keinem anderen Ergebnis: Entscheidend ist dann, wie die für das Verständnis maßgebenden Kriterien in der Gesamtschau zu gewichten sind. Der Wortlaut der Norm spricht insofern dafür, eine derart weitgehende Maßnahme wie eine Sanktion nicht als Detail des Überwachungsverfahrens zu charakterisieren. Das Indiz der Wortlautauslegung findet eine – im Ergebnis durchgreifende – starke Bestätigung durch die Systematik des Kapitels über die Wirtschaftspolitik: Während beim korrektiven Defizitverfahren des Art. 126 AEUV ausdrücklich Sanktionen im Primärrecht festgeschrieben sind, fehlt in Art. 121 AEUV jede Erwähnung. Die Entstehungsgeschichte der Norm zeigt zudem, dass dies kein historisches Zufallsergebnis ist, sondern die Verankerung weitergehender Sanktionsmaßnahmen im Primärrecht durchaus diskutiert, letztlich jedoch bewusst unterlassen wurde. Diese starken Anhaltspunkte dafür, dass eine Sanktion keine »Einzelheit des Verfahrens« ist und Art. 4 Abs. 1 VO 1173/2011 sich daher eben nicht auf Art. 121 Abs. 6 AEUV stützen kann, werden auch nicht dadurch aufgewogen, dass die verzinsliche Einlage durchaus dem Zweck der Vertragsvorschrift entspricht. Eine ungeschriebene Kompetenz zum Erlass der Sanktion lässt sich aufgrund des »beredten Schweigens« des Vertrages in diesem Zusammenhang nicht herleiten. Zwar hat die teleologische Auslegung aufgrund der Dynamik des Unionsrechts einen besonderen Stellenwert, ein in der Gesamtschau konsistentes Normverständnis wäre jedoch nicht mehr gegeben. Bezieht man hier noch den recht eindeutigen Wortlaut mit ein, steht das Ergebnis fest:

---

605 *Tettinger,* Arbeitstechnik, Rn. 217; *Zippelius,* Methodenlehre, S. 56.
606 *Zippelius,* Methodenlehre, S. 56; zudem *Bleckmann/Pieper,* in: Dauses, Hdb. EU-WirtschaftsR, B. I., Rn. 6 m. w. N.

4. Teil: Maßnahmen des sixpacks

Der Vorschrift des Art. 4 Abs. 1 VO 1173/2011 fehlt die gemäß Art. 5 Abs. 2 EUV erforderliche Rechtsgrundlage. Die Verordnungsvorschrift steht somit im Widerspruch zum Unionsrecht und ist rechtswidrig.

2. Rechtsgrundlage des Art. 136 Abs. 1 AEUV

Die Vorschrift des Art. 4 Abs. 1 VO 1173/2011 könnte ihre Rechtsgrundlage in Art. 136 Abs. 1 lit. a) respektive b) AEUV haben.

a) Auslegung nach dem Wortlaut

Wörtlich lautet Art. 136 Abs. 1 AEUV:

> »(1) Im Hinblick auf das reibungslose Funktionieren der Wirtschafts- und Währungsunion erlässt der Rat für die Mitgliedstaaten, deren Währung der Euro ist, Maßnahmen nach den einschlägigen Bestimmungen der Verträge und dem entsprechenden Verfahren unter den in den Artikeln 121 und 126 genannten Verfahren, mit Ausnahme des in Artikel 126 Absatz 14 genannten Verfahrens, um
>
> a) die Koordinierung und Überwachung ihrer Haushaltsdisziplin zu verstärken,
>
> b) für diese Staaten Grundzüge der Wirtschaftspolitik auszuarbeiten, wobei darauf zu achten ist, dass diese mit den für die gesamte Union angenommenen Grundzügen der Wirtschaftspolitik vereinbar sind, und ihre Einhaltung zu überwachen.
>
> (2) Bei den in Absatz 1 genannten Maßnahmen sind nur die Mitglieder des Rates stimmberechtigt, die die Mitgliedstaaten vertreten, deren Währung der Euro ist.
>
> Die qualifizierte Mehrheit dieser Mitglieder bestimmt sich nach Artikel 238 Absatz 3 Buchstabe a.«

Daraus folgt, dass die Sanktion des Art. 4 Abs. 1 VO 1173/2011 zunächst als Maßnahme »nach den einschlägigen Bestimmungen der Verträge« erlassen worden sein müsste. Fraglich ist, ob die Maßnahme – vorliegend also die Sanktion – dabei vom sonstigen Primärrecht abweichen darf oder mit diesem in Einklang stehen muss.

aa) Das Wort »nach« bedeutet im allgemeinen – ebenso wie im juristischen – Sprachgebrauch »entsprechend« oder »gemäß«.[607] Zugleich kann es eine Beschreibung dafür sein, dass etwas nach einem bestimmten Vorbild, Muster oder einer Maßgabe erfolgen soll.[608] Aus der üblichen Verwendung des Wortes kann daher nicht geschlossen werden, ob die Maßnahme den Bestimmungen des Primärrechts ganz exakt oder eben nur in groben Zügen entsprechen muss. Denn der allgemeine Sprachgebrauch ist diesbezüglich nicht hinreichend präzise. Allerdings spricht einiges dafür, dass die Formulierung »nach« eine Übereinstimmung mit den sonstigen Vertragsvorschriften sicherstellen soll.

Eindeutiger ist hier die – gleichermaßen verbindliche – englische Vertragsfassung. Dort heißt es, die Maßnahmen sollen »in accordance with the relevant provisions of the Treaties« erlassen werden. Dabei ist »in accordance« mit »in Übereinstimmung« zu übersetzen.[609] Dafür spricht auch die Verwendung dieser Begrifflichkeit in Art. 357 AEUV: Der Vertrag von Lissabon ist danach nämlich durch die Vertragsparteien in Übereinstimmung mit (»in accordance with«) den jeweiligen verfassungsrechtlichen Regelungen zu ratifizieren. *Häde* verweist zu Recht darauf, dass damit wohl keine Ratifizierung gemeint ist, die gegen das jeweilige Verfassungsrecht der Mitgliedstaaten verstößt.[610] Somit müssten die Maßnahmen – unter Zugrundelegung des englischen Wortlautes – vollständig mit dem sonstigen Primärrecht übereinstimmen.[611] Davon ist im Ergebnis der Auslegung auch für die deutsche Vertragsfassung auszugehen.

bb) Eine Verletzung des Primärrechts scheidet jedoch von vornherein aus – und dies würde auch für die englische Sprachfassung gelten –, wenn Art. 136 AEUV selbiges in dem für Art. 4 Abs. 1 VO 1173/2011 erforderlichen Umfang modifiziert. Klärungsbedürftig ist hier zunächst, was diesbezüglich un-

---

607 *Duden online* zu »nach«, http://www.duden.de/rechtschreibung/nach_zu_hin_entsprechend (Stand: 08.04.2014).
608 *Duden online* zu »nach«, http://www.duden.de/rechtschreibung/nach_zu_hin_entsprechend (Stand: 08.04.2014).
609 *Blocksidge/Dralle/Martini u. a.,* PONS Großwörterbuch, S. 7. sowie für »accordant« *Garner,* Black's Law Dictionary, S. 18. Siehe auch: *Häde,* JZ 2011, 333 (334); *Antpöhler,* ZaöRV 2012, 353 (373); *Grebe,* Six Pack, S. 22.
610 *Häde,* JZ 2011, 333 (334).
611 *Häde,* JZ 2011, 333 (335).

ter einer Modifikation zu verstehen ist. *Antpöhler* verweist dazu auf Art. 136 Abs. 2 AEUV, der sich insoweit derselben Regelungstechnik bediene: Gebe es den Art. 136 Abs. 2 AEUV nicht, wären grundsätzlich alle im Rat vertretenen Mitgliedstaaten, also nicht nur die der Eurozone, bei Beschlüssen stimmberechtigt (Art. 16 Abs. 2 EUV).[612] Dieser Grundsatz würde durch Art. 136 Abs. 2 AEUV abgeändert, so dass nur die Euro-Mitgliedstaaten abstimmen dürfen.[613] Nur am Rande sei hier angemerkt, dass die Regelung des Art. 136 Abs. 2 AEUV weitgehend redundant ist, da Art. 139 Abs. 4 AEUV das Stimmrecht für Mitgliedstaaten mit Ausnahmeregelung bereits für nahezu alle potentiell in Frage kommenden Maßnahmen ausschließt.[614]

Ebenso wie mit Abs. 2 verhalte es sich mit Abs. 1: Die Anwendungsfälle des Art. 136 Abs. 1 lit. a) und b) würden eine Spezialregelung treffen, die das sonstige Primärrecht punktuell variiere und diesem somit vorgehe.[615] Diese Modifikation der Verträge durch Art. 136 Abs. 1 AEUV selbst, so *Bast/Rödl* und *Antpöhler*, bedeute, dass die Formulierung »nach den einschlägigen Bestimmungen der Verträge« einem Verständnis nicht entgegenstehe, wonach Sanktionen aufgrund des Art. 136 Abs. 1 AEUV möglich seien.[616]

(1) Der Argumentation von *Bast/Rödl* und *Antpöhler* folgend, müssten zunächst die Tatbestandsmerkmale des Art. 136 Abs. 1 lit. a) respektive b) AEUV vorliegen.

---

612 *Antpöhler*, ZaöRV 2012, 353 (373).
613 Ebenda.
614 Vgl. *Antpöhler*, ZaöRV 2012, 353 (375).
615 *Antpöhler*, ZaöRV 2012, 353 (373).
616 *Bast/Rödl*, EuGRZ 2012, 269 (272); *Antpöhler*, ZaöRV 2012, 353 (373); *Grebe,* Six Pack, S. 23 f. A. A.: *Häde*, JZ 2011, 333 (334 f.); *derselbe*, in: Calliess/Ruffert, EUV/AEUV, Art. 136 AEUV, Rn. 4; *derselbe*, ZG 2011, 1 (24); *Ohler*, ZG 2010, 330 (338); *Frenz/Ehlenz*, EWS 2010, 65 (212); *Calliess/Schoenfleisch*, JZ 2012, 477 (480); *Weber*, EuZW 2011, 935 (936); *Fischer-Lescano/Kommer*, Verstärkte Zusammenarbeit, http://library.fes.de/pdf-files/id/ipa/08454.pdf, S. 15; *Louis,* C. M. L. R. 2004, 575 (584); *Kerber,* Klarstellung, http://www.europolis-onlne.org/fileadmin/PDF/PDF_2010/W%C3%A4hrungsunion_mit_Finanzausgleich_Europolis_Occasional_Paper.pdf, S. 10 (Stand: 03.07.2013); *Bonke*, ZEuS 2010, 493 (507); *Repasi,* Vereinbarkeit EU- und Völkerrecht, http://www.igw.uni-heidelberg.de/lehrstuehle/ prof_mg/files_repasi/Studie.pdf, S. 12 (Stand: 04.02.2015); *Kempen*, in: Streinz, EUV/AEUV, Art. 136 AEUV, Rn. 2; *Ohler*, in: Siekmann, EWU, Art. 136 AEUV, Rn. 7.

(a) Dafür müssten die Mitgliedstaaten mit der Sanktion das Ziel verfolgen, »die Koordinierung und Überwachung ihrer Haushaltsdisziplin zu verstärken« (Art. 136 Abs. 1 lit. a) AEUV). Fraglich ist somit, ob Art. 4 Abs. 1 VO 1173/2011 die Koordinierung und Überwachung der Haushaltsdisziplin vorantreibt. Denn zunächst scheint auf der Hand zu liegen, dass Art. 136 Abs. 1 lit. a) AEUV mit seinen an Art. 126 AEUV orientierten Formulierungen eher auf die korrektive Komponente des Stabilitäts- und Wachstumspaktes, namentlich die VO 1467/97, abzielt, während Art. 136 Abs. 1 lit. b) AEUV den Regelungsgegenstand des Art. 121 AEUV und somit die präventive Komponente des Stabilitäts- und Wachstumspaktes – angesprochen ist die VO 1466/97 – in den Blick nimmt.[617]

Bei näherer Betrachtung fällt jedoch auf, dass die vermeintlich klare Grenzziehung zwischen Art. 121 und Art. 126 AEUV – respektive Art. 136 Abs. 1 lit. a) und lit. b) AEUV – tatsächlich so eindeutig nicht ist. Denn neben Art. 126 AEUV dient auch Art. 121 AEUV letztlich der Vermeidung übermäßiger öffentlicher Haushaltsdefizite – und mithin der Wahrung von Haushaltsdisziplin.[618]

Mit Blick auf Art. 4 Abs. 1 VO 1173/2011 ergibt sich daraus Folgendes: Die Sanktion setzt im Vorfeld des Defizitverfahrens des Art. 126 AEUV an, kann daher nicht auf (den im korrektiven Bereich zu verortenden) Art. 126 Abs. 14 AEUV gestützt werden. Vielmehr liegt die Sanktion im Bereich des Art. 121 Abs. 6 AEUV, denn in Art. 121 AEUV ist das dem Defizitverfahren vorgeschaltete Verfahren der multilateralen Überwachung geregelt. Lässt man nun in der Betrachtung die zeitliche Komponente, also die Kategorisierung in präventive oder korrektive Maßnahme, beiseite, so wird deutlich, dass die Sanktion des Art. 4 Abs. 1 VO 1173/2011 letztlich der Überwachung der Haushaltsdisziplin zu dienen bestimmt ist.[619] Denn bei einer erheblichen Abweichung vom Anpassungspfad (Art. 121 Abs. 3 UAbs. 1 AEUV in Verbindung mit Art. 6 Abs. 1 VO 1466/97) greift (nach Durch-

---

617 Vgl. in diesem Sinne: *Ohler*, in: Siekmann, EWU, Art. 136 AEUV, Rn. 8 f.; *Antpöhler*, ZaöRV 2012, 353 (377 f.); *Grebe*, Six Pack, S. 22; *Palm*, in: Grabitz/Hilf/Nettesheim, EUV/AEUV, Art. 136 AEUV, Rn. 21 ff.
618 *Ohler*, in: Siekmann, EWU, Art. 121 AEUV, Rn. 4; *Hattenberger*, in: Schwarze, EU-Kommentar, Art. 126 AEUV, Rn. 38 und 68.
619 *Hattenberger*, in: Schwarze, EU-Kommentar, Art. 126 AEUV, Rn. 68.

schreitung des mehrstufigen Verfahrens) im Ergebnis die Sanktion des Art. 4 Abs. 1 VO 1173/2011 als Maßnahme der Überwachung. Dem reinen Wortlaut der litera a) nach stellt sich die Sanktion somit als eine Verstärkung der Überwachung der Haushaltsdisziplin dar.

(b) Außerdem könnte sich die Sanktion als eine Maßnahme zur Überwachung der Einhaltung der Grundzüge der Wirtschaftspolitik darstellen (Art. 136 Abs. 1 lit. b) AEUV).

Die Grundzüge wurden als Empfehlung 2010/410/EU[620] beschlossen und benennen die Erreichung der mittelfristigen Haushaltsziele explizit als Aufgabe der Mitgliedstaaten.[621] Gleichfalls wird die Umsetzung der Empfehlungen für den Fall der Abweichung vom mittelfristigen Haushaltsziel als Pflicht der Mitgliedstaaten betont.[622] Genau daran knüpft die verzinsliche Einlage des Art. 4 Abs. 1 VO 1173/2011 an, wenn sie die Feststellung der Nicht-Befolgung der Empfehlungen (Art. 6 Abs. 2 UAbs. 4 und 5 VO 1466/97) sanktioniert. Dem Verfahren der multilateralen Überwachung wird somit zu mehr Nachdruck verholfen. Daher stellt die Sanktion auch eine Überwachungsmaßnahme zur Einhaltung der Grundzüge der Wirtschaftspolitik dar.

(2) Trotz des Vorliegens der Tatbestandsmerkmale von litera a) und b) scheidet eine Sanktionen ermöglichende Modifikation vorliegend jedoch aus. Denn nach hier vertretener Ansicht – entgegen *Antpöhler* und *Bast/Rödl* – kennt der Tatbestand des Art. 136 Abs. 1 AEUV neben den unter litera a) und b) gegliederten schlichtweg ein weiteres Tatbestandsmerkmal: Dieses lautet, dass Maßnahmen »nach den einschlägigen Bestimmungen der Verträge« zu erlassen sind.[623] Das Tatbestandsmerkmal wird durch die unter litera a) und b) gegliederten Voraussetzungen nicht tangiert, geschweige denn modifiziert. Es handelt sich hier vielmehr um den Fall, dass einige Tatbestandsmerkmale eines Tatbestands vorliegen – litera a) und b) –, während ein anderes »nach den einschlägigen Bestimmungen der Verträge« eben nicht

---

620 ABl. 2010 L 191/28.
621 ABl. 2010 L 191/31.
622 Ebenda.
623 *Palm*, in: Grabitz/Hilf/Nettesheim, EUV/AEUV, Art. 136 AEUV, Rn. 26.

gegeben ist.[624] Im Gegensatz dazu verändert Art. 136 Abs. 2 AEUV tatsächlich die Stimmberechtigung im Rat, da dessen einziges Tatbestandsmerkmal – Behandlung der in Absatz 1 genannten Maßnahmen – gegeben ist. Folglich ändert das Vorliegen der unter litera a) und b) gegliederten Tatbestandsmerkmale nach hier vertretener Ansicht nichts daran, dass darüber hinaus ein weiteres Tatbestandsmerkmal – »nach den einschlägigen Bestimmungen der Verträge« – erforderlich ist.

cc) Dem Wortlaut nach stellt die Vorschrift des Art. 136 Abs. 1 AEUV keine taugliche Rechtsgrundlage für Art. 4 Abs. 1 VO 1173/2011 dar, weil nicht alle Tatbestandsmerkmale der Norm vorliegen.

b) Systematische Auslegung

Aus systematischer Sicht steht der Tauglichkeit des Art. 136 Abs. 1 AEUV als Rechtsgrundlage entgegen, dass die Maßnahmen nach »dem entsprechenden Verfahren unter den in den Artikeln 121 und 126 genannten Verfahren, mit Ausnahme des in Artikel 126 Absatz 14 genannten Verfahrens«, erlassen werden müsste. Denn die angesprochenen Verfahren knüpfen jeweils an einen bestimmten Maßnahmetypus an und unterscheiden sich untereinander teils erheblich.[625] Wird nun auf Grundlage des Art. 136 Abs. 1 AEUV ein neuer, in den Art. 121 und 126 AEUV bislang nicht vorhandener Maßnahmetypus geschaffen, ist unklar, welches Verfahren für dessen Erlass anwendbar sein soll. Diese systematische Unklarheit hinsichtlich des anwendbaren Verfahrens spricht gegen die Möglichkeit der Schaffung neuartiger Maßnahmetypen.[626]

Dieses Problem sieht auch *Antpöhler*, der zu dessen Lösung vorschlägt, einfach das ordentliche Gesetzgebungsverfahren gemäß Art. 289 AEUV – ggf. über den Verweis des Art. 121 Abs. 6 AEUV – als eine Art »Auffangverfahren« anzuwenden.[627] Spätestens hier dürfte jedoch die Grenze dessen,

---

624 *Palm*, in: Grabitz/Hilf/Nettesheim, EUV/AEUV, Art. 136 AEUV, Rn. 26.
625 *Bast/Rödl*, EuGRZ 2012, 269 (273).
626 *Bast/Rödl*, EuGRZ 2012, 269 (273); *Palm*, in: Grabitz/Hilf/Nettesheim, EUV/AEUV, Art. 136 AEUV, Rn. 29.
627 *Antpöhler*, ZaöRV 2012, 353 (378).

was im Wege der Auslegung zulässig ist, überschritten sein. Der Vorschlag findet weder im Wortlaut noch in der Systematik der Norm eine Grundlage und ist folglich abzulehnen.

Die systematische Auslegung des Art. 136 Abs. 1 AEUV ergibt, dass die Norm keine tauglich Rechtsgrundlage für Art. 4 Abs. 1 VO 1173/2011 darstellt.

c) Historische Auslegung

Die Vorschrift des heutigen Art. 136 AEUV geht auf einen Textentwurf des Konvents zur Erarbeitung einer europäischen Verfassung zurück. Das Präsidium setzte zu Beginn des Konvents (zunächst) sechs Arbeitsgruppen ein, wovon sich eine mit »Ordnungspolitik« beschäftigte.[628] Das der Arbeitsgruppe erteilte Mandat umfasste dabei auch folgenden Vorschlag für eine Befassung, auf den die heutige Regelung schlussendlich zurückgehen dürfte:

> »Die Gruppe könnte sich mit dem künftigen Status der Eurogruppe, insbesondere nach der Erweiterung, befassen. Sollte die Gruppe formalisiert werden, und wenn ja, wie?«[629]

Die Arbeitsgruppe schloss ihre Erörterungen mit einem Schlussbericht ab, in dem es zu dem vorgenannten Befassungsvorschlag des Konvents hieß:

> »Einige Mitglieder der Gruppe waren zwar auch der Auffassung, dass die Eurogruppe als informelles Forum erhalten bleiben sollte, meinten jedoch, dass Beschlüsse, die ausschließlich den Euro-Raum beträfen, vom Rat (ECOFIN) – nur mit den Stimmen der teilnehmenden Mitgliedstaaten – gefasst werden sollten und dass der Vertrag entsprechend zu ändern wäre. Andere sind dafür, am gegenwärtigen System festzuhalten.«[630]

Ein weitreichender Aussagegehalt ist dem nicht zu entnehmen. Allerdings klingt schon hier ein Konflikt darüber an, ob über spezifisch die Eurogruppe betreffende Fragen auch nur dieselbe mit Stimmrecht beschließen können sollte. Während dies von einigen Mitgliedstaaten befürwortet wird, lehnten

---

[628] *Präsidium Europäischer Konvent,* CONV 52/02, http://european-convention.europa.eu/pdf/reg/de/02/cv00/cv00052.de02.pdf, S. 2 (Stand: 15.01.2014).

[629] *Hänsch,* CONV 76/02, http://european-convention.europa.eu/pdf/reg/de/02/cv00/cv00076.de02.pdf, S. 4 (Stand: 15.01.14).

[630] *Hänsch,* CONV 357/02, http://european-convention.europa.eu/pdf/reg/de/02/cv00/cv00357.de02.pdf, S. 7 (Stand: 15.01.2014).

§ 8 Vereinbarkeit mit Unionsrecht

andere dies ab. Die sich hier seit Anbeginn des Konvents abzeichnende Konfliktlinie legt den Schluss nahe, dass es sich bei dem abschließend ausgehandelten Normtext mehr um einen Kompromiss als eine in sich systematisch konsistente Regelung handelt.[631]

Diesen Eindruck bestätigt ein erster Textentwurf, bei dem die in Rede stehende Regelung zunächst als Art. III-86 Abs. 3 firmierte:

»Als Beitrag zu einem reibungslosen Funktionieren der Wirtschafts- und Währungsunion und gemäß den einschlägigen Bestimmungen der Verfassung können für die Mitgliedstaaten mit dem Euro als Währung Zusatzmaßnahmen insbesondere zur Stärkung der Koordinierung ihrer Wirtschaftspolitik und der Haushaltsdisziplin erlassen werden. Diese Maßnahmen erstrecken sich auf die Grundzüge der Wirtschaftspolitik und die Überwachung der Wirtschaftspolitik [Artikel III-68 Absätze 2 und 3] sowie die übermäßigen Defizite (Artikel III-3 Absätze 6, 8 und 11). (...)«[632]

Der Erkenntniswert dieses ersten Textentwurfes beschränkt sich darauf, dass bereits hier eine Formulierung verwendet wird, welche die »Zusatzmaßnahmen« lediglich »gemäß den einschlägigen Bestimmungen der Verfassung« zulässt.[633] Im Laufe des weiteren Verhandlungsprozesses wurde das Wort »gemäß« durch das Wort »nach« ersetzt. Weiterhin enthält der Textentwurf folgende Erläuterung für die in Rede stehende Vorschrift:

»Der Text enthält jedoch einen neuen Absatz 3 in Artikel [III-86 (ex-Artikel 122)], dem zufolge die Mitglieder der Eurozone untereinander auf den Gebieten Grundzüge der Wirtschaftspolitik, Haushaltsdisziplin und multilaterale Überwachung Maßnahmen ergreifen können, die über die an anderer Stelle des Kapitels vorgesehenen Maßnahmen *hinaus gehen*.«[634]

Die hier verwendete Formulierung, dass Mitglieder der Eurozone Maßnahmen auf den Gebieten der Wirtschaftspolitik treffen können und diese »über die an anderer Stelle des Kapitels vorgesehene Maßnahmen hinaus gehen« dürfen, spricht für die Zulässigkeit der Einführung weiterer Maßnahmetypen wie etwa Sanktionen.[635] Allerdings ließe sich die Erläuterung auch so

---

631 So auch *Palm*, in: Grabitz/Hilf/Nettesheim, EUV/AEUV, Art. 136 AEUV, Rn. 5.
632 *Präsidium Europäischer Konvent,* CONV 727/03, http://european-convention.europa.eu/pdf/reg/de/03/cv00/cv00727-co02.de03.pdf, S. 22 (Stand: 15.01.2014).
633 *Häde*, JZ 2011, 333 (337).
634 *Präsidium Europäischer Konvent,* CONV 727/03, http://european-convention.europa.eu/pdf/reg/de/03/cv00/cv00727-co02.de03.pdf, S. 9 (Stand: 15.01.2014); Hervorhebungen durch den Verfasser.
635 *Häde*, JZ 2011, 333 (337).

verstehen, dass nur insofern über etwas »hinaus« gegangen werden kann, wie es bei den Mitgliedstaaten mit Ausnahmegenehmigung politisch nicht durchsetzbar ist – der grundsätzliche Rahmen der Verfassung aber trotzdem zu wahren ist. Letztlich benannt wird eine solche Begrenzung des Hinausgehens jedoch nicht, so dass die Quelle eher für eine extensive Interpretation der Vorschrift spricht.[636]

In den nachfolgenden Versionen des Verfassungsentwurfes gab es hin und wieder marginale Modifikationen einzelner Formulierungen, in der Sache änderte sich jedoch nichts.[637] Aufschlussreich gestaltete sich die Debatte der Textentwürfe im Plenum des Konvents, welche vom Präsidium wie folgt zusammengefasst wurde:

> »In einer Reihe von Wortbeiträgen wurde das vorgeschlagene Protokoll über die Eurogruppe begrüßt, obwohl mehrere anmerkten, dass es nicht wirklich nötig sei. Einige würden gerne noch weiter gehen und entweder einen förmlichen Rat »ECOFIN Euro-Währungsgebiet« schaffen oder die ausschließlichen Beschlussfassungsbefugnisse der dem Euro-Währungsgebiet angehörenden Mitgliedstaaten ausdehnen und den Umfang dieser Befugnisse klarstellen. In einigen wenigen Wortbeiträgen wurde die Ansicht vertreten, dass der derzeitige Vorschlag in Artikel III-86 Absatz 3 zu einer begrenzten Ausdehnung dieser Beschlussfassungsbefugnisse der Länder des Euro-Währungsgebiets nicht klar genug sei. Andere waren der Ansicht, dass jede Änderung dieser Art als spaltend betrachtet würde und daher zu vermeiden sei.«[638]

Spätestens hier tritt der Charakter der Regelung deutlich zu Tage: Es handelt sich um einen Formelkompromiss, dessen Präzisierung nicht gewünscht wurde, da jeder Mitgliedstaat darauf bedacht war, sich eine (vornehmlich innenpolitisch motivierte) gesichtswahrende Interpretationsvariante zu erhalten. Einige Mitgliedstaaten forderten sogar explizit eine Präzisierung der von Art III-86 Abs. 3 umfassten Beschlussfassungsbefugnisse, da deren Umfang nicht klar sei. Dies lehnten andere Mitgliedstaaten ohne sachbezogene Begründung, dafür aber mit dem Hinweis, jede Änderung würde »als spaltend betrachtet« werden, ab. Die kontroverse Plenardebatte macht einmal mehr

---

636 Ebenda.
637 Vgl. *Präsidium Europäischer Konvent*, CONV 725/03, http://european-convention.europa.eu/pdf/reg/de/03/cv00/cv00725.de03.pdf, S. 60 (Stand: 15.01.2014); *dasselbe*, CONV 805/03, http://european-convention.europa.eu/pdf/reg/de/03/cv00/cv00805.de03.pdf, S. 4 (Stand: 15.01.2014); *dasselbe*, CONV 802/03, http://www.whi-berlin.eu/documents/part2to4_12june2003.pdf, S. 59 (Stand: 15.01.2014).
638 *Präsidium Europäischer Konvent*, CONV 783/03, http://european-convention.europa.eu/pdf/reg/de/03/cv00/cv00783.de03.pdf, S. 6 (Stand: 15.01.2014).

§ 8 Vereinbarkeit mit Unionsrecht

deutlich, dass es sich bei Art. III-86 Abs. 3 (als Vorgängerregelung des heutigen Art. 136 AEUV) in erster Linie um einen Kompromiss handelt.

In der Folge wurde der Gegenstand der Regelung noch mehrfach geringfügig modifiziert, wesentliche, für die hier interessierende Auslegung relevante Veränderungen gab es jedoch zunächst nicht.[639] Erst die Tagung der Staats- und Regierungschefs vom 17. bis 18. Juni 2003 in Brüssel fügte den Passus in die Vorschrift ein, wonach das entsprechende Verfahren nach Art. 121 oder 126 AEUV, nicht aber Art. 126 Abs. 14 AEUV, zu wählen sei.[640] Eine Begründung oder Erläuterung dafür findet sich in den Quellen nicht. Eben diese Einfügung wurde bereits bei der systematischen Auslegung behandelt und im Ergebnis so verstanden, dass sie gegen die Zulässigkeit von Sanktionen spricht.[641] Allerdings erklärt die späte Einfügung – erst nach Abschluss des Konvents –, wieso einige Mitgliedstaaten zuvor anscheinend der Auffassung waren, eine »beschränkte Ausdehnung« der Beschlussfassungsbefugnisse habe ohnehin schon stattgefunden.[642] Denn die Einfügung der Verfahrensregelung stellt einen weiteren Aspekt dar, der klar gegen die Tauglichkeit des Art. 136 Abs. 1 AEUV als Rechtsgrundlage spricht, von den Konventsmitgliedern in der vorgenannten Plenardebatte allerdings nicht vorausgesehen werden konnte. Ob sie die Norm auch nach der Einfügung das Verfahren betreffend noch als befugniserweiternd verstanden haben würden, erscheint insofern fraglich.

Die im Nachgang nur noch redaktionell veränderte Fassung der Norm fand schließlich als Art. III-194 in den endgültigen Entwurf einer Verfassung für Europa Eingang.[643] Nach dem gescheiterten Ratifizierungsprozess der Verfassung wurde die Vorschrift unverändert in den Vertrag von Lissabon, nunmehr als Art. 136 AEUV, übernommen.

---

639 *Präsidium Europäischer Konvent*, CONV 826/03, http://european-convention.europa.eu/pdf/reg/de/03/cv00/cv00826.de03.pdf, S. 45 (Stand: 15.01.2014); *dasselbe*, CONV 850/03, http://european-convention.europa.eu/pdf/reg/de/03/cv00/cv00850.de03.pdf, S. 101 (Stand: 15.01.2014).
640 *Vorsitz der Regierungskonferenz*, CIG 85/04, http://www.cvce.eu/de/obj/null-de-0fb6ef4b-3851-49f4-9d4b-61e7555773c6.html, S. 18 (Stand: 15.01.2014).
641 Im Einzelnen, siehe S. 125.
642 *Präsidium Europäischer Konvent*, CONV 783/03, http://european-convention.europa.eu/pdf/reg/de/03/cv00/cv00783.de03.pdf, S. 6 (Stand: 15.01.2014).
643 Vertrag über eine Verfassung für Europa, ABl. 2004 C 310/85.

4. Teil: Maßnahmen des sixpacks

Im Ergebnis zeigt die Entstehungsgeschichte, dass die Vorschrift des Art. 136 AEUV einem politischen Kompromiss entsprungen ist. Die Delegationen konnten sich jedenfalls nicht auf eine klare Erweiterung der Befugnisse der Eurozone einigen.[644] Allerdings gingen einige Mitgliedstaaten offensichtlich von einer begrenzten Ausdehnung aus, hatten hierbei allerdings noch nicht den heute vorliegenden Wortlaut der Norm vor Augen.

d) Teleologische Auslegung

aa) Die objektive teleologische Auslegung ergibt, dass der Sinn und Zweck des Art. 136 Abs. 1 AEUV darin besteht, den Mitgliedstaaten der Eurozone nur für diese verbindliche und nur mit deren Stimmen beschlossene Maßnahmen zu ermöglichen.[645] Denn der Wortlaut der Vorschrift verlangt Maßnahmen nach den »einschlägigen Bestimmungen der Verträge und den entsprechenden Verfahren unter den in den Artikeln 121 und 126 genannten Verfahren (…)«.

Dem lässt sich zum einen entnehmen, dass über das sonstige Primärrecht nicht hinausgegangen werden darf und zum anderen, dass ein neu geschaffener Maßnahmetypus wie die verzinsliche Einlage des Art. 4 Abs. 1 VO 1173/2011 nicht einem bestimmten Verfahren zuzuordnen ist. Lässt sich die Maßnahme »verzinsliche Einlage« jedoch keinem Verfahren zuordnen, ist die Norm systematisch nicht konsistent.[646] Daher legen Wortlaut und Systematik der Regelung nahe, dass der Zweck derselben eben nur darin besteht, der Eurozone die Schaffung von Binnenrecht zu ermöglichen, welches Sanktionen nicht umfasst.[647] Der Einwand von *Antpöhler*[648] unter Bezugnahmen auf *Khan*,[649] der Erlass von Binnenrecht sei schon vor Erlass der Norm gängige Praxis gewesen, geht fehl: Denn *Khan* führt nur aus, dass der Rat Maßnahmen unter Ausschluss des Stimmrechts der Mitgliedstaaten mit Ausnah-

---

644 Im Ergebnis ebenso: *Palm*, in: Grabitz/Hilf/Nettesheim, EUV/AEUV, Art. 136 AEUV, Rn. 32.
645 *Häde*, JZ 2011, 333 (335).
646 *Häde*, in: Calliess, Solidarität und Identität, S. 193 (196).
647 *Häde*, in: Calliess, Solidarität und Identität, S. 193 (196); *Palm*, in: Grabitz/Hilf/Nettesheim, EUV/AEUV, Art. 136 AEUV, Rn. 33.
648 *Antpöhler*, ZaöRV 2012, 353 (375).
649 *Khan*, in: Geiger/Khan/Kotzur, EUV/AEUV, Art. 138 AEUV, Rn. 4.

§ 8 Vereinbarkeit mit Unionsrecht

megenehmigung erlassen kann – nicht aber, dass diese Maßnahmen ausschließlich für die Eurozone verbindlich sind.[650] Dies wäre ohne die Regelung des Art. 136 Abs. 1 AEUV nicht zulässig, da nach Art. 288 AEUV Verordnungen regelmäßig in jedem Mitgliedstaat Wirkung entfalten. Eine Abweichung von diesem Grundsatz statuiert – neben den Regelungen über die verstärkte Zusammenarbeit gemäß Art. 326 Abs. 4 S. 1 AEUV – eben der hier in Rede stehende Art. 136 Abs. 1 AEUV.[651]

bb) Die subjektive teleologische Auslegung der Norm führt zu keinem anderen Ergebnis. Die Entstehungsgeschichte zeigt, dass um die Formulierung des heutigen Art. 136 AEUV lange gerungen wurde. Dabei gingen offensichtlich einige Delegationen davon aus, dass die Norm eine begrenzte Befugniserweiterung bedeuten würde, dies in der konkreten Formulierung aber noch nicht ausreichend zum Ausdruck komme.[652] Später wurde ein Halbsatz das Verfahren betreffend hinzugefügt, der weitere Argumente liefert, die gegen eine Befugniserweiterung sprechen.[653] Allenfalls kann der Geschichte der Norm somit entnommen werden, dass ihr Anwendungsbereich umstritten war. Die Historie der Regelung ist jedoch keinesfalls ein Indiz dafür, dass dem Normgeber der Erlass von Maßnahmen vorschwebte, die über das sonstige Primärrecht hinausgehen.[654]

cc) Im Ergebnis der teleologischen Auslegung stellt Art. 136 Abs. 1 AEUV keine taugliche Rechtsgrundlage für Art. 4 Abs. 1 VO 1173/2011 dar.

e) Auslegung nach der Lehre von den ungeschriebenen Zuständigkeiten

Die Vorschrift des Art. 136 Abs. 1 AEUV stellt eine im Wege der Lehre von den ungeschriebenen Kompetenzen anknüpfungsfähige Rechtsgrundlage dar.

---

650 Ebenda.
651 *Blanke*, in: Grabitz/Hilf/Nettesheim, EUV/AEUV, Art. 20 EUV, Rn. 46.
652 *Präsidium Europäischer Konvent,* CONV 783/03, http://european-convention.eu.int/pdf/reg/de/03/cv00/cv00783.de03.pdf, S. 6 (Stand: 15.01.2014).
653 Im Einzelnen, siehe S. 129.
654 *Palm*, in: Grabitz/Hilf/Nettesheim, EUV/AEUV, Art. 136 AEUV, Rn. 32 f.

Der aus der objektiven teleologischen Auslegung abgeleitete Zweck der Norm besteht darin, den Mitgliedstaaten der Eurozone die Schaffung von Binnenrecht zu ermöglichen, welches nur für diese verbindlich ist und nur mit deren Stimmen beschlossen wird.[655] Die subjektive teleologische Auslegung ergibt, dass die Norm einen Kompromiss darstellt, über deren exakte Konturen Unklarheiten bestanden.[656] Ein als Konsens zu bezeichnender Wille der Mitgliedstaaten, eine möglicherweise gar Sanktionen deckende Befugniserweiterung vorzunehmen, bestand jedenfalls nicht.[657] Im Ergebnis der teleologischen Auslegung besteht der Normzweck daher darin, den Mitgliedstaaten mit gemeinsamer Währung den Erlass von Binnenrecht zu ermöglichen.

Die Befugnis zum Erlass zweckentsprechender Maßnahmen ist nach Art. 136 AEUV vorhanden. Lediglich mit den Stimmen der Mitgliedstaaten der Eurozone (Art. 136 Abs. 2 AEUV) können diese ein nur für sich verbindliches Binnenrecht setzen. Der Zweck der Vorschrift kann somit bereits mit den in ihr selbst angelegten Mitteln erreicht werden, einer ungeschriebenen Kompetenz bedarf es nicht.

Darüber hinaus scheidet eine ungeschriebene Kompetenz aus, wenn die Mitgliedstaaten bewusst keine Regelung über Sanktionsmöglichkeiten in die Vorschrift aufgenommen hätten, der Vertrag zu dieser Frage mithin »beredt schweigen« würde.[658] Davon ist vorliegend auszugehen. Die Delegationen konnten sich bei der Ausformulierung der Norm auf keine klare Konturierung der Befugnisse der Mitgliedstaaten der Eurozone einigen.[659] Im Konvent gingen zumindest noch einige wenige Mitgliedstaaten davon aus, dass mit in Rede stehender Norm zumindest eine begrenzte Befugniserweiterung verbunden sei.[660] Dies wurde jedoch spätestens mit der Einfügung des Halbsatzes das Verfahren betreffend konterkariert.[661] Bezieht man all diese Aspekte der Historie der Norm in die Gesamtbetrachtung mit ein, so schweigt

---

655 Im Einzelnen, siehe S. 130 f.
656 Ebenda.
657 Ebenda.
658 *Loebenstein,* in: Festschrift Adamovich, S. 339 (342); *Sloot,* Implied Powers EG, S. 115.
659 Im Einzelnen, siehe S. 126 ff.
660 *Präsidium Europäischer Konvent,* CONV 783/03, http://european-convention.eu.int/pdf/reg/de/03/cv00/cv00783.de03.pdf, S. 6 (Stand: 15.01.2014).
661 Im Einzelnen, siehe S. 129.

der Vertrag in Art. 136 AEUV zu der Frage der Befugniserweiterung über das sonstige Primärrecht hinaus »beredt«.

Im Ergebnis lässt sich damit eine ungeschriebene Kompetenz zum Erlass der verzinslichen Einlage aus Art. 136 Abs. 1 AEUV nicht herleiten.

f) Gesamtabwägung der Auslegungsergebnisse

Die Gesamtbetrachtung der Auslegungsergebnisse ergibt, dass die verzinsliche Einlage des Art. 4 Abs. 1 VO 1173/2011 nicht auf Grundlage des Art. 136 Abs. 1 AEUV ergehen konnte. Wortlaut und Systematik zeigen klar, dass die aufgrund der Norm zulässigen Maßnahmen den Rahmen des sonstigen Primärrechts nicht überschreiten dürfen. Die Entstehungsgeschichte ist weniger eindeutig, da einige Mitgliedstaaten im Konvent offenbar von einer zumindest begrenzten Befugniserweiterung ausgingen. Worin diese genau bestehen soll, blieb allerdings unklar. Zudem wurde der Vorschrift später ein Halbsatz hinzugefügt, welcher ein solches Verständnis zusätzlich erschwert. Die teleologische Auslegung bestätigt dieses Ergebnis. Eine ungeschriebene Kompetenz besteht nicht, da ein überschießender Zweck, dem lediglich die zur Umsetzung erforderlichen Mittel fehlen, nicht vorhanden ist. Die in der Norm vorgesehenen Mittel sind zweckentsprechend und damit ausreichend.

3. Rechtsgrundlage des Art. 352 Abs. 1 AEUV

Fraglich ist, ob die Flexibilitätsklausel des Art. 352 AEUV eine taugliche Rechtsgrundlage für die verzinsliche Einlage des Art. 4 Abs. 1 VO 1173/2011 darstellt. Dafür müssen die Voraussetzungen der Norm vorliegen.

a) Voraussetzungen der Flexibilitätsklausel

aa) Zunächst muss die Union tätig werden, um »eines der Ziele der Verträge zu verwirklichen«. Die Ziele der Verträge sind in Art. 3 EUV sowie in bereichsspezifischen Vorschriften des AEUV aufgeführt.[662] Sowohl Art. 3

---

662 *Streinz*, in: Streinz, EUV/AEUV, Art. 352 AEUV, Rn. 28 f.

Abs. 3 S. 2 EUV als auch Art. 119 Abs. 3 AEUV benennen die Preisstabilität als eines der Ziele der Verträge. Die Vorschrift des Art. 120 S. 1 AEUV statuiert unter ausdrücklicher Bezugnahmen auf Art. 3 EUV die Aufgabe, die Wirtschaftspolitik auf die dort genannten Ziele der Union auszurichten. Die Sanktion des Art. 4 Abs. 1 VO 1173/2011 dient dem Ziel der Preisstabilität.[663] Das Tätigwerden der Union dient somit der Verwirklichung der Ziele der Verträge.

bb) Außerdem soll das unionale Handeln »im Rahmen der in den Verträgen festgelegten Politikbereiche« stattfinden. Diese kompetenzbegrenzende Formulierung stellt sicher, dass die Maßnahme einem der allgemein respektive speziell geregelten Bereiche der Verträge zuzuordnen ist.[664] Der Vertrag von Lissabon regelt im achten Titel des dritten Teils die Wirtschafts- und Währungspolitik. Die verzinsliche Einlage sanktioniert das multilaterale Verfahren zur Überwachung der Wirtschaftspolitik. Die Sanktion des Art. 4 Abs. 1 VO 1173/2011 ist dem Bereich der Wirtschafts- und Währungspolitik (Art. 119 bis 144 AEUV) zuzuordnen.[665]

cc) Des Weiteren muss das Tätigwerden der Union »erforderlich« erscheinen. Die Erforderlichkeit ist gegeben, wenn eine Diskrepanz zwischen einem Ziel der Verträge und seiner Verwirklichung besteht, die zur Erreichung der Ziele überwunden werden muss.[666]

Ein Ziel der Verträge besteht in der Gewährleistung von Preisstabilität (Art. 3 Abs. 3 S. 2 EUV, Art. 119 Abs. 3 AEUV). Übermäßige öffentliche Defizite stellen eine Gefahr für die Preisstabilität dar.[667] Das Verfahren der multilateralen Überwachung dient der Vermeidung übermäßiger Defizite.[668] Die verzinsliche Einlage des Art. 4 Abs. 1 VO 1173/2011 erhöht die Effekti-

---

663 Im Einzelnen, siehe S. 115.
664 *Streinz*, in: Streinz, EUV/AEUV, Art. 352 AEUV, Rn. 33.
665 *Hattenberger*, in: Schwarze, EU-Kommentar, Art. 126 AEUV, Rn. 68.
666 *Streinz*, in: Streinz, EUV/AEUV, Art. 352 AEUV, Rn. 37; *Rossi*, in: Calliess/Ruffert, EUV/AEUV, Art. 352 AEUV, Rn. 44; *Geiss*, in: Schwarze, EU-Kommentar, Art. 352 AEUV, Rn. 17.
667 Im Einzelnen, siehe S. 33.
668 *Ohler*, in: Siekmann, EWU, Art. 121 AEUV, Rn. 4; *Bandilla*, in: Grabitz/Hilf/Nettesheim, EUV/AEUV, Art. 121 AEUV, Rn. 3.

§ 8 Vereinbarkeit mit Unionsrecht

vität des multilateralen Überwachungsverfahrens, indem sie dessen Durchsetzbarkeit verbessert.

Allerdings ist bislang trotz der krisenhaften wirtschaftlichen Entwicklung seit 2008 kein signifikanter Anstieg der Inflation zu verzeichnen.[669] Die EZB geht von Preisstabilität im Euroraum aus, solange die Inflationsrate zwei Prozent nicht überschreitet.[670] Im Januar 2014 lag sie bei 0,8 Prozent, im Januar 2015 bei -0,6 Prozent.[671] Somit ist fraglich, ob überhaupt eine Diskrepanz zwischen dem Ziel der Preisstabilität und dessen Verwirklichung besteht.

Die Union hat bei der Beurteilung dieser Frage jedoch einen sehr weiten Ermessensspielraum.[672] Das Tätigwerden muss der Union insofern sogar nur erforderlich *erscheinen*.[673] Infolgedessen könnte sie zu dem Ergebnis kommen, dass trotz derzeit moderater Inflationsrate für die Zukunft umso größere Gefahren für die Preisstabilität bestehen. Vor dem Hintergrund der nach wie vor bestehenden übermäßigen öffentlichen Defizite in einer Vielzahl der Euro-Mitgliedstaaten[674] und den daraus resultierenden Inflationsgefahren erscheint eine derartige Argumentation plausibel. Die sich abzeichnende Diskrepanz zwischen Preisstabilität und Bedrohung derselben durch übermäßige Staatsverschuldung könnte durch eine effektivere Verfahrensgestaltung bei der multilateralen Überwachung überwunden werden.

dd) Weiterhin dürfen in den Verträgen die für die Maßnahme »erforderlichen Befugnisse nicht vorgesehen« sein. Dies ist der Fall, wenn für den Rechtsakt weder eine ausdrückliche noch eine stillschweigende Rechtsgrundlage vor-

---

669 *Eurostat,* Inflationsrate, Januar 2015, http://de.statista.com/statistik/daten/studie/72328/umfrage/entwicklung-der-jaehrlichen-inflationsrate-in-der-eurozone/ (Stand: 16.02.2015).
670 *Moritz,* Geldtheorie, S. 334.
671 *Eurostat,* Inflationsrate, Januar 2015, http://de.statista.com/statistik/daten/studie/72328/umfrage/entwicklung-der-jaehrlichen-inflationsrate-in-der-eurozone/ (Stand: 16.02.2015).
672 *Winkler,* in: Grabitz/Hilf/Nettesheim, EUV/AEUV, Art. 352 AEUV, Rn. 72; *Streinz,* in: Streinz, EUV/AEUV, Art. 352 AEUV, Rn. 34.
673 Ebenda.
674 *Eurostat,* Schuldenstand, http://ec.europa.eu/eurostat/tgm/table.do?tab=table&plugin=1&language=de&pcode=tsdde410 (Stand: 16.02.2015).

handen ist.⁶⁷⁵ Weder Art. 121 Abs. 6 noch Art. 136 Abs. 1 AEUV stehen vorliegend als Rechtsgrundlagen zur Verfügung. Der Umstand, dass mit den vorgenannten Normen grundsätzlich Rechtsgrundlagen in Betracht kommen, die jedoch nicht für die Sanktion ausreichend sind, ist unschädlich. Denn die Flexibilitätsklausel ist nicht nur bei vollständigem Fehlen einer Ermächtigungsnorm, sondern auch bei unzureichenden Rechtsgrundlagen als Ergänzung anwendbar.⁶⁷⁶

ee) Ferner ist die Anwendbarkeit der Flexibilitätsklausel gemäß Art. 352 Abs. 3 AEUV ausgeschlossen, wenn die Harmonisierung für den Bereich verboten ist, dem die VO 1173/2011 zuzurechnen ist. Die Verordnung betrifft den Bereich der Wirtschaftspolitik. Die Harmonisierung der Wirtschaftspolitik wäre verboten, wenn sie eine Unterstützungs-, Koordinierungs- und Ergänzungskompetenz im Sinne des Art. 6 AEUV darstellt (Art. 2 Abs. 5 UAbs. 2 AEUV).⁶⁷⁷

Die Wirtschaftspolitik ist in Art. 5 AEUV – zwischen den ausschließlichen und den geteilten Kompetenzen – separat geregelt.⁶⁷⁸ Diese Zwitterstellung war eine Folge der Uneinigkeit der Mitgliedstaaten darüber, welchem Zuständigkeitstyp die Wirtschaftspolitik zugeordnet werden soll.⁶⁷⁹ Dies spricht dafür, die Wirtschaftspolitik als eine Kompetenz *sui generis* anzusehen.⁶⁸⁰ So wird die Wirtschaftspolitik in dem die verschiedenen Zuständigkeitstypen aufzählenden Art. 2 Abs. 3 AEUV auch neben den sonstigen Kompetenzformen eigenständig genannt.⁶⁸¹

Allerdings spricht der Vertrag in Art. 2 AEUV nur von ausschließlichen Kompetenzen (Art. 3 AEUV), geteilten Befugnissen (Art. 4 AEUV) und Un-

---

675 *Winkler*, in: Grabitz/Hilf/Nettesheim, EUV/AEUV, Art. 352 AEUV, Rn. 75; *Streinz*, in: Streinz, EUV/AEUV, Art. 352 AEUV, Rn. 40.
676 *Winkler*, in: Grabitz/Hilf/Nettesheim, EUV/AEUV, Art. 352 AEUV, Rn. 82 m. w. N.; sowie *Rossi*, in: Calliess/Ruffert, EUV/AEUV, Art. 352 AEUV, Rn. 65.
677 *Streinz*, in: Streinz, EUV/AEUV, Art. 352 AEUV, Rn. 16.
678 *Calliess*, in: Calliess/Ruffert, EUV/AEUV, Art. 5 AEUV, Rn. 2; *Bandilla*, in: Grabitz/Hilf/Nettesheim, EUV/AEUV, Art. 5 AEUV, Rn. 9.
679 *Calliess*, in: Calliess/Ruffert, EUV/AEUV, Art. 5 AEUV, Rn. 2; *Bandilla*, in: Grabitz/Hilf/Nettesheim, EUV/AEUV, Art. 5 AEUV, Rn. 8; *Oppermann*, DVBl. 2003, 1165 (1173); *Ludwigs*, ZEuS 2004, 211 (236); *Kotzur*, in: Geiger/Khan/Kotzur, EUV/AEUV, Art. 5 AEUV, Rn. 2.
680 *Kotzur*, in: Geiger/Khan/Kotzur, EUV/AEUV, Art. 5 AEUV, Rn. 2.
681 *Bandilla*, in: Grabitz/Hilf/Nettesheim, EUV/AEUV, Art. 5 AEUV, Rn. 8.

terstützungs-, Koordinierungs- und Ergänzungskompetenzen (Art. 6 AEUV). Ist ein Bereich weder in Art. 4 AEUV noch in Art. 6 AEUV ausdrücklich genannt, so ordnet Art. 4 Abs. 1 AEUV diesen Bereich der geteilten Zuständigkeit zu.[682] Demnach unterfiele die Wirtschaftspolitik dem Typ der geteilten Kompetenz.[683]

Wesensmerkmal der geteilten Zuständigkeiten ist aber, dass die mitgliedstaatliche Rechtsetzungskompetenz verdrängt wird, sobald die Union von ihrer Zuständigkeit Gebrauch macht (Art. 2 Abs. 2 AEUV).[684] Die Wirtschaftspolitik wird gemäß Art. 5 AEUV jedoch von den Mitgliedstaaten innerhalb der Union koordiniert.[685] Dies setzt voraus, dass es weiterhin nationale Wirtschaftspolitiken gibt, die überhaupt innerhalb der Union koordiniert werden können.[686] Das spricht gegen die Zuordnung des Art. 5 AEUV zu den Kompetenzen im Sinne des Art. 6 AEUV, denn dort würden die mitgliedstaatlichen Zuständigkeiten durch ein Tätigwerden der Union verdrängt.[687]

Materiell besteht der Unterschied zwischen Kompetenzen im Sinne der Art. 5 und 6 AEUV darin, dass bei der Wirtschaftspolitik eine Koordinierung durch die Mitgliedstaaten innerhalb der Union stattfindet, wohingegen bei den Unterstützungs-, Koordinierungs- und Ergänzungskompetenzen eine Koordinierung durch die Union stattfindet.[688] Dem lässt sich allerdings entgegen halten, dass letztlich auch bei den Zuständigkeiten im Sinne des Art. 6 AEUV eine Harmonisierung ausgeschlossen ist (Art. 2 Abs. 5 UAbs. 2 AEUV).[689]

---

682 *Ludwigs*, ZEuS 2004, 211 (235); *Kotzur*, in: Geiger/Khan/Kotzur, EUV/AEUV, Art. 5 AEUV, Rn. 1; *Smits*, C. M. L. R. 2005, 425 (430).
683 Ebenda.
684 *Calliess*, in: Calliess/Ruffert, EUV/AEUV, Art. 5 AEUV, Rn. 3.
685 *Streinz*, in: Streinz, EUV/AEUV, Art. 5 AEUV, Rn. 2; *Bandilla*, in: Grabitz/Hilf/Nettesheim, EUV/AEUV, Art. 5 AEUV, Rn. 6.
686 *Streinz*, in: Streinz, EUV/AEUV, Art. 5 AEUV, Rn. 2; *Kotzur*, in: Geiger/Khan/Kotzur, EUV/AEUV, Art. 5 AEUV, Rn. 1.
687 *Streinz*, in: Streinz, EUV/AEUV, Art. 5 AEUV, Rn. 2; *Calliess*, in: Calliess/Ruffert, EUV/AEUV, Art. 5 AEUV, Rn. 3; *Bandilla*, in: Grabitz/Hilf/Nettesheim, EUV/AEUV, Art. 5 AEUV, Rn. 10.
688 *Calliess*, in: Calliess/Ruffert, EUV/AEUV, Art. 5 AEUV, Rn. 4.
689 *Calliess*, in: Calliess/Ruffert, EUV/AEUV, Art. 5 AEUV, Rn. 4.

Im Ergebnis ist die Wirtschaftspolitik eine unionale Zuständigkeit *sui generis*.[690] In der Stellung des Art. 5 AEUV zwischen den anderen Zuständigkeiten und seiner ausdrücklichen Erwähnung in Art. 2 Abs. 3 AEUV manifestiert sich systematisch der Wille der Mitgliedstaaten, diesen Bereich nicht ohne Weiteres einer der anderen Kompetenzkategorien zuzuordnen. Zudem bestehen (zumindest geringfügige) materielle Unterschiede zu den Unterstützungs-, Koordinieruns- und Ergänzungskompetenzen des Art. 6 AEUV. Dem würde eine Gleichsetzung von Art. 5 und 6 AEUV nicht gerecht.

ff) Schließlich dürfen die Folgen einer aufgrund des Art. 352 AEUV ergangenen Maßnahme nicht einer Vertragsänderung gleichkommen.[691] Dadurch soll eine übergebührliche Souveränitätsbeschränkung der Mitgliedstaaten vermieden werden.[692] Gleichwohl stellt jede Kompetenzerweiterung streng genommen eine Vertragsmodifikation dar.[693] Damit läuft dieses negative Tatbestandsmerkmal nach Ansicht von *Winkler* auf einen Wesentlichkeitsvorbehalt hinaus, nach dem jedenfalls wesentliche Modifikationen der Vertragsarchitektur aufgrund des Art. 352 AEUV untersagt sind.[694]

Alle wesentlichen Verfahrensschritte der multilateralen Überwachung sind in Art. 121 Abs. 4 AEUV ausdrücklich benannt. Die Möglichkeit zum Erlass unverzinslicher Einlagen oder vergleichbarer Sanktionen wird dort nicht aufgeführt. Die Vorschrift des Art. 4 Abs. 1 VO 1173/2011 stellt auch keine Einzelheit des Verfahrens dar, so dass sie sekundärrechtlich geregelt werden könnte.[695] Somit stellt die Norm eine Änderung des primärrechtlichen Verfahrens des Art. 121 Abs. 4 AEUV selbst dar.[696] Daraus folgt, dass eine

---

690 *Streinz*, in: Streinz, EUV/AEUV, Art. 5 AEUV, Rn. 2; *Bandilla*, in: Grabitz/Hilf/Nettesheim, EUV/AEUV, Art. 5 AEUV, Rn. 10. A. A. *Smits*, C. M. L. R. 2005, 425 (430). Im Ergebnis unklar: *Calliess*, in: Calliess/Ruffert, EUV/AEUV, Art. 5 AEUV, Rn. 4.
691 EuGH, Rs. 2/94 (Gutachten EMRK), Slg. 1996, I-1759 (Rn. 30); *Rossi*, in: Calliess/Ruffert, EUV/AEUV, Art. 352 AEUV, Rn. 75; *Winkler*, in: Grabitz/Hilf/Nettesheim, EUV/AEUV, Art. 352 AEUV, Rn. 63.
692 *Winkler*, in: Grabitz/Hilf/Nettesheim, EUV/AEUV, Art. 352 AEUV, Rn. 63.
693 *Häde/Puttler*, EuZW 1997, 13 (15) m. w. N.
694 *Winkler*, in: Grabitz/Hilf/Nettesheim, EUV/AEUV, Art. 352 AEUV, Rn. 63.
695 Im Einzelnen, siehe S. 103 ff.
696 Vgl. bereits gleichlautende Auffassungen zu milderem Sanktionsautomatismus: *Häde*, EuZW 1996, 138 (140); *Bark,* Defizitverfahren, S. 55; *Schulze-Steinen,* Rechtsfragen Wirtschaftsunion, S. 293; *Smits,* ECB, S. 85.

§ 8 Vereinbarkeit mit Unionsrecht

Überführung der Sanktion in den europäischen Rechtskanon allenfalls im Wege des Vertragsänderungsverfahrens nach Art. 48 EUV in Betracht kommt.[697] Dementsprechend handelt es sich bei der Sanktion um eine Vertragsänderung, die vom Tatbestand der Flexibilitätsklausel nicht mehr gedeckt ist.

b) Schlussfolgerung

Die Flexibilitätsklausel des Art. 352 Abs. 1 AEUV stellt keine taugliche Rechtsgrundlage für die Regelung des Art. 4 Abs. 1 VO 1173/2011 dar.

4. Schlussfolgerung

Da es der Vorschrift des Art. 4 Abs. 1 VO 1173/2011 an einer tauglichen Rechtsgrundlage fehlt, ist diese rechtswidrig.[698]

II. Unverzinsliche Einlage des Art. 5 Abs. 1 und die Geldbuße des Art. 6 Abs. 1 VO 1173/2011

Die Sanktionen der unverzinslichen Einlage (Art. 5 Abs. 1 VO 1173/2011) und der Geldbuße (Art. 6 Abs. 1 VO 1173/2011) gehören zum *sixpack* und sollen das Defizitverfahren schon in einem frühen Stadium mit Sanktionen bewehren.[699] Die Normen bedürfen zu ihrer Rechtmäßigkeit einer tauglichen Rechtsgrundlage (Art. 5 Abs. 2 EUV).

---

[697] Vgl. bereits gleichlautende Auffassungen zu milderem Sanktionsautomatismus: *Häde*, EuZW 1996, 138 (140); *Bark,* Defizitverfahren, S. 55; *Schulze-Steinen,* Rechtsfragen Wirtschaftsunion, S. 293; *Smits,* ECB, S. 85.
[698] Im Ergebnis ebenso: *Häde*, in: Festschrift Martiny, S. 891 (912).
[699] Siehe dazu bereits S. 102.

1. Rechtsgrundlage des Art. 126 Abs. 14 AEUV

Fraglich ist, ob Art. 126 Abs. 14 AEUV eine taugliche Rechtsgrundlage für Art. 5 Abs. 1 und 6 Abs. 1 VO 1173/2011 darstellt. Die Maßnahmen dienen dem Zweck, das Verfahren bei übermäßigen öffentlichen Defiziten schon in einem früheren Stadium als bisher mit Sanktionen zu bewehren: Die unverzinsliche Einlage ist zu leisten, sobald ein übermäßiges Defizit gemäß Art. 126 Abs. 6 AEUV respektive ein besonders schwerwiegender Verstoß gegen die im Stabilitäts- und Wachstumspakt festgelegten haushaltspolitischen Verpflichtungen festgestellt wurde. Die Geldbuße knüpft an die Nicht-Befolgung der nach Art. 126 Abs. 8 AEUV zur Defizitreduzierung empfohlenen Maßnahmen an. Beide Instrumente sollen dem Verfahren zur Vermeidung öffentlicher Defizite nach Art. 126 AEUV zu mehr Durchsetzungskraft verhelfen.

Die VO 1173/2011 zur Implementierung der Sanktionen bezeichnet Art. 136 in Verbindung mit Art. 121 Abs. 6 AEUV als deren Rechtsgrundlage. Die Nennung des Art. 121 AEUV überrascht im hiesigen Kontext insofern, als das Verfahren zur Vermeidung übermäßiger öffentlicher Defizite mit Art. 126 Abs. 14 AEUV über eine eigene Rechtsgrundlage zur verfahrensspezifischen Sekundärrechtsetzung verfügt. Zunächst ist daher vor dem Hintergrund der größeren Sachnähe die Einschlägigkeit der Vorschrift des Art. 126 Abs. 14 AEUV als Rechtsgrundlage in den Blick zu nehmen.

a) Eröffnung des Anwendungsbereiches des Art. 126 AEUV

Dazu müssten die Sanktionen zunächst in den Anwendungsbereich von Art. 126 AEUV fallen. Die dafür erforderliche Abgrenzung zum Verfahren der multilateralen Überwachung fällt schwer, da unter deren Dach eine große Bandbreite an Indikatoren und Instrumenten vereint sind.[700]

Zunächst versucht das primärrechtlich determinierte Verfahren mit den Mitteln der Verwarnung, Empfehlung und Empfehlungsveröffentlichung insbesondere die Beachtung der Grundzüge der Wirtschaftspolitik sicherzu-

---

700 *Hattenberger*, in: Schwarze, EU-Kommentar, Art. 121 AEUV, Rn. 20.

stellen (Art. 121 Abs. 3 und 4 AEUV).[701] Zudem knüpft die präventive Komponente des Stabilitäts- und Wachstumspakts an die Erreichung des mittelfristigen Haushaltsziels durch Beschreiten eines bestimmten Anpassungspfades an, um im Ergebnis übermäßige Defizite zu vermeiden (Art. 5 und 6 VO 1466/97 in der Fassung der VO 1175/2011).[702] Außerdem soll ein weiteres Verfahren im Euro-Währungsgebiet makoökonomischen Ungleichgewichten entgegenwirken (VO 1176/2011 sowie VO 1174/2011).[703] Schließlich bezweckt das Europäische Semester die präventive Bewertung und Diskussion der nationalen Haushaltsgesetze (Art. 2-a VO 1466/97 sowie Art. 2-a VO 1175/2011).[704]

Eine klare Abgrenzung folgt daraus nicht, stehen die übermäßigen öffentlichen Defizite, an welche die Sanktionen anknüpfen, doch im Fokus von zwei Verfahren: Im Rahmen der multilateralen Überwachung nach VO 1466/97 wird ebenso auf den staatlichen Schuldenstand abgestellt wie beim Verfahren bei übermäßigen öffentlichen Defiziten nach Art. 126 AEUV in Verbindung mit VO 1467/97.

Ebenso wenig Erkenntnisgewinn lässt sich aus dem Versuch ziehen, die Verfahren in zeitlicher Hinsicht zu unterscheiden. Denn die präventive und die korrektive Komponente des Stabilitäts- und Wachstumspakts haben sich mittlerweile so stark angeglichen, dass sie partiell gleichlaufen.[705] Das über Art. 4 Abs. 1 VO 1173/2011 sanktionsbewehrte multilaterale Überwachungsverfahren setzt bei einer Abweichung vom Anpassungspfad ein (Art. 6 VO 1466/97). Weicht ein Mitgliedstaat vom Anpassungspfad in Richtung auf das mittelfristige Haushaltsziel ab, so ist es nicht unüblich, dass es darüber hinaus zu einem übermäßigen öffentlichen Defizit im Sinne des Art. 126 AEUV kommt.

Die Eröffnung des Anwendungsbereiches des Art. 126 AEUV ergibt sich jedoch aus dem Wortlaut der VO 1173/2011 selbst. Denn die Maßnahmen nach Art. 5 Abs. 1 und 6 Abs. 1 VO 1173/2011 werden durch die Feststellung des Defizits nach Art. 126 Abs. 6 AEUV ausgelöst. Diese unmittelbare

---

701 *Hattenberger*, in: Schwarze, EU-Kommentar, Art. 121 AEUV, Rn. 27 ff.
702 *Hattenberger*, in: Schwarze, EU-Kommentar, Art. 121 AEUV, Rn. 39 ff.
703 *Hattenberger*, in: Schwarze, EU-Kommentar, Art. 121 AEUV, Rn. 47 ff.
704 *Hattenberger*, in: Schwarze, EU-Kommentar, Art. 121 AEUV, Rn. 37 ff.
705 *Bandilla*, in: Grabitz/Hilf/Nettesheim, EUV/AEUV, Art. 121 AEUV, Rn. 3; *Hattenberger*, in: Schwarze, EU-Kommentar, Art. 126 AEUV, Rn. 38 und 68.

Anknüpfung an das Defizitverfahren nach Art. 126 AEUV spricht für eine Zuordnung der Sanktionen zu diesem Bereich.

Hinzu kommt, dass das vierte Kapitel der VO 1173/2011, in dem sich die Sanktionsvorschriften befinden, mit »Sanktionen im Rahmen der korrektiven Komponente des Stabilitäts- und Wachstumspakts« überschrieben ist. Die korrektive Komponente ist in der VO 1467/97 geregelt, welche sich ausweislich ihrer Präambel auf Art. 126 Abs. 14 AEUV als Rechtsgrundlage stützt. Dies spricht ebenfalls für eine Zuordnung der Sanktionen zum Defizitverfahren des Art. 126 AEUV.

b) Auslegung

aa) Zunächst ist klärungsbedürftig, ob vorliegend Art. 126 Abs. 14 UAbs. 2 oder UAbs. 3 AEUV als Rechtsgrundlage in Betracht kommt. Die Vorschrift hat folgenden Wortlaut:

> »Weitere Bestimmungen über die Durchführung des in diesem Kapitel beschriebenen Verfahrens sind in dem den Verträgen beigefügten Protokoll über das Verfahren bei einem übermäßigen Defizit enthalten.
>
> Der Rat verabschiedet gemäß einem besonderen Gesetzgebungsverfahren einstimmig und nach Anhörung des Europäischen Parlaments sowie der Europäischen Zentralbank die geeigneten Bestimmungen, die sodann das genannte Protokoll ablösen.
>
> Der Rat beschließt vorbehaltlich der sonstigen Bestimmungen dieses Absatzes auf Vorschlag der Kommission und nach Anhörung des Europäischen Parlaments nähere Einzelheiten und Begriffsbestimmungen für die Durchführung des genannten Protokolls.«

Aus UAbs. 1 ergibt sich, dass im Primärrecht ein bestimmtes Verfahren bei übermäßigen Defiziten vorgesehen ist, dessen »Durchführung« in einem Protokoll – namentlich Protokoll Nr. 12[706] – weitergehend bestimmt wird. Dieses Protokoll Nr. 12 kann gemäß UAbs. 2 durch Sekundärrecht abgelöst werden. Schließlich sieht UAbs. 3 die Möglichkeit vor, »nähere Einzelheiten und Begriffsbestimmungen für die Durchführung des genannten Protokolls« ebenfalls durch den Erlass von Sekundärrecht zu regeln.

Zieht man UAbs. 2 als Rechtsgrundlage für die Sanktionen der VO 1173/2011 in Betracht, so gilt es zunächst zu klären, ob durch die Schaf-

---

706 *Häde*, in: Calliess/Ruffert, EUV/AEUV, Art. 126 AEUV, Rn. 76.

§ 8 Vereinbarkeit mit Unionsrecht

fung dieses Sekundärrechtsaktes das Protokoll Nr. 12 vollständig ersetzt werden muss oder ob auch eine Ergänzung desselben möglich ist. Geht man nach dem reinen Wortlaut, so wäre unter einer Ablösung die umfassende Ersetzung des Protokolls durch Sekundärrecht zu verstehen.[707] Allerdings ist dies in der Sache keinesfalls zwingend, da die Rechtslage durch ein Nebeneinander von Protokoll und Sekundärrechtsakten nicht unübersichtlicher wird als etwa durch das Nebeneinander verschiedener Verordnungen.[708] Daher ist es grundsätzlich zulässig, das Protokoll Nr. 12 durch auf Art. 126 Abs. 14 UAbs. 2 AEUV gestützte Rechtsakte zu ergänzen statt vollständig abzulösen.[709] Allerdings müsste das so erlassene Sekundärrecht ebenso wie das Protokoll der »Durchführung« des Defizitverfahrens dienen (vgl. Art. 126 Abs. 14 UAbs. 1 AEUV).

Steht damit fest, dass UAbs. 2 grundsätzlich zur protokollergänzenden Sekundärrechtsetzung ermächtigt, gilt es diesen von UAbs. 3 abzugrenzen. UAbs. 3 ermächtigt seinem reinen Wortlaut nach lediglich zum Erlass von Durchführungsbestimmungen für das Protokoll (und nicht für das an dessen Stelle getretene oder ergänzende Sekundärrecht). Würde man somit den strengen Wortlaut zugrunde legen, würde der UAbs. 3 im Falle der Ersetzung des Protokolls durch Sekundärrecht gegenstandslos, da für ein nicht mehr in Kraft befindliches Protokoll keine Durchführungsbestimmungen erlassen werden können.[710] Dies würde jedoch dem Sinn der Vorschrift, eine über die in UAbs. 2 hinausgehende Feinsteuerung des Verfahrens zu ermöglichen, widersprechen und ist daher abzulehnen.[711] Dementsprechend besteht das Regelungskonstrukt des Art. 126 Abs. 14 AEUV letztlich aus drei Stufen:

---

707 *Blumenwitz/Schöbener,* Stabilitätspakt, S. 22; *Palm,* Preisstabilität WWU, S. 148; *Hentschelmann,* SWP, S. 1206.
708 *Häde,* in: Calliess/Ruffert, EUV/AEUV, Art. 126 AEUV, Rn. 91; *Bandilla,* in: Grabitz/Hilf/Nettesheim, EUV/AEUV, Art. 126 AEUV, Rn. 110; *Bark,* Defizitverfahren, S. 61; *Hentschelmann,* SWP, S. 1207.
709 *Häde,* in: Calliess/Ruffert, EUV/AEUV, Art. 126 AEUV, Rn. 91; *derselbe,* EuZW 1996, 138 (140); *Hattenberger,* in: Schwarze, EU-Kommentar, Art. 126 AEUV, Rn. 66; *Gaitanides,* in: Siekmann, EWU, Art. 126 AEUV, Rn. 167; *Kempen,* in: Streinz, EUV/AEUV, Art. 126 AEUV, Rn. 50; *Bark,* Defizitverfahren, S. 54; *Hentschelmann,* SWP, S. 1207.
710 *Häde,* in: Calliess/Ruffert, EUV/AEUV, Art. 126 AEUV, Rn. 97; *Blumenwitz/Schöbener,* Stabilitätspakt, S. 22; *Gaitanides,* in: Siekmann, EWU, Art. 126 AEUV, Rn. 166.
711 Ebenda.

4. Teil: Maßnahmen des sixpacks

Auf oberster Stufe steht das Primärrecht. Zu dessen Durchführung gibt es auf der zweiten Stufe das Protokoll respektive an dessen Stelle getretenes oder ergänzendes Sekundärrecht. Auf der dritten Stufe wird der Erlass von Durchführungsvorschriften für das Protokoll respektive an dessen Stelle getretenes oder ergänzendes Sekundärrecht zugelassen.

Bislang war weder im Protokoll Nr. 12 noch im sonstigen Sekundärrecht zu Art. 126 AEUV die Sanktionsbewehrung vor der Inverzugsetzung gemäß Art. 126 Abs. 9 AEUV möglich. Angesichts der Zwangswirkung der Sanktionen handelt es sich um sehr weitgehende Maßnahmen, die allenfalls aufgrund von UAbs. 2 ergehen können. Denn die Stufenfolge wird nur eingehalten, wenn die Detailregelungen des UAbs. 3 denen des UAbs. 2 nachgeordnet sind, es sich mithin wirklich nur um »nähere Einzelheiten und Begriffsbestimmungen« handelt.[712] Somit ist der Anwendungsbereich des UAbs. 3 sehr begrenzt, zulässig sind nur Konkretisierungen, nicht aber Änderungen des Sekundärrechts.[713] Die VO 1467/97 als korrektive Komponente des Stabilitäts- und Wachstumspakts etwa erging auf Basis von UAbs. 2[714] – und das, obschon sie keine so weitreichenden Maßnahmen wie Sanktionen beinhaltet.

bb) Weiterhin ist fraglich, ob Art. 126 Abs. 14 UAbs. 2 AEUV seinem Wortlaut und seiner Systematik nach eine ausreichende Rechtsgrundlage für die Sanktionen darstellt. Der Wortlaut der Norm selbst enthält lediglich die Vorgabe, dass die sekundärrechtlichen Bestimmungen »geeignet« sein müssen. Dies setzt voraus, dass die Regelungen der »Durchführung« des Defizitverfahrens dienen (Art. 126 Abs. 14 UAbs. 1 AEUV). Davon wäre etwa nicht auszugehen, wenn sie das Verfahren erschweren oder ineffizienter machen

---

712 *Häde*, in: Calliess/Ruffert, EUV/AEUV, Art. 126 AEUV, Rn. 95; *Gaitanides*, in: Siekmann, EWU, Art. 126 AEUV, Rn. 167.
713 *Häde*, in: Calliess/Ruffert, EUV/AEUV, Art. 126 AEUV, Rn. 95; *Gaitanides*, in: Siekmann, EWU, Art. 126 AEUV, Rn. 167.
714 EuGH, Rs. C-27/04 (Kommission/Rat), Slg. 2004, I-6679 (Rn. 78); *Häde*, in: Calliess/Ruffert, EUV/AEUV, Art. 126 AEUV, Rn. 91; *derselbe*, EuZW 1996, 138 (140); *Hattenberger*, in: Schwarze, EU-Kommentar, Art. 126 AEUV, Rn. 66; *Gaitanides*, in: Siekmann, EWU, Art. 126 AEUV, Rn. 167; *Kempen*, in: Streinz, EUV/AEUV, Art. 126 AEUV, Rn. 50; *Bark*, Defizitverfahren, S. 54; *Hentschelmann*, SWP, S. 1207. A. A.: *Bandilla*, in: Grabitz/Hilf/Nettesheim, EUV/AEUV, Art. 126 AEUV, Rn. 111.

würden.[715] Ein weitergehender Aussagegehalt ist dem jedoch nicht zu entnehmen. Da die Sanktionen das Defizitverfahren jedenfalls nicht ineffizienter gestalten, scheitert ihre Zulässigkeit nicht an diesem Tatbestandsmerkmal.

Die Vorschrift des Art. 126 Abs. 11 AEUV enthält eine Aufzählung verschiedener Sanktionstypen. Diese Aufzählung wird weithin als abschließend angesehen.[716] Andernfalls würde dem Normgeber unterstellt, er habe ausgerechnet hinsichtlich der empfindlichen Sanktionen eine unvollständige und damit systematisch inkonsistente Regelung geschaffen. Nicht mit letzter Konsequenz deutlich wird dabei jedoch, ob sich die demnach erschöpfende Aufzählung nur auf die Typen möglicher Sanktionen oder auch auf den konkreten Anwendungsfall im Verfahrensablauf bezieht. Denn die in Art. 5 Abs. 1 und 6 Abs. 1 VO 1173/2011 vorgesehenen Sanktionstypen – unverzinsliche Einlage und Geldbuße – werden als solche durchaus in Art. 126 Abs. 11 AEUV aufgeführt. Entscheidend ist daher, ob die Aufzählung auch bezüglich des konkreten Stadiums im Verfahrensablauf abschließend ist. Denn die primärrechtlich vorgesehenen Sanktionen greifen erst ab der Nicht-Befolgung einer Ratsempfehlung nach Art. 126 Abs. 9 AEUV ein, während die Sanktionen nach der VO 1173/2011 bereits früher einsetzen. Systematisch konsequent ist davon auszugehen, dass eine Bestimmung zur »Durchführung« des Defizitverfahrens dieses in seinem Ablauf selbst nicht zu modifizieren vermag, mithin die Aufzählung auch hinsichtlich des Verfahrensstadiums eine abschließende ist.[717]

cc) Das Ergebnis der Auslegung nach dem Wortlaut und der Systematik wird durch die Entstehungsgeschichte der Norm bestätigt. Zu Beginn der Regierungskonferenz über die Europäische Wirtschafts- und Währungsunion war völlig offen, wie die allseits gewünschte Budgetkontrolle der Mitgliedstaaten in der vertraglichen Praxis aussehen könnte. Dies galt in besonderem Maße hinsichtlich des Instrumentariums, das der Union zur Durchsetzung der Defi-

---

715 *Blumenwitz/Schöbener,* Stabilitätspakt, S. 21.
716 *Häde,* in: Calliess/Ruffert, EUV/AEUV, Art. 126 AEUV, Rn. 59; *Kempen,* in: Streinz, EUV/AEUV, Art. 126 AEUV, Rn. 37; *Hattenberger,* in: Schwarze, EU-Kommentar, Art. 126 AEUV, Rn. 54; *Bandilla,* in: Grabitz/Hilf/Nettesheim, EUV/AEUV, Art. 126 AEUV, Rn. 96.
717 *Häde,* EuZW 1996, 138 (140); *Bandilla,* in: Grabitz/Hilf/Nettesheim, EUV/AEUV, Art. 126 AEUV, Rn. 110; *Schulze-Steinen,* Rechtsfragen Wirtschaftsunion, S. 293; *Blumenwitz/Schöbener,* Stabilitätspakt, S. 21; *Bark,* Defizitverfahren, S. 55.

4. Teil: Maßnahmen des sixpacks

zitregeln zur Verfügung gestellt werden sollte. So formulierte das Europäische Parlament in Vorbereitung der Konferenz:

> »Allzu große öffentliche Defizite sollten vermieden werden, da sie das Ziel der Stabilität in Frage stellen. Andererseits sollte eine externe Finanzierung, sofern sie genauestens überwacht wird, nicht untersagt werden, wobei der Grundsatz zu beachten ist, daß die öffentlichen Anleihen die Investitionsausgaben nicht übersteigen dürfen. In diesem Bereich sollte ein im Grundsatz strenges, doch in der *Anwendung flexibles Konzept verfolgt werden (Verzicht auf Sanktionen)*.«[718]

Das Parlament bringt hier deutlich zum Ausdruck, dass es eine Sanktionierung von Verstößen gegen den Grundsatz der Vermeidung übermäßiger öffentlicher Defizite nicht für angezeigt hält. Die Mitgliedstaaten sollen vielmehr durch Anreize motiviert werden, ihre Verschuldung nicht zu stark anwachsen zu lassen. Worin die konkreten Anreize liegen könnten, bleibt an dieser Stelle jedoch offen. Die Kommission liegt insoweit mit dem Parlament auf einer Linie, so dass die entsprechende Vorschrift des Art. 104 a im ersten an den Rat übermittelten Vertragsentwurf keine Sanktionen bei übermäßigen Defiziten vorsieht:

> »(2) Excessive budget deficits shall be avoided. The Council may, to this end, adopt appropriate measures pursuant to the provisions of this Chapter.«[719]

Soweit hier die »angemessenen Maßnahmen gemäß der Bestimmungen dieses Kapitels« angesprochen werden, ist damit lediglich die Kommissionsbefugnis gemeint, Abhilfemaßnahmen zu empfehlen – ggf. mit anschließender Veröffentlichung.[720] Im erläuternden Teil des Entwurfes wird deutlich, dass

---

718 *Europäisches Parlament,* Vorbereitende Interinstitutionelle Konferenz - Ergänzende Aufzeichnung zur Wirtschafts- und Währungsunion vom 13.09.1990, S. 3; Hervorhebungen durch den Verfasser.
719 *Secretary-General of the Commission of the European Communities,* Draft Treaty amending the Treaty establishing the European Economic Community with a view to achieving Economic and Monetary Union vom 09.01.1991, S. 21.
720 *Commission of the European Communities,* Draft Treaty amending the Treaty establishing the European Economic Community with a view to achieving Economic and Monetary Union – Commentary vom 19.01.1991, S. 13; *Secretary-General of the Commission of the European Communities,* Draft Treaty amending the Treaty establishing the European Economic Community with a view to achieving Economic and Monetary Union vom 09.01.1991, S. 20.

§ 8 Vereinbarkeit mit Unionsrecht

auch die Kommission ein Anreizsystem einem Sanktionsregime vorziehen würde, hier aber das letzte Wort noch nicht gesprochen ist.[721]

Die Mitgliedstaaten nahmen den Vertragsentwurf zum Anlass, um in umfänglichen Stellungnahmen den Wunsch nach einem robusteren Defizitverfahren – namentlich mit Sanktionsbewehrung – zu artikulieren. So führte etwa der irische Finanzminister aus:

»[T]here should be community procedures for dealing with excessive budget deficits and surpluses. The Treaty should provide a legal framework for these procedures; the procedures themselves and the *sanctions* they involve should be enshrined in secondary legislation.«[722]

In die gleiche Richtung weisen die französischen Vorstellungen, welche die Republik in einem eigenen Vertragsentwurf deutlich machte:

»Where, however, a recommendation regarding the reduction of an excessive budget deficit is not implemented the Council may, over and above the measures provided for in Article 1-3(3), decide to:

- instruct the ESCB to restrict or suspend its transactions in the public debt securities of the state concerned;

- instruct the national authorities responsible for banking and financial supervision to take all necessary steps to safeguard the security of the Community's financial system.«[723]

Schließlich bezog auch die Bundesrepublik klar für ein über bloße Anreize hinausgehendes Sanktionsregime Stellung:

»If, within a period to be fixed by the Council in the Decision, the Member State has still not complied with the budgetary guidelines, the Council may decide by a qualified majority to put an end to certain payments to the Member State from Community resources or to impose other appropriate sanctions against the Member State concerned.«[724]

---

721 *Secretary-General of the Commission of the European Communities,* Draft Treaty amending the Treaty establishing the European Economic Community with a view to achieving Economic and Monetary Union vom 09.01.1991, S. 8; siehe zudem S. 109.
722 *Minister of Finance of the Republic of Ireland,* Statement on Ireland's Opening Position vom 27.09.1991, S. 6; Hervorhebungen durch den Verfasser.
723 *Minister for Economic Affairs/Minister for Foreign Affairs of France,* Draft Treaty on Economic and Monetary Union submitted by the French Government vom 28.01.1991, S. 6.
724 *German Delegation on the IGC,* Composite proposal be the German delegation vom 26.02.1991, S. 16.

4. Teil: Maßnahmen des sixpacks

In der Folge greifen die Vertragsentwürfe die Sanktionen in unterschiedlicher Form auf. So ist zunächst noch schlicht von »appropriate penalties« bei Nicht-Befolgung der Ratsempfehlungen die Rede,[725] während in späteren Fassungen schon ein den heutigen Regelungen recht ähnliches Verfahren vorgesehen ist.[726]

In den Zwischenberichten der Konferenz an den Rat wird dabei immer wieder deutlich gemacht, dass die Mehrheitsmeinung inzwischen die Einführung von Sanktionen befürwortet, eine abschließende Entscheidung über die Details jedoch noch nicht getroffen wurde:

> »The very great majority of delegations also accepts the need for binding rules and appropriate sanctions. This aspect has still to be clarified.«[727]

In allen weiteren Entwürfen für den Vertragstext ist dann auch ein dem heutigen Prozedere vergleichbares Defizitverfahren mit Sanktionen vorgesehen.[728] Die Entstehungsgeschichte der Norm spiegelt somit einen Diskussionsprozess wider, an dessen Beginn ein bloßes Anreizsystem stand, welches im Laufe der Verhandlungen ganz bewusst von einem Sanktionsregime abgelöst wurde. Die Sanktionen waren dabei, wie insbesondere der Bericht an den Rat zeigt,[729] nicht unumstritten, aber doch breiter Konsens. Dabei wurden verschiedene Formen von Sanktionen in Betracht gezogen,[730] am Ende

---

725 *Presidency of the Intergovernmental Conference on Economic and Monetary Union,* Draft Treaty on the Union vom 18.06.1991, S. 27.

726 *Presidency of the Intergovernmental Conference on Economic and Monetary Union,* Proposal by the Presidency to the intergovernmental Conference on Economic and Monetary Union vom 28.10.1991, S. 15.

727 *Presidency of the Intergovernmental Conference on Economic and Monetary Union,* Report to the European Council vom 25.06.1991, S. 4.

728 *Chairman of the EMU Working Group,* Revised Version of EMU Text vom 28.11.1991, S. 13; *Presidency of the Intergovernmental Conference on Economic and Monetary Union,* Draft Treaty on European Union vom 18.12.1991, S. 38; *dasselbe,* Amendments to the EEC Treaty - Economic and Monetary Union - as Agreed in the European Council of Maastricht vom 10.12.1991, S. 14.

729 *Presidency of the Intergovernmental Conference on Economic and Monetary Union,* Report to the European Council vom 25.06.1991, S. 4.

730 Vgl. etwa die deutschen und französischen Vorschläge: *German Delegation on the IGC,* Composite proposal be the German delegation vom 26.02.1991, S. 16; *Minister for Economic Affairs/Minister for Foreign Affairs of France,* Draft Treaty on Economic and Monetary Union submitted by the French Government vom 28.01.1991, S. 6.

entschied man sich für die vorliegende Endfassung des Vertrages von Maastricht.

Die Entstehungsgeschichte der Vorschrift des Art. 126 AEUV zeigt somit, dass es sich bei der Regelung um das sorgfältig ausformulierte Ergebnis ausgiebiger Diskussionen handelt. Die in der Norm vorgesehenen Sanktionen sind demnach – sowohl dem Typ als auch dem konkreten Anwendungsfall im Verfahrensablauf nach – abschließend.

dd) Der Sinn und Zweck des Art. 126 Abs. 14 UAbs. 2 AEUV besteht darin, der Union den Erlass von Durchführungsbestimmungen für das Defizitverfahren zu ermöglichen, um damit optimal den Zielen des »magischen Dreiecks« – Wachstum, Beschäftigung und Preisstabilität – zu dienen. Dies ergeben die objektive sowie die subjektive teleologische Auslegung gleichermaßen. So wird der Zweck bei der objektiven teleologischen Auslegung aus dem Wortlaut und der Systematik der Norm abgeleitet. Die Ermächtigung zum Erlass von »Durchführungsbestimmungen« spricht dafür, dass dadurch das Defizitverfahren möglichst effizient gestaltet werden soll. Aufgrund der systematischen Einbettung der Vorschrift im Kapitel über die Wirtschaftspolitik, sind dessen Ziele gemäß Art. 120 S. 1 AEUV – Wachstum, Beschäftigung und Preisstabilität – gleichfalls als Ziele des Art. 126 AEUV selbst anzusehen, deren Erreichung die Norm bezweckt.[731] Die an der Entstehungsgeschichte ansetzende subjektive teleologische Auslegung ergibt, dass die Regelung vorwiegend die Gewährleistung von Preisstabilität bezweckt,[732] welche durch übermäßige öffentliche Defizite bedroht werden könnte.[733]

Die Verschärfung des Defizitverfahrens durch früher greifende Sanktionen ist dessen Effizienz und mithin der Preisstabilität sicher nicht abträglich. Im Gegenteil ist davon auszugehen, dass die Durchsetzungskraft des Verfahrens durch die Sanktionen erhöht wird. Demnach sind die Vorschriften des Art. 5 Abs. 1 und Art. 6 Abs. 1 VO 1173/2011 dem Zweck des Art. 126 Abs. 14

---

731 Im Einzelnen, siehe S. 113.
732 *Europäisches Parlament,* Vorbereitende Interinstitutionelle Konferenz - Ergänzende Aufzeichnung zur Wirtschafts- und Währungsunion vom 13.09.1990, S. 3; *Commission of the European Communities,* Draft Treaty amending the Treaty establishing the European Economic Community with a view to achieving Economic and Monetary Union – Commentary vom 19.01.1991, S. 12.
733 Im Einzelnen, siehe S. 33.

UAbs. 2 AEUV dienlich, so dass die teleologische Auslegung für deren Rechtmäßigkeit spricht.

ee) Eine ungeschriebene Kompetenz zum Erlass der Sanktionen lässt sich aus Art. 126 Abs. 14 UAbs. 2 AEUV nicht ableiten. Aufgrund der Lückenfüllungsfunktion[734] der Lehre von den ungeschriebenen Zuständigkeiten vermag diese es nicht, bewusste Regelungsentscheidungen des Normgebers nachträglich zu korrigieren. Die Entstehungsgeschichte des Art. 126 AEUV zeigt, dass die Mitgliedstaaten sich ganz bewusst für die Bewehrung bestimmter Stationen des Defizitverfahrens entschieden haben. Somit fehlt es an einer Regelungslücke, die jedoch für die Anwendbarkeit der Lehre von den ungeschriebenen Kompetenzen zwingend erforderlich wäre.

ff) In der Gesamtabwägung scheidet Art. 126 Abs. 14 UAbs. 2 AEUV als Rechtsgrundlage für die Sanktionen aus. Wortlaut, Systematik und Entstehungsgeschichte zeigen, dass die in der Norm vorgesehenen Sanktionen sowohl ihrem Typ als auch ihrem konkreten Anwendungsfall im Verfahrensablauf nach abschließend sind. Die teleologische Auslegung, nach der die Einführung der Sanktionen aufgrund des Art. 126 Abs. 14 UAbs. 2 AEUV nicht von vornherein ausgeschlossen ist, vermag an diesem Resultat aufgrund der Überzeugungskraft der anderen Auslegungsergebnisse nichts zu ändern. Dies gilt insbesondere, da der Wortlaut die Grenze der Auslegung bildet und hier – obgleich nicht gänzlich eindeutig – doch klar gegen eine Tauglichkeit als Rechtsgrundlage spricht. Die Lehre von den ungeschriebenen Kompetenzen ist mangels Regelungslücke – die Mitgliedstaaten entschieden sich ganz bewusst nur für die vertraglich fixierten Sanktionen – nicht anwendbar.

c) Schlussfolgerung

Die Vorschrift des Art. 126 Abs. 14 UAbs. 2 AEUV stellt keine taugliche Rechtsgrundlage für die Sanktionen der Art. 5 Abs. 1 und 6 Abs. 1 VO 1173/2011 dar.

---

734 Vgl. *Loebenstein*, in: Festschrift Adamovich, S. 339 (342).

2. Rechtsgrundlage des Art. 121 Abs. 6 AEUV

Nachdem Art. 126 Abs. 14 UAbs. 2 AEUV als Rechtsgrundlage für die Sanktionen ausscheidet, ist klärungsbedürftig, ob die Maßnahmen auf Art. 121 Abs. 6 AEUV gestützt werden können.

Da der Anwendungsbereich des Art. 126 Abs. 14 UAbs. 2 AEUV vorliegend eröffnet ist,[735] stellt sich die Frage, ob diese Norm gegenüber Art. 121 Abs. 6 AEUV Sperrwirkung entfaltet. Die Kontrolle öffentlicher Defizite betrifft mit der Haushaltspolitik einen Teilbereich der allgemeinen Wirtschaftspolitik. Die multilaterale Überwachung dient insbesondere der Koordinierung der allgemeinen Wirtschaftspolitik. Folglich können sich die gemäß Art. 121 Abs. 6 AEUV regelbaren Einzelheiten des Verfahrens auf die ganze Bandbreite der Wirtschaftspolitik erstrecken. Das Verfahren bei übermäßigen Defiziten nach Art. 126 AEUV betrifft hingegen nur den Teilaspekt der Haushaltspolitik, womit gleichfalls der beschränkte Anwendungsbereich der Ermächtigungsnorm des Art. 126 Abs. 14 UAbs. 2 AEUV umrissen ist. Im Ergebnis ist Art. 121 Abs. 6 AEUV die allgemeinere Norm, aus deren Anwendungsbereich Art. 126 Abs. 14 UAbs. 2 AEUV einen Spezialbereich heraus greift.[736]

Der bloßen Existenz einer Spezialregelung wohnt jedoch nicht notwendigerweise die Aussage inne, dass dadurch eine allgemeinere Norm verdrängt wird. Vielmehr könnte diese subsidiär als eine Art Auffangtatbestand oder Generalklausel anwendbar bleiben.[737] Allerdings kann dies nicht gelten, wenn in einer Rechtsgrundlage für die Sekundärrechtsetzung bestimmte Verfahrensvorgaben gemacht werden, die durch die Anwendung der subsidiären Norm unterlaufen würden. Andernfalls würde dem Normgeber die Schaffung einer systematisch inkonsistenten Regelung unterstellt, da die strengeren Verfahrensvorgaben dann schlichtweg überflüssig wären.

Die Vorschrift des Art. 126 Abs. 14 UAbs. 2 AEUV sieht im Rat für den Erlass von Sekundärrecht ein striktes Einstimmigkeitserfordernis vor. Im Gegensatz dazu ist für den Erlass von Rechtsakten aufgrund von Art. 121 Abs. 6 AEUV bereits die qualifizierte Mehrheit des Rates ausreichend (Art. 121 Abs. 6, 289 Abs. 1 S. 2, 294 AEUV in Verbindung mit Art. 16

---

735 Im Einzelnen, siehe S. 140 ff.
736 *Gaitanides*, in: Siekmann, EWU, Art. 126 AEUV, Rn. 198.
737 In diese Richtung: *Antpöhler*, ZaöRV 2012, 353 (378).

Abs. 3 EUV). Die Verfahrensvorgaben des Art. 126 Abs. 14 UAbs. 2 AEUV sind in Bezug auf die zum Beschluss erforderliche Ratsmehrheit somit strenger als die des Art. 121 Abs. 6 AEUV. Mithin darf die speziellere, strengere Verfahrensregelung des Art. 126 Abs. 14 UAbs. 2 AEUV nicht durch die Anwendung des subsidiären, weniger strengen Art. 121 Abs. 6 AEUV unterlaufen werden.

Die Vorschrift des Art. 121 Abs. 6 AEUV scheidet damit als taugliche Rechtsgrundlage für die Sanktionen aus.

3. Rechtsgrundlage des Art. 136 Abs. 1 AEUV

Die Sanktionen können ebenso wenig aufgrund von Art. 136 Abs. 1 lit. a) AEUV ergehen. Im Ergebnis der Auslegung der Vorschrift des Art. 136 Abs. 1 lit. a) AEUV lässt diese über die in den sonstigen Bestimmungen der Verträge hinausgehende Maßnahmen – etwa Sanktionen – nicht zu.[738]

4. Rechtsgrundlage des Art. 352 Abs. 1 AEUV

Unabhängig vom Vorliegen der sonstigen Voraussetzungen der Norm, scheidet Art. 352 Abs. 1 AEUV als taugliche Rechtsgrundlage für Art. 5 Abs. 1 und 6 Abs. 1 VO 1173/2011 aus, da die Einführung der Sanktionen als eine Vertragsänderung zu werten ist. Der Erlass von Maßnahmen, die eine Vertragsänderung bedeuten, ist aufgrund der Flexibilitätsklausel nicht zulässig.[739] Die Vorschrift des Art. 126 Abs. 11 AEUV listet die Sanktionsmöglichkeiten im Defizitverfahren abschließend auf.[740] Mit den Regelungen der Art. 5 Abs. 1 und 6 Abs. 1 VO 1173/2011 würden Instrumente in das Defizitverfahren eingefügt, die dort bislang nicht vorgesehen sind. Somit handelt es sich hierbei um eine Veränderung des Primärrechts, die nur im Vertragsänderungsverfahren nach Art. 48 EUV, nicht aber aufgrund des Art. 352 Abs. 1 AEUV möglich ist. Im Ergebnis können die Vorschriften der Art. 5

---

738 Im Einzelnen, siehe S. 120 ff.
739 Im Einzelnen, siehe S. 138 f.
740 Im Einzelnen, siehe S. 145 f.

Abs. 1 und 6 Abs. 1 VO 1173/2011 nicht aufgrund des Art. 352 Abs. 1 AEUV ergehen.

5. Schlussfolgerung

Den Vorschriften der Art. 5 Abs. 1 und 6 Abs. 1 VO 1173/2011 fehlt es an einer tauglichen Rechtsgrundlage, sie sind mithin rechtswidrig.[741]

III. Geldbuße des Art. 8 Abs. 1 VO 1173/2011

Nach Art. 8 Abs. 1 VO 1173/2011 – einer weiteren Regelung des *sixpacks* – kann der Rat einem Mitgliedstaat, der Daten über Defizite oder Schulden falsch darstellt, eine Geldbuße auferlegen.[742] Diese Vorschrift ist rechtswidrig, wenn sie auf keiner tauglichen Rechtsgrundlage basiert (Art. 5 Abs. 2 EUV).

Auskunftsansprüche der Union gegenüber den Mitgliedstaaten sind allgemein in Art. 337 AEUV als Ausformung des Grundsatzes der Unionstreue (Art. 4 Abs. 3 EUV) geregelt.[743] Dazu stellt Art. 338 AEUV die speziellere Regelung dar, falls es sich – wie hier – um ein Auskunftsersuchen hinsichtlich statistischer Daten handelt.[744] Beide Normen umfassen das Recht zur Sekundärrechtsetzung. Für den gesamten »Defizitbereich« der Wirtschafts- und Währungsunion, also insbesondere Daten den öffentlichen Schuldenstand betreffend, sind die Rechtsgrundlagen des Kapitels über die Wirtschaftspolitik vorrangig.[745]

Die Geldbuße des Art. 8 Abs. 1 VO 1173/2011 kann vom Rat auf Vorschlag der Kommission verhängt werden, wenn ein Mitgliedstaat

»Daten über Defizite und Schulden, die für die Anwendung der Artikel 121 oder 126 AEUV oder für die Anwendung des dem EUV und dem AEUV beigefügten Protokolls über das Verfahren bei einem übermäßigen Defizit von Bedeutung sind, absichtlich oder aufgrund schwerwiegender Nachlässigkeit falsch darstellt«.

---

741 Im Ergebnis ebenso: *Häde*, in: Festschrift Martiny, S. 891 (912).
742 Siehe dazu bereits S. 102.
743 *Jaeckel*, in: Grabitz/Hilf/Nettesheim, EUV/AEUV, Art. 337 AEUV, Rn. 3 f.
744 *Kingreen*, in: Calliess/Ruffert, EUV/AEUV, Art. 338 AEUV, Rn. 2.
745 *Hahlen*, in: Grabitz/Hilf/Nettesheim, EUV/AEUV, Art. 338 AEUV, Rn. 13.

Daraus ist ersichtlich, dass die Norm dem Zweck dient, die Datenbasis für die Überwachung des öffentlichen Defizits im Rahmen der Verfahren nach Art. 121 und 126 AEUV zu sichern. Falschangaben können danach nämlich mit einer Geldbuße von bis zu 0,2 Prozent des BIP des betroffenen Mitgliedstaats (Art. 8 Abs. 2 VO 1173/2011) geahndet werden. Die Sanktionsbewehrung ist an dieser Stelle sinnvoll, da ohne korrekte Datenbasis ein Über- oder Unterschreiten der Referenzwerte des Art. 126 Abs. 2 AEUV nicht zuverlässig ermittelt werden kann und die Überwachungsverfahren folglich ins Leere liefen.

Die somit grundsätzlich in Betracht kommenden Vorschriften der Art. 121 Abs. 6 und Art. 126 Abs. 14 AEUV scheiden als taugliche Rechtsgrundlagen für die Geldbuße des Art. 8 Abs. 1 VO 1173/2011 jedoch aus. Denn die Auslegung der Normen zeigt, dass diese die Union nicht zur sekundärrechtlichen Einführung von Maßnahmen mit Sanktionscharakter ermächtigen.[746]

Gleiches gilt für die Regelung des Art. 136 Abs. 1 lit. a) und b) AEUV, die hier ebenfalls keine taugliche Ermächtigungsnorm darstellt. Die Auslegung der Norm ergibt nämlich, dass die Mitgliedstaaten der Eurozone keine Maßnahmen erlassen können, die über den in Art. 121 und 126 AEUV vorgesehenen Rahmen hinausgehen.[747]

Schließlich findet die Geldbuße in der Vorschrift des Art. 352 AEUV keine taugliche Rechtsgrundlage. Denn die Flexibilitätsklausel ermächtigt nicht zum Erlass von Maßnahmen, die eine Vertragsänderung darstellen.[748] Die Einführung einer Geldbuße stellt jedoch eine Sanktion dar, die primärrechtlich nicht vorgesehen ist. Folglich scheidet Art. 352 Abs. 1 AEUV als Rechtsgrundlage aus.

Im Ergebnis ist Art. 8 Abs. 1 VO 1173/2011 rechtswidrig, da sich die Norm auf keine taugliche Rechtsgrundlage stützen lässt.

IV. Maßnahmen nach Art. 3 Abs. 1 und Abs. 2 VO 1174/2011

Die Sanktionen der verzinslichen Einlage (Art. 3 Abs. 1 VO 1174/2011) und der Geldbuße (Art. 3 Abs. 2 VO 1174/2011) gehören zur makroökonomi-

---

746 Im Einzelnen, siehe S. 103 ff. und 140 ff.
747 Im Einzelnen, siehe S. 120 ff. und 152.
748 Im Einzelnen, siehe S. 134 ff.

schen Komponente des *sixpacks*.[749] Sie bedürfen zu ihrer Rechtmäßigkeit einer tauglichen Rechtsgrundlage (Art. 5 Abs. 2 EUV).

1. Rechtsgrundlage des Art. 121 Abs. 6 AEUV

Fraglich ist, ob Art. 121 Abs. 6 AEUV den Sanktionen eine taugliche Rechtsgrundlage bietet. Wortlaut, Systematik und Geschichte der Norm zeigen, dass sie Sanktionen nicht als Rechtsgrundlage zu dienen geeignet ist.[750] Sowohl die verzinsliche Einlage als auch die Geldbuße sind Maßnahmen mit Sanktionscharakter. Die verzinsliche Einlage wird vom Rat verhängt, wenn er zuvor einen Beschluss über die Nichtbefolgung der empfohlenen Korrekturmaßnahmen nach Art. 10 Abs. 4 VO 1176/2011 gefasst hat (Art. 3 Abs. 1 VO 1174/2011). Die Geldbuße folgt, wenn entweder zwei aufeinander folgende Empfehlungen gemäß Art. 8 Abs. 3 VO 1176/2011 im Rahmen desselben Verfahrens angenommen werden und der Rat von einem unzureichenden Korrekturmaßnahmenplan ausgeht (Art. 3 Abs. 2 lit. a) VO 1174/2011) oder zwei aufeinander folgende Beschlüsse über die Nichtbefolgung von Empfehlungen für Korrekturmaßnahmen gemäß Art. 10 Abs. 4 VO 1176/2011 in demselben Verfahren gefasst wurden (Art. 3 Abs. 2 lit. b) VO 1174/2011). Beide Instrumente knüpfen an die Nichtbefolgung von makroökonomischen Korrekturvorgaben an, um den Umsetzungsdruck – präventiv und korrektiv – zu erhöhen. Da Art. 121 Abs. 6 AEUV nach seinem Wortlaut, seiner Systematik und seiner Geschichte nicht zum Erlass von Sanktionen ermächtigt, kommt die Norm insofern wohl nicht als Rechtsgrundlage in Betracht.

Sinn und Zweck des Art. 121 Abs. 6 AEUV ist es, die Union zum Erlass von Detailregelungen für das multilaterale Überwachungsverfahren zu ermächtigen, um dieses möglichst effizient zu gestalten und somit mittelbar der Preisstabilität zu dienen.[751] Das Verfahren der multilateralen Überwachung bezieht sich auch auf den Umgang mit makroökonomischen Ungleichgewichten.[752] Die in Rede stehenden Sanktionen der VO 1174/2011 erhöhen

---

749 Siehe dazu bereits S. 102.
750 Im Einzelnen, siehe S. 103 ff.
751 Im Einzelnen, siehe S. 113 f.
752 *Hattenberger*, in: Schwarze, EU-Kommentar, Art. 121 AEUV, Rn. 47 ff.

die Durchsetzbarkeit der Verordnung über die Vermeidung und Korrektur makroökonomischer Ungleichgewichte (VO 1176/2011), welches andernfalls lediglich auf dem – freilich rechtlich verbindlich vereinbarten – guten Willen der Mitgliedstaaten basieren würde. Damit dienen die Sanktionen der Effizienz des multilateralen Überwachungsverfahrens.

In der Gesamtschau stellt sich Art. 121 Abs. 6 AEUV nicht als taugliche Rechtsgrundlage für die Sanktionen dar. Die teleologische Auslegung ist mit dem Wortlaut der Norm kaum noch vereinbar, der gegen die Zulässigkeit von Sanktionen spricht. Hinzu kommen die Ergebnisse der systematischen und historischen Auslegung, die ebenfalls die Untauglichkeit der Norm als Rechtsgrundlage zeigen. Daher können die Sanktionen nicht auf Art. 121 Abs. 6 AEUV gestützt werden.

2. Rechtsgrundlage des Art. 136 Abs. 1 AEUV

Die Sanktionen der VO 1174/2011 finden in Art. 136 Abs. 1 AEUV keine hinreichende Rechtsgrundlage. Denn der Anwendungsbereich der Norm beschränkt sich darauf, den Mitgliedstaaten der Eurozone die Schaffung von – nur für sie verbindlichem und nur mit ihren Stimmen beschlossenem – Binnenrecht zu ermöglichen.[753] Es ist nicht zulässig, auf Grundlage des Art. 136 Abs. 1 AEUV den Rahmen des sonstigen Primärrechts zu verlassen.[754] Dieser Rahmen wird hinsichtlich des hier in Rede stehenden Bereichs auch durch Art. 121 Abs. 6 AEUV gesteckt, der eben keine Ermächtigung zum Erlass von Maßnahmen mit Sanktionscharakter beinhaltet. Folglich scheidet Art. 136 Abs. 1 AEUV als Rechtsgrundlage für Art. 3 Abs. 1 und 2 VO 1174/2011 aus.

3. Rechtsgrundlage des Art. 352 Abs. 1 AEUV

Die Flexibilitätsklausel des Art. 352 Abs. 1 AEUV bietet keine ausreichende rechtliche Basis für den Erlass der Sanktionen. Denn eine Vertragsänderung ist zwar nach Art. 48 EUV, nicht aber gemäß Art. 352 Abs. 1 AEUV zuläs-

---

753 Im Einzelnen, siehe S. 120 ff.
754 Ebenda.

sig.[755] Unabhängig vom Vorliegen der sonstigen Voraussetzungen der Norm, handelt es sich bei den Sanktionen um eine Vertragsänderung. Verzinsliche Einlagen, Geldbußen oder sonstige Sanktionsmaßnahmen sind bislang bewusst nicht in der Vorschrift des Art. 121 Abs. 4 AEUV vorgesehen, welche ansonsten alle wesentlichen Verfahrensschritte bezeichnet.[756] Folglich stellt die Einführung von derlei Instrumenten eine Änderung des Primärrechts dar und kann als solche nicht auf die Flexibilitätsklausel gestützt werden.

4. Schlussfolgerung

Die Sanktionen der Art. 3 Abs. 1 und 2 VO 1174/2011 sind rechtswidrig, da ihnen keine taugliche Rechtsgrundlage zur Verfügung steht.

B. Abstimmungsmodi der Art. 4 Abs. 2, 5 Abs. 2, 6 Abs. 2 VO 1173/2011 und Art. 3 Abs. 3 VO 1174/2011

Die Vorschriften der Art. 4 Abs. 2, 5 Abs. 2 und 6 Abs. 2 VO 1173/2011 sowie des Art. 3 Abs. 3 VO 1174/2011 sind rechtswidrig, wenn sie gegen höherrangiges Recht verstoßen. Die Regelungen sind Teil des *sixpacks* und fingieren einen Ratsbeschluss über die Festsetzung der jeweiligen Sanktion, wenn dieser die entsprechende Empfehlung der Kommission nicht binnen zehn Tagen mit qualifizierter Mehrheit ablehnt.[757]

I. Vereinbarkeit mit Art. 16 Abs. 3 EUV?

Nach Art. 16 Abs. 3 EUV beschließt der Rat grundsätzlich mit qualifizierter Mehrheit, sofern in den Verträgen nichts anderes geregelt ist. Die in Betracht kommenden Regelungen der Art. 121, 126 und 136 AEUV sehen keine abweichenden Modalitäten für die Beschlussfassung vor. Dies mag auch darin begründet liegen, dass die in Rede stehenden Sanktionen als solche ebenfalls

---

755 Im Einzelnen, siehe S. 138 f.
756 Ebenda.
757 Siehe dazu bereits S. 102.

nicht im Primärrecht vorgesehen sind. Die Verträge bestimmen insofern keine abweichenden Abstimmungsmodi. Damit gilt die grundsätzliche Regel des Art. 16 Abs. 3 EUV. Ein Abweichen von der Regel ist nach deren eindeutigem Wortlaut nur möglich, wenn dies »in den Verträgen« geregelt ist. Sekundärrechtliche Bestimmungen wie die in Rede stehenden Verordnungen sind somit nicht dazu geeignet, die Abstimmungsmodalitäten zu verändern.[758] Zudem greift der Unionsgesetzgeber mit Erlass der Verordnungen unzulässig in das Selbstorganisationsrecht des Rates ein.[759] Denn soweit eine Verfahrensregelung primärrechtlich nicht determiniert ist, obliegt es dem betroffenen Organ, die näheren Beschlussfassungsmodalitäten zu bestimmen.[760] *Antpöhler* gelangt zu einem anderen Ergebnis, indem er den Verträgen eine grundsätzliche Neigung zur Erleichterung von Mehrheiten entnimmt und insoweit die Anwendbarkeit von Art. 16 Abs. 3 EUV eingeschränkt sieht.[761] Allerdings bleibt er den konkreten Nachweis schuldig, dass der Vertrag tatsächlich diese Neigung aufweist und insbesondere wie dadurch die Anwendbarkeit einer Norm entgegen ihres eindeutigen Wortlautes beschnitten werden können soll.[762] Daher verbleibt es dabei, die Vorschriften der Art. 4 Abs. 2, 5 Abs. 2, 6 Abs. 2 VO 1173/2011 sowie des Art. 3 Abs. 3 VO 1174/2011 verstoßen gegen Art. 16 Abs. 3 AEUV und sind somit rechtswidrig.

II. Institutionelles Gleichgewicht

Nach *Bast/Rödl* stellen die sekundärrechtlichen Modifikationen zudem einen Verstoß gegen den Grundsatz des institutionellen Gleichgewichts dar.[763] Diese Rechtsfigur wird in Art. 13 EUV verortet und besagt im Wesentlichen, dass die vertraglich zugewiesenen Organzuständigkeiten nicht zur freien

---

758 *Häde*, JZ 2011, 333 (335); *Bast/Rödl*, EuGRZ 2012, 269 (276); *Grebe,* Six Pack, S. 28; *Palm*, in: Grabitz/Hilf/Nettesheim, EUV/AEUV, Art. 136 AEUV, Rn. 38. A. A.: *Antpöhler*, ZaöRV 2012, 353 (379 f.).
759 *Bast/Rödl*, EuGRZ 2012, 269 (276).
760 *Nettesheim*, in: Grabitz/Hilf/Nettesheim, EUV/AEUV, Art. 13 EUV, Rn. 67.
761 *Antpöhler*, ZaöRV 2012, 353 (380).
762 Ebenda.
763 *Bast/Rödl*, EuGRZ 2012, 269 (277).

Disposition der unionalen Akteure stehen.[764] Obgleich der Begriff vom Gerichtshof bereits in mehreren Entscheidungen aufgegriffen wurde,[765] sind dessen Konturen nach wie vor unscharf.[766]

Vorliegend könnte der mangels Dispositionsbefugnis unzulässige Befugnistransfer darin liegen, dass die zentrale Stellung des Rates sowohl im Defizitverfahren als auch im multilateralen Überwachungsverfahren durch die Verordnungen *de facto* auf die Kommission übergeht.[767] Denn die Kommission hat weiterhin die volle Gestaltungsmacht über die Empfehlung, deren Umsetzungswahrscheinlichkeit aber deutlich erhöht wurde: Die Empfehlung kann letztlich nur noch durch ein Veto des Rates mit qualifizierter Mehrheit verhindert werden, obgleich die formale Beschlussfassungsbefugnis beim Rat verbleibt. Im Ergebnis liegt ein Verstoß gegen das institutionelle Gleichgewicht nahe.[768] Angesichts der Unschärfe des Instruments tritt dieser jedoch hinter den Verstoß gegen Art. 16 Abs. 3 EUV zurück.

C. Pflicht zur Implementierung numerischer Haushaltsregeln

In Art. 5 S. 1 RL 2011/85/EU statuiert die Union für die Mitgliedstaaten die Pflicht, numerische Haushaltsregeln in ihrem nationalen Recht einzuführen. Numerische Haushaltsregeln dienen insbesondere der Defizitkontrolle (Art. 5 S. 2 RL 2011/85/EU). Die nationalen Vorschriften, mit denen die numerischen Haushaltsregeln umgesetzt werden, enthalten insbesondere genaue Angaben zur Überwachung der Regeln der Defizitkontrolle (Art. 6 Abs. 1 lit. b) RL 2011/85/EU).

Als Rechtsgrundlage der Richtlinie wird Art. 126 Abs. 14 UAbs. 3 AEUV benannt. Es wurde bereits festgestellt, dass diese Norm der Feinsteuerung des Art. 126 Abs. 14 UAbs. 2 AEUV dient.[769] Mithin müsste Art. 5 S. 1 RL

---

764 *Nettesheim*, in: Grabitz/Hilf/Nettesheim, EUV/AEUV, Art. 13 EUV, Rn. 31.
765 EuGH, Rs. 138/79 (Roquette Frères/Rat), Slg. 1980, 3333 (Rn. 33); Rs. 70/88 (Parlament/Rat), Slg. 1990, I-2041 (Rn. 21).
766 *Nettesheim*, in: Grabitz/Hilf/Nettesheim, EUV/AEUV, Art. 13 EUV, Rn. 31.
767 Vgl. *Bast/Rödl*, EuGRZ 2012, 269 (277). A. A.: *Antpöhler*, ZaöRV 2012, 353 (381).
768 Vgl. *Bast/Rödl*, EuGRZ 2012, 269 (277); *Palm*, in: Grabitz/Hilf/Nettesheim, EUV/AEUV, Art. 136 AEUV, Rn. 38. A. A.: *Antpöhler*, ZaöRV 2012, 353 (381).
769 Im Einzelnen, siehe S. 142 ff.

2011/85/EU eine Durchführungsbestimmung respektive Einzelheit des Defizitverfahrens betreffen.[770]

Vorliegend sollen im nationalen Haushaltsrecht Regelungen implementiert werden, welche für die jährliche Haushaltsaufstellung die Befolgung der Defizitkriterien sicherstellen (Art. 7 RL 2011/85/EU).[771] An die Nicht-Befolgung dieser Vorschriften knüpft die Union jedoch keine negativen Konsequenzen. Vielmehr obliegt es den Mitgliedstaaten, Folgen für Verstöße festzulegen (Art. 6 Abs. 1 lit. c) RL 2011/85/EU). Ihnen kommt somit die entsprechende Regelungsmacht zu. Die Konsequenzen können somit auch sehr milde ausfallen. Die Eingriffsintensität von Art 5 S. 1 RL 2011/85/EU ist daher als gering einzuschätzen, die Souveränität der Mitgliedstaaten wird weitgehend geschont. Im Ergebnis stellt sich die Vorschrift daher nicht als rechtswidrig dar.

D. Formfehler

Nur am Rande sei angemerkt, dass die VO 1173/2011 – ihre nicht gegebene Rechtmäßigkeit im Übrigen unterstellt – zudem unter einem schweren Formmangel leidet. Denn in der VO 1173/2011 wird Art. 136 in Verbindung mit Art. 121 Abs. 6 AEUV als Rechtsgrundlage bezeichnet. Die Vorschriften der Art. 5 Abs. 1 und 6 Abs. 1 VO 1173/2011 fallen jedoch in den Anwendungsbereich des Defizitverfahrens und könnten somit allenfalls auf Art. 126 Abs. 14 UAbs. 2 AEUV gestützt werden.[772] Die Angabe einer falschen, zu Unklarheiten führenden Rechtsgrundlage stellt eine Verletzung wesentlicher Formvorschriften gemäß Art. 263 Abs. 2 AEUV dar.[773] Dieser Formverstoß hat die Rechtswidrigkeit des Rechtsaktes zur Folge.[774] Folglich wäre die VO 1173/2011 schon aus diesem Grunde rechtswidrig.

---

770 Ebenda.
771 Vgl. *Repasi*, EuR 2013, 45 (68).
772 Im Einzelnen, siehe S. 140 ff.
773 EuGH, Rs. C-370/07 (Kommission/Rat), Slg. 2009, I-8917 (Rn. 56); *Lienbacher*, in: Schwarze, EU-Kommentar, Art. 5 EUV, Rn. 14.
774 EuGH, Rs. C-370/07 (Kommission/Rat), Slg. 2009, I-8917 (Rn. 62); *Schwarze*, in: Schwarze, EU-Kommentar, Art. 263 AEUV, Rn. 76.

E. Schlussfolgerung

Die Vorschriften der Art. 4 Abs. 1 und Abs. 2, Art. 5 Abs. 1 und Abs. 2, Art. 6 Abs. 1 und Abs. 2, Art. 8 Abs. 1 VO 1173/2011 sowie Art. 3 Abs. 1, Abs. 2 und Abs. 3 VO 1174/2011 verstoßen gegen das Unionsrecht.

§ 9 Vereinbarkeit mit deutschem Verfassungsrecht

In Ergänzung der unionsrechtlichen Prüfung soll – anhand der Rechtsprechung des Bundesverfassungsgerichtes – auf die sich aus der festgestellten Rechtswidrigkeit einzelner Bestimmungen des *sixpacks*[775] ergebenden zentralen verfassungsrechtlichen Fragen eingegangen werden. Klärungsbedürftig ist insoweit, ob die Bestimmungen des *sixpacks* mit dem Grundgesetz vereinbar sind. Dazu müsste die deutsche Verfassung zunächst einen tauglichen Maßstab für die Regelungen des *sixpacks* darstellen, diese dürften dem Anwendungsbereich des Grundgesetzes mithin nicht von vornherein entzogen sein.

Grundsätzlich wird das Unionsrecht vom Gerichtshof ausgelegt (Art. 19 Abs. 1 UAbs. 1 S. 2 EUV, Art. 267 AEUV)[776] und geht dem deutschen (Verfassungs-) Recht in der Anwendung vor.[777] Die Europäische Union ist jedoch kein souveräner Staat, sondern ihre Aufgabenwahrnehmung reicht nur so weit, wie ihr Hoheitsrechte von den Mitgliedstaaten übertragen wurden.[778] In der Bundesrepublik macht die Übertragung von Hoheitsrechten die Zustimmung des Bundesgesetzgebers durch ein Gesetz erforderlich (Art. 23 Abs. 1 S. 2 und 59 Abs. 2 S. 1 GG).[779] Entsprechend wurde vom bundesdeutschen Gesetzgeber für den Vertrag von Lissabon ein Zustimmungsgesetz erlas-

---

775 Im Einzelnen zu dessen Gegenstand, siehe S. 102.
776 BVerfGE 126, 286 (303); *Uerpmann-Wittzack*, in: von Münch/Kunig, GG, Art. 23, Rn. 42; *Hufeld*, in: Isensee/Kirchof, Hdb. Staatsrecht, § 215, Rn. 60.
777 Statt vieler: EuGH, Rs. 106/77 (Simmenthal II), Slg. 1978, 629; *Hobe*, Europarecht, § 10, Rn. 100; *Haratsch/Koenig/Pechstein*, Europarecht, Rn. 178 ff.; *Huber*, in: Möllers/Zeitler, Rechtsgemeinschaft, S. 229 (230).
778 BVerfGE 126, 286 (302 f.); *Häde*, in: Möllers/Zeitler, Rechtsgemeinschaft, S. 245 (250 f.).
779 BVerfGE 123, 267 (355 f.); vgl. zudem von einer Spezialität des Art. 23 Abs. 1 S. 2 GG ausgehend: *Schorkopf*, in: Kahl/Waldhoff/Walter, Bonner Kommentar GG, Art. 23, Rn. 73.

sen.[780] Die Wahrnehmungsberechtigung der Union wird vom Bundesverfassungsgericht nur insoweit akzeptiert, wie sie in dem jeweiligen Zustimmungsgesetz angelegt ist.[781] Darüber hinausgehende, »ausbrechende« Rechtsakte der Union können im Geltungsbereich des Grundgesetzes keine Wirkung entfalten.[782] Denn diese sind von dem für die innerstaatliche Geltung einzig maßgeblichen Rechtsanwendungsbefehl des Zustimmungsgesetzes (Art. 23 Abs. 1 S. 2 und 59 Abs. 2 S. 1 GG) nicht mehr erfasst.[783] Diese sog. *ultra-vires*-Kontrolle des Bundesverfassungsgerichtes beinhaltet somit im Ergebnis eine Überprüfung von Maßnahmen der Union – hier des *sixpacks* – am Maßstab des Vertrages von Lissabon.[784] Soweit eine Kompetenzüberschreitung als *ultra-vires*-Akt im Raum steht, prüft das Bundesverfassungsgericht damit – entgegen dem grundsätzlichen Auslegungsmonopol des Gerichtshofes – die Beachtung des Unionsrechtes durch die Unionsorgane.[785] Diese Ausnahme wird damit gerechtfertigt, dass andernfalls eine Verselbstständigung des Primärrechts möglich und seitens des Verfassungsrechts nicht mehr einzudämmen wäre.[786] Um den Übergriff in die Unionsrechtsordnung »abzumildern« verpflichtet sich das Bundesverfassungsgericht im Rahmen der *ultra-vires*-Kontrolle zu einer strikten »Europarechtsfreundlichkeit« und geht nur bei Vorliegen weiterer wertender Kriterien von einem »ausbrechenden« – *ultra vires* – Rechtsakt aus.[787] Die Kompetenzüberschreitung muss nämlich hinreichend qualifiziert sein.[788] Davon ist namentlich auszugehen, wenn sie offensichtlich ist und zu einer strukturellen Kompe-

---

780 BGBl. 2008 II S. 1038.
781 *Uerpmann-Wittrack*, in: von Münch/Kunig, GG, Art. 23, Rn. 42; *Nettesheim*, JZ 2014, 585 (587); *Huber*, in: Möllers/Zeitler, Rechtsgemeinschaft, S. 229 (231).
782 BVerfGE 89, 155 (188); 123, 267 (354 f.); *Uerpmann-Wittrack*, in: von Münch/Kunig, GG, Art. 23, Rn. 42; *Huber*, in: Möllers/Zeitler, Rechtsgemeinschaft, S. 229 (230).
783 BVerfGE 89, 155 (188); 123, 267 (355); *Stein/Buttlar*, Völkerrecht, § 16, Rn. 209; *Uerpmann-Wittrack*, in: von Münch/Kunig, GG, Art. 23, Rn. 42.
784 BVerfGE 123, 267 (353 f.); 126, 286 (302 f.); *Nettesheim*, JZ 2014, 585 (587).
785 Ebenda.
786 BVerfGE 123, 267 (354); 126, 286 (303).
787 BVerfGE 123, 267 (353 ff.); 126, 286 (302 ff.).
788 BVerfGE 126, 286 (304); BVerfG, NJW 2014, 907 (Rn. 37); *Heintschel von Heinegg*, in: Epping/Hillgruber, GG, Art. 23, Rn. 30.1; *Michels*, JA 2012, 515 (518 ff.); *Siekmann*, in: Möllers/Zeitler, Rechtsgemeinschaft, S. 101 (152 f.); *Hopfauf*, in: Schmidt-Bleibtreu/Hofmann/Hopfauf, GG, Art. 23, Rn. 44; *Streinz*, in: Sachs, GG, Art. 23, Rn. 101.

tenzverschiebung zu Lasten der Mitgliedstaaten führt.[789] Hierbei rekurriert das Bundesverfassungsgericht auf verschiedene Literaturstimmen, die zwar teilweise eine andere Terminologie zugrunde legen, im Ergebnis jedoch gleichlaufen.[790]

Es wurde bereits festgestellt, dass es für einzelne Bestimmungen des *sixpacks* keine ausreichende Rechtsgrundlage im Unionsrecht gibt.[791] Folglich stellt sich die Frage, inwieweit die unionsrechtswidrigen Regelungen mit dem Grundgesetz vereinbar und als im Geltungsbereich des Grundgesetzes unwirksame *ultra-vires*-Akte zu klassifizieren sind.

A. Offensichtlichkeit des Verstoßes

Im Rahmen der *ultra-vires*-Kontrolle beanstandet das Bundesverfassungsgericht nur Rechtsakte, die offensichtlich den Zuständigkeitsbereich der Union überschreiten.[792] Hierbei bleibt freilich offen, was konkret unter einem offensichtlichen Verstoß zu verstehen ist. Jedenfalls bei Verstößen gegen ausdrückliche Verbote des Primärrechts wird eine Offensichtlichkeit angenommen.[793] In der Literatur wird zum Teil davon ausgegangen, dass zumindest dann nicht vom offensichtlichen Überschreiten einer Zuständigkeit ausgegangen werden kann, wenn ein Rechtsverstoß im juristischen Diskurs hoch umstritten ist.[794] Andernfalls wäre jede vermeintliche Kompetenzüberschreitung automatisch als offensichtlicher *ultra-vires*-Akt zu qualifizieren.[795]

Vorliegend verstoßen Art. 4 Abs. 1 und Abs. 2, Art. 5 Abs. 1 und Abs. 2, Art. 6 Abs. 1 und Abs. 2, Art. 8 Abs. 1 VO 1173/2011 sowie Art. 3 Abs. 1,

---

789 Ebenda.
790 BVerfGE 126, 286 (304 f.) mit Verweis auf u. a.: *Kokott*, AöR 119 (1994), 207 (220 und 233); *Scholz*, in: Maunz/Dürig, GG, Art. 23, Rn. 40; *Pernice*, in: Dreier, GG, Art. 23, Rn. 32.
791 Im Einzelnen, siehe S. 103 ff.
792 BVerfGE 126, 286 (304); BVerfG, NJW 2014, 907 (Rn. 37); *Heintschel von Heinegg*, in: Epping/Hillgruber, GG, Art. 23, Rn. 30.1; *Michels*, JA 2012, 515 (518 ff.); *Siekmann*, in: Möllers/Zeitler, Rechtsgemeinschaft, S. 101 (152 f.); *Hopfauf*, in: Schmidt-Bleibtreu/Hofmann/Hopfauf, GG, Art. 23, Rn. 44; *Streinz*, in: Sachs, GG, Art. 23, Rn. 101.
793 BVerfG, NJW 2014, 907 (Rn. 43).
794 *Heun*, JZ 2014, 331 (332); *Wendel*, ZaöRV 2014, 615 (631 f.).
795 Ebenda.

Abs. 2 und Abs. 3 VO 1174/2011 gegen das Unionsrecht. Dabei sind die Verstöße in keinem Fall unumstritten, insbesondere liegen keine diesbezüglichen Entscheidungen des Gerichtshofes vor.[796] Daher kommt es maßgeblich darauf an, welche Anforderungen man an die Offensichtlichkeit der Rechtsverstöße stellt. Geht man vom allgemeinen Sprachgebrauch aus, bedeutet offensichtlich so viel wie klar erkennbar, sehr deutlich oder offenkundig.[797] Fordert man jedoch einen Grad an Klarheit, wonach der Rechtsbruch für jedermann auf der Hand liegen muss, wird kaum ein Fall offensichtlich *ultra vires* sein. Ebenso selten dürften sich brisante Rechtsfragen finden, die in Literatur und Rechtsprechung vollkommen unumstritten sind. Insofern erscheint es geboten, die Anforderungen nicht zu überspannen. Offensichtlich ist nach der hier vertretenen Auffassung etwa eine Rechtsverletzung, die für den fachkundigen Betrachter anhand des Normtextes ohne Weiteres nachvollziehbar ist. Dies zugrunde gelegt dürfte wohl offensichtlich sein, dass die Sanktionen des *sixpacks* weder Einzelheiten noch Durchführungsbestimmungen zu einem diesbezügliche »Bestrafungen« ausdrücklich nicht vorsehenden Verfahren sein können. Gleiches gilt für die offensichtlich Art. 16 Abs. 3 EUV widersprechenden Abstimmungsmodi. Daher wird nach dem hier zugrunde gelegten Verständnis davon ausgegangen, dass die Bestimmungen des *sixpacks,* soweit sie gegen das Unionsrecht verstoßen, auch als offensichtliche *ultra-vires*-Akte im verfassungsrechtlichen Sinne zu qualifizieren sind.[798]

B. Kompetenzverschiebung

Die Kompetenzüberschreitung muss neben ihrer Offensichtlichkeit zudem noch eine bedeutende Verschiebung der Zuständigkeiten zu Lasten der Mitgliedstaaten darstellen.[799] Dabei erscheint es sinnvoll, zwischen Zuständig-

---

796 Im Einzelnen, siehe S. 103 ff.
797 *Duden online* zu »offensichtlich«, http://www.duden.de/rechtschreibung/ offensichtlich_klar_deutlich_offenkundig (Stand: 29.10.2014).
798 Zumindest hinsichtlich der Sanktionen ebenso: *Häde,* in: Calliess, Solidarität und Identität, S. 193 (197).
799 BVerfGE 126, 286 (304); BVerfG, NJW 2014, 907 (Rn. 37); *Heintschel von Heinegg,* in: Epping/Hillgruber, GG, Art. 23, Rn. 30.1; *Michels,* JA 2012, 515 (518 ff.); *Siekmann,* in: Möllers/Zeitler, Rechtsgemeinschaft, S. 101 (152 f.); *Hopfauf,* in:

§ 9 Vereinbarkeit mit deutschem Verfassungsrecht

keitsverschiebungen die Verfassungsidentität einerseits und sonstige Bereiche andererseits betreffend zu differenzieren.[800]

I. Zuständigkeitsübertragung berührt Verfassungsidentität

Die Übertragung von Zuständigkeiten in einem Bereich, der zur Verfassungsidentität zählt, dürfte regelmäßig strukturbedeutend und somit von der *ultra-vires*-Kontrolle erfasst sein.[801] Allerdings ist bisweilen unklar, welche Bereiche des Grundgesetzes dessen Identität im vorgenannten Sinne ausmachen.[802] Das Bundesverfassungsgericht benennt in einer unvollkommenen Aufzählung u. a. die budgetäre Gesamtverantwortung des deutschen Bundestages – was die Entscheidung über wesentliche Ausgaben der Bundesrepublik einschließt – als einen Kernbereich der Verfassung.[803] *Nettesheim* weist mit Recht darauf hin, dass sich der Katalog der zur Verfassungsidentität gehörigen Bereiche beliebig erweitern und so etwa eine »Währungsidentität« (mit Verweis auf stabile Währungsverhältnisse als Grundlage für stabiles Regieren) hinzufügen ließe.[804]

Fraglich ist somit, ob die unionsrechtswidrigen Bestimmungen des *sixpacks* die Verfassungsidentität berühren. Dabei ist zunächst zu beachten, dass die Regelungen des *sixpacks* dazu dienen, die Anreize zur Einhaltung der Vorschriften der Wirtschafts- und Währungsunion, insbesondere des Stabilitäts- und Wachstumspakts, zu erhöhen.[805] Das ist zunächst einmal ganz im Sinne des Grundgesetzes, welches eine als Stabilitätsgemeinschaft ausgestaltete Wirtschafts- und Währungsunion voraussetzt.[806] Insofern scheint die

---

Schmidt-Bleibtreu/Hofmann/Hopfauf, GG, Art. 23, Rn. 44; *Streinz*, in: Sachs, GG, Art. 23, Rn. 101.
800 BVerfGE 126, 286 (307); BVerfG, NJW 2014, 907 (Rn. 37); *Hufeld*, in: Isensee/Kirchof, Hdb. Staatsrecht, § 215, Rn. 64.
801 BVerfGE 126, 286 (307); *Hufeld*, in: Isensee/Kirchof, Hdb. Staatsrecht, § 215, Rn. 64; *derselbe*, integration 2011, 117 (126).
802 *Häde*, in: Pechstein, Integrationsverantwortung, S. 163 (170).
803 BVerfGE 123, 267 (361 f.).
804 *Nettesheim*, Staatshilfen, http://www.jura.uni-tuebingen.de/professoren_und_dozenten/nettesheim/projekte/finanzkrise-staatshilfen-und-201ebail-out201c-verbot, S. 21 (Stand: 03.07.2013).
805 Im Einzelnen, siehe S. 102 ff.
806 BVerfGE 89, 155 (205); BVerfG, NJW 2014, 907 (Rn. 43); *Häde*, in: Möllers/Zeitler, Rechtsgemeinschaft, S. 245 (252).

4. Teil: Maßnahmen des sixpacks

Zielrichtung des *sixpacks* mit dem Grundgesetz konform zu gehen, eine Berührung des Verfassungskerns eher fern zu liegen.[807] Hinzu kommt, dass die Sanktionen jeweils höchstens ein Volumen von 0,2 Prozent des BIP des Vorjahres (vgl. Art. 4 Abs. 1, 5 Abs. 1, 6 Abs. 1 und 8 Abs. 2 VO 1173/2011) respektive 0,1 Prozent (Art. 3 Abs.5 VO 1174/2011) erreichen können. Dementsprechend ist die einzelne zu leistende Strafzahlung nicht derartig üppig bemessen, als dass von einer offenkundigen Betroffenheit der budgetären Gesamtverantwortung des Bundestages auszugehen wäre.[808] Allerdings sollte ebenso wenig die Beugewirkung fortwährender Sanktionen zur Anpassung der Haushaltspolitik unterschätzt werden, die zumindest potentiell im Widerspruch zum Willen des Bundestages als unmittelbar demokratisch legitimiertem Souverän stehen könnten. Dies dürfte jedoch so lange unproblematisch sein, wie der »Druck« zulässigerweise nur auf eine stabilitätsorientierte nationale Haushaltspolitik gerichtet sein kann.[809] Denn dies verlangt das Grundgesetzt ohnehin, sein Identitätskern ist insofern nicht negativ betroffen.[810]

Gleichwohl darf nicht übersehen werden, dass die mit Art. 4 VO 1174/2011 sanktionierten Verstöße gegen makroökonomische Empfehlungen der Union durchaus das Potential haben, die Republik wirtschaftspolitisch in eine Richtung zu treiben, die vom Bundestag entschieden missbilligt wird. Denkbar wäre etwa, dass Deutschlands aus dem Außenhandel resultierender Leistungsbilanzüberschuss von der Union – ganz im Gegensatz zur Sichtweise von Bundesregierung und Bundestag – als Problem identifiziert und dementsprechend dessen Reduktion empfohlen werden könnte.[811] Würde sich der Gesetzgeber der Empfehlung widersetzen, könnten fortlaufende Sanktionen die Folge sein.[812] Das würde zwar nichts an deren – im Vergleich zum bundesdeutschen Gesamthaushalt – geringen Volumen ändern, würde aber – über die Jahre – eine nicht zu unterschätzende finanzielle Größe mit entsprechender Willensbeugungskraft darstellen. Nichtsdestotrotz wird hier davon

---

807 Vgl. *Häde*, in: Pechstein, Integrationsverantwortung, S. 163 (172 f.).
808 Vgl. BVerfG, NJW 2014, 1505 (Rn. 146 f.).
809 Vgl. *Häde*, in: Pechstein, Integrationsverantwortung, S. 163 (172 f.).
810 Im Ergebnis ebenso: BVerfG, NJW 2014, 1505 (Rn. 146 f.); vgl. auch allgemein *Häde*, in: Pechstein, Integrationsverantwortung, S. 163 (172 f.).
811 Vgl. hierzu *Pache*, EWS 2013, Die erste Seite.
812 Im Einzelnen, siehe S. 102 f.

ausgegangen, dass ob der Maximalsanktion von (nur) 0,1 Prozent des BIP die Verfassungsidentität nicht betroffen ist.[813]

II. Sonstige Kompetenzverschiebung

Damit ist freilich noch nicht geklärt, ob die Sanktionen des *sixpacks* eine sonstige bedeutende Kompetenzverschiebung zu Lasten der Mitgliedstaaten darstellen. Soweit die Verfassungsidentität nicht betroffen ist, muss der Kompetenzverstoß zwar weiterhin bedeutend sein, ein besonders schweres Gewicht – wie bei Berührung der Verfassungsidentität – kommt ihm jedoch nicht von vornherein zu.[814] Das Gewicht der Verschiebung ist dabei dogmatisch unterhalb einer Berührung der Verfassungsidentität einzuordnen, muss aber zugleich immer noch erheblich genug sein, um eine Qualifizierung als ausbrechender Rechtsakt zu rechtfertigen. Das Bundesverfassungsgericht nimmt sonstige Verstöße etwa bei Rechtsfortbildungen seitens des EuGH an, die auf eine Kompetenzneubegründung oder -ausdehnung zu Lasten der Mitgliedstaaten hinauslaufen.[815] *Dederer* hingegen bestreitet, dass es ausbrechende Rechtsakte in Bereichen geben kann, die nicht die Verfassungsidentität berühren.[816] Seiner Ansicht nach kann nur die »schleichende Aushöhlung« der deutschen Staatlichkeit eine taugliche Rechtfertigung für die *ultra-vires*-Kontrolle sein.[817] Dem ist jedoch entgegenzuhalten, dass mit der Verfassungsidentität lediglich der absolute Kernbereich des Grundgesetzes geschützt ist und man sich durch den Rückzug auf den ausschließlichen Schutz dieses Bereiches *de facto* jeder Kontrolle der Einhaltung des Prinzips der begrenzten Einzelermächtigung begeben würde. Zudem differenziert das Bundesverfassungsgericht nicht ohne Grund zwischen der Identitäts- und der *ultra-vires*-Kontrolle:[818] Diese Unterscheidung würde bei Befolgung *Dederers* Ansicht im Ergebnis leer laufen. Vorzugswürdig erscheint es daher, davon auszugehen, dass ausbrechende Rechtsakte nicht nur die Verfassungsidenti-

---

813 BVerfG, NJW 2014, 1505 (Rn. 146 f.).
814 BVerfGE 126, 286 (307); BVerfG, NJW 2014, 907 (Rn. 37); *Hufeld*, in: Isensee/Kirchof, Hdb. Staatsrecht, § 215, Rn. 64.
815 BVerfGE 126, 286 (312).
816 *Dederer*, JZ 2014, 313 (321).
817 Ebenda.
818 BVerfGE 123, 267 (353 f.).

tät, sondern auch andere Bereiche des Grundgesetzes betreffen können, solange die Verschiebung für sich genommen strukturell bedeutsam ist.[819]

Die bereits skizzierte Argumentationslinie aufgreifend, stellen sich auch hier die auf eine stabilitätsorientierte Haushaltspolitik zielenden Sanktionen weniger einschneidend als die makroökonomische Korrekturmöglichkeit dar. Die Wirtschafts- und Währungsunion als Stabilitätsgemeinschaft war von Anfang an auf ausgeglichene Haushalte in den Mitgliedstaaten ausgerichtet. Diesbezügliche Kontroll- und Sanktionsmöglichkeiten wurden bereits im Vertrag von Maastricht explizit auf die europäische Ebene übertragen. Das manifestiert sich heute im Defizitverfahren nach Art. 126 AEUV. Die Sanktionen bezwecken die verstärkte Durchsetzung der diesbezüglichen Regelungen. Eine bedeutende Kompetenzverschiebung lässt sich hier nicht konstatieren.[820]

Anderes gilt jedoch für das makroökonomische Überwachungssystem, welches nunmehr mit Art. 3 VO 1174/2011 ebenfalls sanktionsbewährt ist. Hierzu hatte das Bundesverfassungsgericht in seiner Entscheidung zu u. a. dem *sixpack* bemerkt, dass die Schaffung einer Wirtschaftsregierung mangels substantiierten Vortrags insbesondere zu den Einzelheiten der Regelungen nicht angenommen werden könnte.[821] Der Vortrag der Beschwerdeführer mag diesbezüglich nicht ausreichend gewesen sein, doch im Ergebnis kann die Union mit Art. 3 VO 1174/2011 tatsächlich – durch die Hintertür der makroökomischen Ungleichgewichte – die gesamte Wirtschaftspolitik der Mitgliedstaaten in den Blick nehmen, beurteilen und entsprechende Empfehlungen mit dem Mittel der Sanktion durchsetzen.

Denn in der VO 1176/2011 werden Ungleichgewichte als Trends verstanden, welche zu makroökonomischen Entwicklungen führen können, die sich nachteilig auf das ordnungsgemäße Funktionieren der Wirtschaft eines Mitgliedstaates oder der Wirtschafts- und Währungsunion insgesamt auswirken oder potentiell auswirken können (Art. 2 Abs. 1 VO 1176/2011). Ungleichgewichte sollen von der Kommission durch einen Warnmechanismus aufgespürt werden, welcher wiederum auf einem *scoreboard* basiert (Art. 3 Abs. 1 VO 1176/2011). Das *scoreboard* umfasst mannigfaltige makroökonomische

---

[819] BVerfGE 126, 286 (307); BVerfG, NJW 2014, 907 (Rn. 37); *Hufeld*, in: Isensee/Kirchof, Hdb. Staatsrecht, § 215, Rn. 64. A. A. *Dederer*, JZ 2014, 313 (321).
[820] Im Ergebnis ebenso: BVerfG, NJW 2014, 1505 (Rn. 146 f.).
[821] BVerfG, NJW 2014, 1505 (Rn. 146 f.).

und makrofinanzielle Indikatoren aus den Bereichen der öffentlichen und privaten Verschuldung, der Finanz- und Anlagemärkte, des Wohnungswesens, der Entwicklung der Kreditströme, der Arbeitslosigkeit, der Leistungsbilanzen, der Wechselkurse, der Anteile an den Exportmärkten, der Preis- und Kostenentwicklung und der Wettbewerbsfähigkeit (Art. 4 VO 1176/2011). Zusammenfassend werden somit sämtliche Aspekte des Wirtschaftslebens mit entsprechenden Indikatoren abgebildet. Falls sich unerwartete, bedeutsame Entwicklungen abzeichnen, unterzieht die Kommission die Wirtschaft eines Mitgliedstaates einer eingehenden Prüfung (Art. 5 VO 1176/2011). Sollten dabei Ungleichgewichte festgestellt werden, schließt sich ein Verfahren bei übermäßigen Ungleichgewichten an, welches in einer Empfehlung – die sich auf sämtliche Aspekte des Wirtschaftslebens beziehen kann – zu dessen Behebung mündet (Art. 7 VO 1176/2011). Die Empfehlung ist primärrechtlich in Art. 121 Abs. 4 AEUV verortet, wird also als Abweichung von den Grundzügen der Wirtschaftspolitik verstanden. Die einzelnen Maßnahmen zur Behebung hat der betroffene Mitgliedstaat in einem Korrekturmaßnahmenplan vorzuschlagen, welcher allerdings der Billigung durch den Rat bedarf (Art. 8 VO 1176/2011). Die Umsetzung der Maßnahmen wird fortwährend überwacht (Art. 9 VO 1176/2011). Schließlich bewertet der Rat die Umsetzung der Korrekturmaßnahmen, wobei er ggf. deren Nicht-Befolgung durch Beschluss feststellt (Art. 10 Abs. 4 VO 1176/2011). Dieser Beschluss wiederum ist die Grundlage für die Möglichkeit zur Sanktionsfestsetzung nach Art. 3 Abs. 1 und 2 VO 1174/2011.

Das dargestellte Verfahren steht im Widerspruch zu der klaren Regelung in Art. 121 in Verbindung mit Art. 5 Abs. 1 AEUV, wonach die Mitgliedstaaten für die Wirtschaftspolitik zuständig bleiben und die Union lediglich bei der Koordinierung der Grundzüge mitwirkt. Der Rahmen dessen, was unter Koordinierung verstanden werden kann, ist jedenfalls verlassen, wenn die Union ihre wirtschaftspolitischen Vorstellungen in nahezu jedem Teilbereich der Wirtschaftspolitik schlussendlich mit dem Mittel der Sanktion durchsetzen kann. *De facto* kann sie die Maximen damit vorgeben und hat die zentrale Rolle in diesem Politikfeld übernommen. Insofern stellt die Vorschrift des Art. 3 Abs. 1 und Abs. 2 VO 1174/2011 eine bedeutende strukturelle Kompetenzverschiebung zu Lasten der Mitgliedstaaten dar.[822]

---

822 A. A. BVerfG, NJW 2014, 1505 (Rn. 146 f.).

4. Teil: Maßnahmen des sixpacks

C. Weitere Voraussetzungen

In der Praxis müsste der ausbrechende Rechtsakt vom Bundesverfassungsgericht als solcher festgestellt und zunächst dem Gerichtshof zur Stellungnahme vorgelegt werden.[823] Dies ist Ausdruck der Europarechtsfreundlichkeit der *ultra-vires*-Kontrolle.[824] Denn zur Auslegung des Unionsrechts ist zunächst der Gerichtshof berufen.[825] Bei der Rechtsanwendung räumt das Bundesverfassungsgericht dem Gerichtshof bei der Findung des Auslegungsergebnisses die Nutzung der unionseigenen Methodik sowie eine gewissen Fehlertoleranz ein.[826] Nur der äußere Rahmen ist im Nachgang vom Bundesverfassungsgericht überprüfbar.[827] Stellt es dann eine Überschreitung fest, dürfen sich Organe der Bundesrepublik an dem als verfassungswidrig erkannten Verfahren – vorliegend also dem nach Art. 3 Abs. 1 und 2 VO 1174/2011 – nicht mehr beteiligen.[828] Dies bedeutet, dass weder eine verzinsliche Einlage noch eine Geldbuße als Konsequenz aus der Nicht-Befolgung der Empfehlung geleistet werden dürfte. Die Befolgung der Empfehlung selbst wäre nicht untersagt, dies steht im Ermessen des Gesetzgebers. Im Ergebnis darf mit der Nicht-Befolgung der Empfehlung durch die Bundesrepublik keine nachhaltige auf Willensbeugung gerichtete Kraft in Richtung auf den deutschen Gesetzgeber ausgehen.

---

823 BVerfGE 126, 286 (304); *Heintschel von Heinegg*, in: Epping/Hillgruber, GG, Art. 23, Rn. 30.1; *Michels*, JA 2012, 515 (518 ff); *Steinbach*, NVwZ 2013, 918 (918); *Streinz*, in: Sachs, GG, Art. 23, Rn. 101; *Uerpmann-Wittzack*, in: von Münch/Kunig, GG, Art. 23, Rn. 42; *Häde*, in: Pechstein, Integrationsverantwortung, S. 163 (168).

824 BVerfGE 126, 286, 303; *Hufeld*, in: Isensee/Kirchof, Hdb. Staatsrecht, § 215, Rn. 60.

825 BVerfGE 126, 286 (304); *Uerpmann-Wittzack*, in: von Münch/Kunig, GG, Art. 23, Rn. 42; *Hufeld*, in: Isensee/Kirchof, Hdb. Staatsrecht, § 215, Rn. 60; *Häde*, in: Pechstein, Integrationsverantwortung, S. 163 (165).

826 BVerfGE 126, 286 (305 ff.); *Uerpmann-Wittzack*, in: von Münch/Kunig, GG, Art. 23, Rn. 42.

827 BVerfGE 126, 286 (306 ff.); *Uerpmann-Wittzack*, in: von Münch/Kunig, GG, Art. 23, Rn. 42; *Hufeld*, in: Isensee/Kirchof, Hdb. Staatsrecht, § 215, Rn. 60; *Pötters/Traut*, EuR 2011, 580 (587).

828 BVerfGE 89, 155 (188); 126, 286 (304); *Uerpmann-Wittzack*, in: von Münch/Kunig, GG, Art. 23, Rn. 42; *Hufeld*, in: Isensee/Kirchof, Hdb. Staatsrecht, § 215, Rn. 59; *Häde*, in: Pechstein, Integrationsverantwortung, S. 163 (166).

D. Schlussfolgerung

Die Vorschrift des Art. 3 Abs. 1 und 2 VO 1174/2011 verstößt als ausbrechender Rechtsakt gegen das Grundgesetz.[829] Im Übrigen sind die Bestimmungen des *sixpacks* mit dem Grundgesetz vereinbar.[830]

---

829 A. A. BVerfG, NJW 2014, 1505 (Rn. 146 f.).
830 BVerfG, NJW 2014, 1505 (Rn. 146 f.).

5. Teil: Euro-Plus-Pakt und Maßnahmen des *twopacks*

§ 10   *Euro-Plus-Pakt*

A.   Untersuchungsgegenstand

Der Vollständigkeit halber soll hier der Euro-Plus-Pakt nicht unerwähnt bleiben.[831] Da dieser unter rechtlichen Gesichtspunkten weitgehend unproblematisch ist, wird auf ihn lediglich zur Abrundung der Darstellung der verschiedenen Rettungsmaßnahmen eingegangen. Der nur zwischen den Mitgliedstaaten der Eurozone abgeschlossene Euro-Plus-Pakt soll die bislang nicht vergemeinschaftete, wirtschaftspolitische Säule der Wirtschafts- und Währungsunion stärken, indem er ein Mehr an wirtschaftspolitischer Koordinierung ermöglicht.[832] Zugleich soll die Wettbewerbsfähigkeit der Vertragsparteien und die Konvergenz innerhalb der Union gefördert werden.[833] Dazu ist vorgesehen, dass sich die Vertragsparteien jährlich zu bestimmten Maßnahmen verpflichten,[834] deren Umsetzung im Folgejahr auf Basis eines Kommissionsberichtes auf politischer Ebene ausgewertet wird.[835] Inhaltlich betreffen die Maßnahmen die Wettbewerbsfähigkeit, die Beschäftigungssituation, die öffentlichen Finanzen sowie die Finanzstabilität.[836] Konkret wird für die Verbesserung der Wettbewerbsfähigkeit die Überprüfung der Lohnbildungsregelungen und der Angemessenheit der Löhne im öffentlichen Dienst vereinbart.[837] Im Beschäftigungssektor soll »flexicurity« gefördert, lebenslanges Lernen erleichtert und die Besteuerung des Faktors Arbeit verringert werden.[838] Hinsichtlich der öffentlichen Finanzen sollen die Vertragsparteien insbesondere in ihren Rentensystemen der demographischen Entwicklung

---

831 Siehe dazu bereits S. 46.
832 Euro-Plus-Pakt, abrufbar unter https://www.consilium.europa.eu/uedocs/cms_data/docs/pressdata/de/ec/120313.pdf, S. 5 (Stand: 13.08.14).
833 Ebenda.
834 Ebenda, S. 11.
835 Ebenda, S. 6.
836 Ebenda.
837 Ebenda, S. 8.
838 Ebenda, S. 9.

Rechnung tragen.[839] Die Vereinbarungen zur Finanzstabilität bleiben unkonkret, hier gehen die Vertragsparteien kaum über die Formulierung von bloßen Zielstellungen hinaus.[840]

B. Vereinbarkeit mit Unions- und deutschem Verfassungsrecht

Die vereinbarten Maßnahmen sind nicht rechtlich verbindlich umzusetzen, sondern werden lediglich politisch evaluiert.[841] Sanktionen sind nicht enthalten.[842] Allerdings ist vorgesehen, dass die Kommission für die politische Auswertung einen Bericht vorlegen soll. Da die Unionsorgane von allen Mitgliedstaaten finanziert, im Rahmen des Euro-Plus-Paktes jedoch für den Bericht nur von den Mitgliedern der Eurozone in Anspruch genommen werden, steht ein Verstoß gegen Art. 13 Abs. 2 EUV im Raum.

Allerdings kann nicht gänzlich unbeachtet bleiben, dass die Inanspruchnahme der Kommission im gesamten Vertragswerk lediglich an dieser Stelle und in einem eng begrenzten Umfang erfolgt. Aufgrund der im Rahmen des Europäischen Semesters ohnehin erhobenen Daten ist zudem davon auszugehen, dass für den Bericht kaum zusätzliche Informationen benötigt werden und der Aufwand der Kommission als überschaubar einzuschätzen ist.

Dies ändert freilich nichts daran, dass die Inanspruchnahme von Unionsorganen grundsätzlich nur möglich ist, wenn dies in den Verträgen selbst angelegt ist oder die Zustimmung aller Mitgliedstaaten vorliegt.[843] Eine Zugriffsmöglichkeit auf die Kommission – vergleichbar dem Art. 273 AEUV hinsichtlich des Gerichtshofes – ist in den Verträgen nicht angelegt. Ein Übermittlungsvermerk – wie beim ESM-Vertrag – oder eine Protokollerklärung – wie beim Sozialabkommen –, die eine Zustimmung der nicht beteiligten Mitgliedstaaten dokumentieren könnten, existieren vorliegend nicht. Al-

---

839 Euro-Plus-Pakt, abrufbar unter https://www.consilium.europa.eu/uedocs/cms_data/docs/pressdata/de/ec/120313.pdf, S. 9 (Stand: 13.08.14).
840 Ebenda, S. 10.
841 *Häde*, in: Kahl/Waldhoff/Walter, Bonner Kommentar GG, Art. 88 GG, Rn. 519; *Kempen*, in: Streinz, EUV/AEUV, Art. 136 AEUV, Rn. 3; *Obwexer*, ZÖR 2012, 209 (227); *Weber*, EuR 2013, 375 (380 f.).
842 *Horn*, NJW 2011, 1398 (1401).
843 Im Einzelnen, siehe S. 73 ff.

lerdings hat der Rat den Euro-Plus-Pakt einstimmig gebilligt.[844] Im Rat sind alle Mitgliedstaaten, also auch die nicht der Eurozone zugehörigen, vertreten. Die Ratsentscheidung dokumentiert somit eine grundsätzliche Zustimmung aller Mitgliedstaaten zur Inanspruchnahme der Kommission im Rahmen des Euro-Plus-Paktes. Die Organleihe verstößt daher nicht gegen das Unionsrecht.

Da die Organleihe mit dem Unionsrecht vereinbar ist, fehlt es diesbezüglich bereits an einem tauglichen Ansatz für die *ultra-vires*-Kontrolle. Der Euro-Plus-Pakt ist mit dem Grundgesetz vereinbar.

§ 11 Maßnahmen des twopacks

Ebenfalls nur ergänzend soll auf das sog. *twopack* eingegangen werden, das aus der VO 472/2013 und VO 473/2013 besteht.[845] Die VO 472/2013 unterwirft die Mitgliedstaaten der Eurozone einer verstärkten Überwachung, wenn deren Finanzstabilität bedroht oder erschüttert ist (Art. 1 Abs. 1 VO 427/2013).[846] Davon wird in jedem Fall ausgegangen, wenn ein Mitgliedstaat Hilfen des Europäischen Finanzstabilisierungsmechanismus, der Europäischen Finanzstabilisierungsfazilität, des ESM oder des Internationalen Währungsfonds in Anspruch nimmt (Art. 1 Abs. 1 lit. b) VO 472/2013). Das Regelungsprogramm der Verordnung vollzieht sich im Wesentlichen in drei Schritten: Zunächst ist der betroffene Mitgliedstaat zur umfassenden Kooperation bei der Erfassung sämtlicher für die nachfolgenden Schritte benötigter Informationen verpflichtet (Art. 3 Abs. 3 VO 472/2013). Dies beinhaltet etwa die Durchführung von Stresstests, Sensitivitätsanalysen und die Übermittlung makroökonomischer Daten (Art. 3 Abs. 3 lit. a) bis d) VO 472/2013). Im zweiten Schritt bewertet die Kommission – auch auf Grundlage einer von ihr durchgeführten Mission – die wirtschaftliche Gesamtsituation des betroffenen Mitgliedstaates (Art. 3 Abs. 5 VO 472/2013). Schließlich kann der Rat auf Empfehlung der Kommission Korrekturmaßnahmen oder ein makroökonomisches Anpassungsprogramm empfehlen

---

844 Euro-Plus-Pakt, https://www.consilium.europa.eu/uedocs/cms_data/docs/pressdata/de/ec/120313.pdf, S. 1 (Stand: 13.08.14).
845 Siehe dazu bereits S. 46.
846 Vgl. dazu insgesamt: *Stöbener*, EuZW 2013, 526.

(Art. 3 Abs. 7 VO 472/2013). Die Details des makroökonomischen Anpassungsprogramms regelt Art. 7 VO 472/2013. Dieses geht während seiner Laufzeit der VO 1176/2011, der VO 1466/97 und Art. 6 bis 12 VO 473/2013 vor (Art. 11 bis 13 VO 472/2013).

Die VO 473/2013 enthält im Wesentlichen nur punktuelle Ergänzungen für bereits etablierte Verfahren im Rahmen der Wirtschafts- und Währungsunion.[847] Zunächst wird das Europäische Semester nach Art. 2-a VO 1466/97 um einen Haushaltszeitplan ergänzt (Kapitel III der VO 473/2013). Zudem werden hierfür auch neue Haushaltsauflagen eingeführt (Kapitel IV der VO 473/2013). Des Weiteren finden sich in der Regelung Spezifikationen der makroökonomischen Überwachung nach der VO 1176/2011 (Art. 9 VO 473/2013). Ferner werden die Berichtspflichten von Mitgliedstaaten, die Gegenstand eines Defizitverfahrens sind, verschärft (Art. 10 bis 12 VO 473/2011).

Die Regelungen beider Verordnungen beruhen auf Art. 136 in Verbindung mit Art. 121 Abs. 6 AEUV. Nach der hier vertretenen Auffassung, dass Maßnahmen aufgrund des Art. 136 Abs. 1 AEUV nicht über das nach dem übrigen Primärrecht Zulässige hinausgehen dürfen, müssten sich die Regelungsgegenstände der Verordnungen als »Einzelheiten des Verfahrens« darstellen. So liegen die Dinge hier. Die VO 472/2013 beschränkt sich auf einen – zugegebenermaßen sehr intensiven – Informationsaustausch. Druckmittel zur Durchsetzung des Kooperationsanspruches oder der Empfehlungen stehen der Union gegen die Mitgliedstaaten nicht zur Verfügung. Gleiches gilt für die VO 473/2013, die lediglich andere Verfahren im Rahmen der Wirtschafts- und Währungsunion punktuell ergänzt. Im Entwurfsstadium sah die Verordnung noch vor, dass die Mitgliedstaaten vorzugsweise in ihrer jeweiligen Verfassung die Verpflichtung zur Aufstellung ausgeglichener Haushalte – sog. Schuldenbremsen – aufnehmen.[848] Dies war zu Recht auf Kritik ge-

---

847 Vgl. dazu insgesamt: *Stöbener*, EuZW 2013, 526.
848 Art. 4 des Vorschlages für eine Verordnung des Europäischen Parlaments und des Rates über gemeinsame Bestimmungen für die Überwachung und Bewertung der Übersichten über die gesamtstaatliche Haushaltsplanung und für die Gewährleistung der Korrektur übermäßiger Defizite der Mitgliedstaaten im Euro-Währungsgebiet, KOM (2011) 821 endg.

stoßen.[849] Denn eine sekundärrechtliche Verpflichtung der Mitgliedstaaten zur Einführung von nationalen Schuldenbremsen hätte – gerade wenn daran negative Konsequenzen wie Sanktionen geknüpft würden – einer Rechtsgrundlage bedurft, welche das Primärrecht nicht zur Verfügung stellt. Insbesondere wäre Art. 136 Abs. 1 in Verbindung mit Art. 121 Abs. 6 AEUV keine Ermächtigungsgrundlage dafür gewesen, da sich eine Regelung von solcher Tragweite nicht als »Einzelheit« des multilateralen Überwachungsverfahrens darstellt. Da die in Kraft getretene VO 473/2013 jedoch keine derartige Regelung mehr enthält, ist der Gegenstand der Kritik obsolet geworden.[850] Die Verordnungen des *twopacks* stellen daher keinen Verstoß gegen das Unionsrecht dar. Mangels Unionsrechtswidrigkeit besteht zudem kein Anknüpfungspunkt für die *ultra-vires*-Kontrolle. Dementsprechend sind die Verordnungen mit dem Grundgesetz vereinbar.

---

849 *Kullas/Sauer/Hohmann,* Vertrag Fiskalpakt, http://www.cep.eu/fileadmin/user_upload/Kurzanalysen/Haushaltspolitik/KA_UEberwachung_Haushaltspolitik.pdf, S. 4 (Stand: 04.07.2013).
850 *Hufeld,* in: Hatje/Müller-Graff, EnzEuR, Band 4, § 22, Rn. 24 (hier: Fn. 53).

6. Teil: SKS-Vertrag

§ 12 Untersuchungsgegenstand

Nachdem mit Erlass des *sixpacks* sowie der Gründung des ESM bereits eine weitreichende Umgestaltung der Wirtschafts- und Währungsunion einherging, stellte der Fiskalpakt[851] den vorläufigen Schlussstein der Reformen dar.[852] Der zwischen 25 Mitgliedstaaten der Union abgeschlossene Fiskalpakt ist ein internationaler Vertrag,[853] der insbesondere der Stärkung der Defizitkontrolle im Rahmen des Stabilitäts- und Wachstumspaktes sowie der Kooperation innerhalb der Eurogruppe dient.

Der Vertrag besteht aus insgesamt sechs Titeln. Insbesondere der dritte Titel ist für den gesamten Fiskalpakt prägend, hier finden sich nämlich die Regelungen zum fiskalpolitischen Pakt, aus dem sich auch die inzwischen gebräuchliche Bezeichnung als Fiskalpakt (eigentlich: »SKS-Vertrag«) ableitet.[854] Danach vereinbaren die Mitgliedstaaten eine sog. Schuldenbremse, die sie fortan zwingt, nur noch zumindest ausgeglichene Haushalte aufzustellen (Art. 3 Abs. 1 lit. a) SKS-Vertrag) und eine entsprechende Verpflichtung in ihr Verfassungsrecht (oder Recht von äquivalentem Rang) aufzunehmen (Art. 3 Abs. 2 S. 1 SKS-Vertrag).[855] Ein Haushalt gilt in diesem Sinne als ausgeglichen, wenn das jährliche strukturelle Saldo des Gesamtstaates dem mittelfristigen Haushaltsziel des Art. 2a Abs. 1 VO 1466/97 entspricht, wobei das erlaubte Defizit auf lediglich 0,5 Prozent des BIP reduziert ist (statt

---

851 BT-DrS. 17/9046, S. 6 ff.
852 Vgl. hierzu auch S. 46; sowie *Henneke*, Fiskalpakt, S. 30 ff.; *Craig*, in: *Adams/Fabbrini/Larouche*, Constitutionalization, S. 19 (46 f.); *Kumin*, in: Vedder, Völkerrecht 2012, S. 49 ff.; *Schlief/Schulte*, ZG 2013, 121 (123 ff.).
853 Statt vieler: *Häde*, in: Kahl/Waldhoff/Walter, Bonner Kommentar GG, Art. 88 GG, Rn. 522; *Antpöhler*, ZaöRV 2012, 353 (382); *Fischer-Lescano/Oberndorfer*, NJW 2013, 9 (9); *Hölscheidt/Rohleder*, DVBl. 2012, 806 (806); *Hattenberger*, in: Schwarze, EU-Kommentar, Art. 126 AEUV, Rn. 69.
854 *Häde*, in: Kahl/Waldhoff/Walter, Bonner Kommentar GG, Art. 88 GG, Rn. 525; *Schorkopf*, ZSE 2012, 1 (6); *derselbe*, in: Heintzen, Haushalte, S. 119 (127).
855 *Hattenberger*, in: Schwarze, EU-Kommentar, Art. 126 AEUV, Rn. 70; *Häde*, in: Kahl/Waldhoff/Walter, Bonner Kommentar GG, Art. 88 GG, Rn. 526 f.; *Schorkopf*, ZSE 2012, 1 (6).

einem Prozent wie in Art. 2a Abs. 2 VO 1466/97 vorgesehen).[856] Für außergewöhnliche Umstände (Art. 3 Abs. 1 lit. c) SKS-Vertrag) sowie bei einem Schuldenstand von unter 60 Prozent (Art. 3 Abs. 1 lit. d) SKS-Vertrag) sind ausnahmsweise Lockerungen der Regel vorgesehen. Zudem verpflichtet Art. 4 SKS-Vertrag die Vertragsparteien dazu, ihren Schuldenstand jährlich um ein Zwanzigstel abzubauen, wenn sie einen Schuldenstand von mehr als 60 Prozent aufweisen.[857] Vertragsparteien, gegen die ein Defizitverfahren nach Art. 126 AEUV läuft, müssen nach Art. 5 Abs. 1 S. 1 SKS-Vertrag ein Haushalts- und Wirtschaftspartnerschaftsprogramm auflegen, das die Strukturreformen zur Korrektur des Defizits detailliert beschreibt. Das Programm wird von Rat und Kommission genehmigt (Art. 5 Abs. 1 S. 3 SKS-Vertrag) und überwacht (Art. 5 Abs. 2 SKS-Vertrag). Des Weiteren vereinbaren die Vertragsparteien in Art. 7 SKS-Vertrag, Vorschläge und Empfehlungen der Kommission im Rahmen des Defizitverfahrens, hier insbesondere bei den Schritten des Art. 126 Abs. 6 und 7 AEUV, zu unterstützen.[858] Schließlich fertigt die Kommission nach Art. 8 Abs. 1 S. 1 SKS-Vertrag einen Bericht über den Stand der Implementierung der Schuldenbremse in das nationale Recht der Vertragsparteien.[859] Bei mangelnder Umsetzung wird der Gerichtshof auf Initiative eines oder mehrerer Vertragsparteien mit der Sache befasst (Art. 8 Abs. 1 S. 2 SKS-Vertrag). Sollte eine Vertragspartei ein Urteil nach Art. 8 Abs. 1 SKS-Vertrag nicht vollständig befolgen, können gegen sie finanzielle Sanktionen im Sinne des Art. 260 AEUV verhängt werden (Art. 8 Abs. 2 SKS-Vertrag).

Während der vierte Titel des SKS-Vertrages aus Absichtserklärungen der Vertragsparteien besteht, die auf eine verbesserte Koordinierung und Konvergenz der Wirtschafts- und Währungsunion gerichtet sind,[860] wird mit Ti-

---

856 *Hattenberger*, in: Schwarze, EU-Kommentar, Art. 126 AEUV, Rn. 70; *Häde*, in: Kahl/Waldhoff/Walter, Bonner Kommentar GG, Art. 88 GG, Rn. 526 f.; *Schorkopf*, ZSE 2012, 1 (6).
857 *Schorkopf*, ZSE 2012, 1 (6); *Hattenberger*, in: Schwarze, EU-Kommentar, Art. 126 AEUV, Rn. 70.
858 *Häde*, in: Kahl/Waldhoff/Walter, Bonner Kommentar GG, Art. 88 GG, Rn. 530; *Schorkopf*, ZSE 2012, 1 (10); *Hattenberger*, in: Schwarze, EU-Kommentar, Art. 126 AEUV, Rn. 70.
859 Ebenda.
860 *Hattenberger*, in: Schwarze, EU-Kommentar, Art. 126 AEUV, Rn. 70; *Häde*, in: Kahl/Waldhoff/Walter, Bonner Kommentar GG, Art. 88 GG, Rn. 534; *Schorkopf*, ZSE 2012, 1 (8).

tel V ein Gremium namens Euro-Gipfel erschaffen.[861] Der Euro-Gipfel besteht aus den Vertragsparteien, die an der gemeinsamen Währung teilnehmen, sowie dem Kommissionspräsidenten (Art. 12 Abs. 1 UAbs. 1 SKS-Vertrag). Das Gremium bestimmt seinen Präsidenten selbst (Art. 12 Abs. 1 UAbs. 2 SKS-Vertrag).[862] Zudem nehmen die anderen Vertragsparteien gelegentlich an den Tagungen teil und werden im Übrigen unterrichtet (Art. 12 Abs. 3 SKS-Vertrag).[863] Das Gremium ist nicht mit der Eurogruppe im Sinne des Art. 137 AEUV zu verwechseln, stimmt sich aber eng mit dieser ab (Art. 12 Abs. 4 SKS-Vertrag).

In den im sechsten Titel enthaltenen Schlussbestimmungen stellt Art. 15 SKS-Vertrag klar, dass der Vertrag allen Mitgliedstaaten offensteht, die bislang nicht Vertragsparteien des SKS-Vertrages sind. Angesprochen sind damit konkret das Vereinigte Königreich und die Tschechische Republik, während alle anderen Mitgliedstaaten zugleich Vertragsparteien des SKS-Vertrages sind.[864]

§ 13 Vereinbarkeit mit Unionsrecht

Der SKS-Vertrag ist ein internationales Abkommen.[865] Von Mitgliedstaaten abgeschlossene internationale Verträge haben das Unionsrecht zu beachten.[866] Demnach ist klärungsbedürftig, ob der SKS-Vertrag gegen das Unionsrecht verstößt.

---

861 *Häde*, in: Kahl/Waldhoff/Walter, Bonner Kommentar GG, Art. 88 GG, Rn. 535 ff.; *Hattenberger*, in: Schwarze, EU-Kommentar, Art. 126 AEUV, Rn. 70.
862 *Häde*, in: Kahl/Waldhoff/Walter, Bonner Kommentar GG, Art. 88 GG, Rn. 535.
863 *Häde*, in: Kahl/Waldhoff/Walter, Bonner Kommentar GG, Art. 88 GG, Rn. 537.
864 Statt vieler: *Häde*, in: Kahl/Waldhoff/Walter, Bonner Kommentar GG, Art. 88 GG, Rn. 522; *Antpöhler*, ZaöRV 2012, 353 (382); *Fischer-Lescano/Kommer*, Verstärkte Zusammenarbeit, http://library.fes.de/pdf-files/id/ipa/08454.pdf, S. 9; *Calliess/ Schoenfleisch*, JZ 2012, 477 (481).
865 *Pilz*, DÖV 2012, 909 (910 f.); *Schlief/Schulte*, ZG 2013, 121 (125); Siehe zudem im Einzelnen zu dessen Gegenstand S. 176.
866 EuGH, Rs. C-370/12 (Pringle), NJW 2013, 29 (Rn. 69); Rs. C-135/08 (Rottmann), Slg. 2010, I-1449 (Rn. 41); *Häde*, in: Kahl/Waldhoff/Walter, Bonner Kommentar GG, Art. 88 GG, Rn. 523; *Calliess/Schoenfleisch*, JZ 2012, 477 (481); *Antpöhler*, ZaöRV 2012, 353 (383); *Thym*, Ungleichzeitigkeit, S. 311; *derselbe*, EuZW 2011, 167 (167).

A. Verstoß gegen Art. 13 Abs. 2 EUV?

I. Organleihe hinsichtlich der Kommission rechtmäßig?

Der SKS-Vertrag bedient sich verschiedentlich der Kommission. So bestimmt diese nach Art. 3 Abs. 1 lit. b) S. 3 SKS-Vertrag den zeitlichen Rahmen für die Annäherung der Vertragsparteien an das mittelfristige Haushaltsziel unter Berücksichtigung der länderspezifischen Risiken. Zudem schlägt die Kommission Grundsätze für die Ausgestaltung der Schuldenbremse vor (Art. 3 Abs. 2 S. 2 bis 4 SKS-Vertrag). Außerdem ist der Kommission nach Art. 5 Abs. 1 S. 3 SKS-Vertrag von einer Vertragspartei, die Gegenstand des Defizitverfahrens ist, ein Haushalts- und Wirtschaftspartnerschaftsprogramm zur Genehmigung und Überwachung vorzulegen. Dessen Umsetzung hat sie ebenfalls zu überwachen (Art. 5 Abs. 2 SKS-Vertrag). Schließlich verfasst die Kommission gemäß Art. 8 Abs. 1 S. 1 SKS-Vertrag einen Bericht darüber, ob und inwieweit die Vertragsparteien die Schuldenbremse ordnungsgemäß in ihr nationales Recht übernommen haben.[867]

Fraglich ist, ob die Organleihe der Kommission rechtmäßig ist.[868] Dafür müsste diese entweder bereits im Primärrecht angelegt sein oder von allen Mitgliedstaaten gebilligt werden.[869] Eine primärrechtliche Vorschrift – vergleichbar dem Art. 273 AEUV – besteht für die Kommission nicht. Folglich müsste die Organleihe von allen Mitgliedstaaten der Union gebilligt werden.[870] Der SKS-Vertrag wurde vom Vereinigten Königreich sowie der Tschechischen Republik nicht unterzeichnet.[871] Dazu, ob das Vereinigte Königreich zumindest die Organleihe trotzdem billigt, gibt es widersprüchliche Erkenntnisse.[872] Ein Dokument, das die Einigkeit der Mitgliedstaaten hin-

---

[867] *Von Lewinski*, ZG 2012, 164 (179).
[868] Vgl. dazu auch *Pernice*, Legal Opinion on the Agreement on a Reinforced Economic Union, S. 19.
[869] Im Einzelnen, siehe S. 73.
[870] Im Einzelnen, siehe S. 73; *Craig* geht noch weiter und lehnt eine Organleihe in diesem Kontext auch bei vorliegendem Einverständnis ab: *Craig*, E. L. Rev. 2012, 231 (241 ff.).
[871] Statt vieler: *Häde*, in: Kahl/Waldhoff/Walter, Bonner Kommentar GG, Art. 88 GG, Rn. 522; *Antpöhler*, ZaöRV 2012, 353 (382); *Fischer-Lescano/Kommer*, Verstärkte Zusammenarbeit, http://library.fes.de/pdf-files/id/ipa/08454.pdf, S. 9; *Calliess/Schoenfleisch*, JZ 2012, 477 (481).
[872] *Antpöhler*, ZaöRV 2012, 353 (390); *Craig*, E. L. Rev. 2012, 231 (239).

sichtlich der Organleihe verkörpert – etwa wie das Zusatzprotokoll beim Sozialabkommen[873] oder der Übermittlungsvermerk beim ESM[874] –, gibt es für den SKS-Vertrag nicht. Demnach wäre die Organleihe rechtswidrig.[875]

Zu diesem Ergebnis wird jedoch in der Literatur relativierend angemerkt, dass der Kommission im Rahmen des SKS-Vertrages lediglich Aufgaben übertragen würden, die sie ohnehin schon wahrnehme[876] respektive die Einbeziehung gängige Praxis sei.[877] Die durch den SKS-Vertrag auf die Kommission übertragenen Aufgaben sind jedoch keinesfalls redundant. Das gilt zunächst für den von der Kommission zu bestimmenden zeitlichen Rahmen für die Anpassung der Vertragsparteien an das mittelfristige Haushaltsziel (Art. 3 Abs. 1 lit. b) S. 3 SKS-Vertrag. Bereits die Logik gebietet, dass die Anpassung an ein erst durch den SKS-Vertrag geschaffenes maximales Defizit von 0,5 Prozent nicht schon zuvor im sonstigen Unionsrecht vorgesehen sein kann. Weiterhin wird der Kommission die Aufgabe zugewiesen, Grundsätze für die Ausgestaltung der in nationalem Recht umzusetzenden Schuldenbremsen vorzuschlagen (Art. 3 Abs. 2 S. 2 bis 4 SKS-Vertrag). Indes wird dies von Teilen der Literatur nicht als neue Aufgabe verstanden, da mit Art. 4 Abs. 1 Verordnungsentwurf KOM (2011) 821 endg. gleiches vorgesehen sei.[878] Dies mag dahinstehen, jedenfalls hat die Regelung des Kommissionsentwurfes keinen Eingang in die finale VO 473/2013 gefunden.[879] Folglich handelt es sich bei Art. 3 Abs. 2 S. 2 bis 4 SKS-Vertrag um eine Aufgabe, die nicht bereits der Kommission zugewiesen ist. Schließlich hat die Kommission Bericht zu erstatten, ob und inwieweit die Vertragsparteien die Schuldenbremse in nationales Recht umgesetzt haben (Art. 8 Abs. 1 S. 1 SKS-Vertrag). Eine derartige Verpflichtung findet sich nur im SKS-Vertrag, nicht aber im sonstigen Sekundärrecht.[880]

---

873 BGBl. 1992 II, S. 1313 f.
874 *Rat der Europäischen Union,* Rat der Europäischen Union 2011, http://register.consilium.europa.eu/doc/srv?l=EN&f=ST%2012114%202011%20INIT, S. 2 (Stand: 01.08.2014).
875 Im Ergebnis ebenso: *Craig,* E. L. Rev. 2012, 231 (241 ff.).
876 *Calliess/Schoenfleisch,* JZ 2012, 477 (485); *Häde,* fireu-Newsletter Nr. 9, S. 6.
877 *Hofmann/Konow,* ZG 2012, 138 (152). A. A. *Craig,* E. L. Rev. 2012, 231 (241 ff.).
878 *Repasi,* EuR 2013, 45 (68); *Calliess/Schoenfleisch,* JZ 2012, 477 (485).
879 *Hufeld,* in: Hatje/Müller-Graff, EnzEuR, Band 4, § 22, Rn. 24 (hier: Fn. 53).
880 So auch: *Fischer-Lescano/Oberndorfer,* NJW 2013, 9 (12, hier: Fn. 24).

Tatsächlich weitgehend redundant sind die Zugriffe auf die Kommission im Rahmen des Art. 5 Abs. 1 S. 3 und Abs. 2 SKS-Vertrag. Denn Art. 8 Abs. 2 VO 473/2013 verpflichtet Mitgliedstaaten, die Gegenstand des Defizitverfahrens sind, ebenfalls zur Aufstellung eines Wirtschaftspartnerschaftsprogramms. Dessen Inhalt ist gemäß Art. 5 Abs. 1 S. 2 SKS-Vertrag ohnehin dem sonstigen Sekundärrecht zu entnehmen. Das Programm nach der VO 473/2013 ist gleichfalls der Kommission vorzulegen (Art. 8 Abs. 3 VO 473/2013).

Nach all dem steht fest, dass zumindest die Vorschriften der Art. 3 Abs. 1 lit. b) S. 3, Art. 3 Abs. 2 S. 2 bis 4 sowie Art. 8 Abs. 1 S. 1 SKS-Vertrag auf die Kommission zugreifen, ohne dass dafür ein ausdrückliches Einverständnis aller Mitgliedstaaten vorliegt. Im Ergebnis stellt sich die Organleihe insoweit als rechtswidrig dar.[881]

II. Organleihe hinsichtlich des Gerichtshofes rechtmäßig?

Die Verpflichtung der Vertragsparteien, die Schuldenbremse in ihrem nationalen Recht zu verankern, kann gemäß Art. 8 Abs. 2 S. 1 SKS-Vertrag vor dem Gerichtshof durchgesetzt werden. Sollte die angegriffene Vertragspartei der Entscheidung des Gerichtshofes nicht nachkommen, kann dieser die Nichtbefolgung mit einem Pauschalbetrag oder einem Zwangsgeld in Höhe von bis zu 0,1 Prozent des BIP ahnden (Art. 8 Abs. 2 S. 2 SKS-Vertrag).

Damit greifen die Vertragsparteien im Rahmen des SKS-Vertrages auf das Unionsorgan des Gerichtshofes zu. Dies wäre – mangels Einverständnis des Vereinigten Königreichs und der Tschechischen Republik – rechtswidrig, wenn die Zulässigkeit dessen nicht bereits im Primärrecht angelegt wäre.[882] Die Voraussetzungen des Art. 273 AEUV – der im Übrigen explizit von Art. 8 Abs. 3 SKS-Vertrag in Bezug genommen wird – liegen vor.[883] Die

---

[881] Im Ergebnis ebenso: *Craig*, E. L. Rev. 2012, 231 (245). Wohl a. A.: *Hofmann/Konow*, ZG 2012, 138 (152); *Häde*, fireu-Newsletter Nr. 9, S. 6.
[882] Im Einzelnen, siehe S. 76.
[883] *Weber*, DVBl. 2012, 801 (804); *Hofmann/Konow*, ZG 2012, 138 (152); *Craig*, E. L. Rev. 2012, 231 (245); *Repasi*, Vereinbarkeit EU- und Völkerrecht, http://www.igw.uni-heidelberg.de/lehrstuehle/prof_mg/files_repasi/Studie.pdf, S. 11 f. (Stand: 04.02.2015); *Calliess/Schoenfleisch*, JZ 2012, 477 (483 f.); *Antpöhler*,

Mitglieder des ESM sind zugleich Mitgliedstaaten der Union. Der ESM-Vertrag ist als Schiedsvertrag anzusehen,[884] da hierunter seit jeher auch zwischenstaatliche Abkommen verstanden werden.[885] Schließlich besteht ein Zusammenhang mit dem Unionsrecht.[886] Die Anforderungen an den Zusammenhang dürfen nicht überspannt werden, ausreichend ist ein Bezug zum Tätigwerden oder zu den Zielen der Union.[887] Im SKS-Vertrag wird ständig auf die sonstigen Regelungen des Sekundärrechts Bezug genommen, zudem wird deren Vorrang in Art. 2 SKS-Vertrag klargestellt.

In der Literatur wurde teilweise darauf hingewiesen, dass die Nichtumsetzung der Schuldenbremse nicht nach Art. 273 AEUV vor dem Gerichtshof anhängig gemacht werden könne.[888] Denn eine parallele Verpflichtung bestünde aus Art. 4 Abs. 1 KOM (2011) 821 endg.[889] Dies führe dazu, dass aufgrund von Art. 344 AEUV ein Verstoß nur im Wege des Vertragsverletzungsverfahrens nach Art. 258 f. AEUV geltend gemacht werden könne.[890] Mit dem Wegfall des Art. 4 Abs. 1 KOM (2011) 821 endg. – in der finalen VO 473/2013 findet sich keine entsprechende Vorschrift[891] – dürfte diese Einschränkung allerdings obsolet geworden sein.

Die Organleihe des Gerichtshofes nach Art. 8 Abs. 2 S. 1 SKS-Vertrag ist rechtmäßig.

B. Verstoß gegen Art. 16 Abs. 3 EUV?

Die Vertragsparteien haben in Art. 7 S. 1 SKS-Vertrag vereinbart, Vorschläge und Empfehlungen der Kommission über Verstöße im Rahmen des Defi-

---

ZaöRV 2012, 353 (385 f.); *Schusterschitz*, in: Vedder, Völkerrecht 2012, S. 65 (71 ff). A. A.: *Fischer-Lescano/Oberndorfer*, NJW 2013, 9 (11 f.).
884 *Craig*, E. L. Rev. 2012, 231 (245).
885 *Cremer*, in: Calliess/Ruffert, EUV/AEUV, Art. 273 AEUV, Rn. 2.
886 *Craig*, E. L. Rev. 2012, 231 (245).
887 *Cremer*, in: Calliess/Ruffert, EUV/AEUV, Art. 273 AEUV, Rn. 2.
888 *Repasi*, Vereinbarkeit EU- und Völkerrecht, http://www.igw.uni-heidelberg.de/lehrstuehle/prof_mg/files_repasi/Studie.pdf, S. 12 (Stand: 04.02.2015); *Calliess/Schoenfleisch*, JZ 2012, 477 (484).
889 *Repasi*, Vereinbarkeit EU- und Völkerrecht, http://www.igw.uni-heidelberg.de/lehrstuehle/prof_mg/files_repasi/Studie.pdf, S. 12 (Stand: 04.02.2015); *Calliess/Schoenfleisch*, JZ 2012, 477 (484).
890 Ebenda.
891 *Hufeld*, in: Hatje/Müller-Graff, EnzEuR, Band 4, § 22, Rn. 24 (hier: Fn. 53).

zitverfahrens – hier insbesondere bei den Schritten des Art. 126 Abs. 6 und 7 AEUV – zu unterstützen.[892] Dadurch soll das Verfahren entpolitisiert werden, die Kommission soll als neutraler Sachwalter die wohlverstandenen Interessen aller Mitgliedstaaten wahrnehmen.[893]

Die Vorschrift des Art. 16 Abs. 3 EUV sieht jedoch vor, dass der Rat mit qualifizierter Mehrheit beschließt, sofern im EUV respektive AEUV nichts anderes geregelt ist. Eine andere Regelung im SKS-Vertrag würde dem somit widersprechen.[894] Bei der Bewertung des Art. 7 S. 1 SKS-Vertrag ist jedoch dessen genauer Wortlaut zu beachten:

> »Die Vertragsparteien, deren Währung der Euro ist, verpflichten sich *unter uneingeschränkter Einhaltung der Verfahrensvorschriften der Verträge*, auf denen die Europäische Union beruht, zur Unterstützung der Vorschläge oder Empfehlungen der Europäischen Kommission, in denen diese die Auffassung vertritt, dass ein Mitgliedstaat der Europäischen Union, dessen Währung der Euro ist, im Rahmen eines Verfahrens bei einem übermäßigen Defizit gegen das Defizit-Kriterium verstößt.«[895]

Die Vertragsparteien stellen hier ausdrücklich klar, dass durch die Regelung die Verfahrensvorschriften des Primärrechts unangetastet bleiben sollen.[896] Eine solche Verfahrensvorschrift stellt Art. 16 Abs. 3 EUV dar. Von ihrem Vorrang ist daher auszugehen.[897] Folglich lässt sich die Vereinbarung des Art. 7 S. 1 SKS-Vertrag nur so verstehen, dass die Vertragsparteien eine politische, nicht aber rechtlich verbindliche Absprache über ihr Abstimmungsverhalten treffen wollten.[898] Politische Verabredungen vor Gremientagungen

---

892 *Häde*, in: Kahl/Waldhoff/Walter, Bonner Kommentar GG, Art. 88 GG, Rn. 530.
893 *Häde*, in: Kahl/Waldhoff/Walter, Bonner Kommentar GG, Art. 88 GG, Rn. 531.
894 *Repasi*, EuR 2013, 45 (70); *Kube*, WM 2012, 245 (251); *Häde*, fireu-Newsletter Nr. 9, S. 4.
895 Hervorhebungen durch den Verfasser.
896 BVerfG, NJW 2012, 3145 (Rn. 312); *Kumin*, in: Vedder, Völkerrecht 2012, S. 49 (60 ff.); *Häde*, fireu-Newsletter Nr. 9, S. 4; vgl. zudem *derselbe*, in: Kahl/Waldhoff/Walter, Bonner Kommentar GG, Art. 88 GG, Rn. 532.
897 *Kube*, WM 2012, 245 (251); *Häde*, fireu-Newsletter Nr. 9, S. 4; vgl. *derselbe*, in: Kahl/Waldhoff/Walter, Bonner Kommentar GG, Art. 88 GG, Rn. 532.
898 BVerfG, NJW 2012, 3145 (Rn. 312); *Bast/Rödl*, EuGRZ 2012, 269 (276); *Repasi*, EuR 2013, 45 (70); *Calliess/Schoenfleisch*, JZ 2012, 477 (483); *Antpöhler*, ZaöRV 2012, 353 (387); *Kube*, WM 2012, 245 (251); *Häde*, in: Kahl/Waldhoff/Walter, Bonner Kommentar GG, Art. 88 GG, Rn. 532.

sind in der Union nicht unüblich und stellen keinen Verstoß gegen Art. 16 Abs. 3 EUV dar.[899]

C. Verstoß gegen sonstiges Unionsrecht?

Der SKS-Vertrag ist rechtswidrig, wenn seine Vorschriften gegen Sekundärrecht der Union verstoßen. Zunächst steht Art. 3 Abs. 1 lit. b) SKS-Vertrag nicht im Widerspruch zu Art. 2a Abs. 2 VO 1466/97. Beide Normen definieren das mittelfristige Haushaltsziel, das die Mitgliedstaaten anzustreben haben. Doch während die sekundärrechtliche Regelung ein Defizit von einem Prozent zulässt, sieht der SKS-Vertrag lediglich ein Defizit von 0,5 Prozent als zulässig an.[900] Dies stellt jedoch keinen Verstoß gegen das Sekundärrecht dar.[901] Denn die Mitgliedstaaten sind gemäß Art. 5 Abs. 2 EUV frei darin, sich selbst strengere Regeln als unionsrechtlich vorgesehen aufzuerlegen.[902]

Zudem verletzt Art. 4 S. 1 SKS-Vertrag nicht die Vorschrift des Art. 2 Abs. 1a VO 1467/97. Die Regelung des SKS-Vertrages lautet:

»Geht das Verhältnis zwischen dem gesamtstaatlichen Schuldenstand einer Vertragspartei und dem Bruttoinlandsprodukt über den in Artikel 1 des den Verträgen zur Europäischen Union beigefügten Protokolls (Nr. 12) über das Verfahren bei einem übermäßigen Defizit genannten Referenzwert von 60 % hinaus, so verringert diese Vertragspartei *es gemäß Artikel 2 der Verordnung (EG) Nr. 1467/97* des Rates vom 7. Juli 1997 über die Beschleunigung und Klärung des Verfahrens bei einem übermä-

---

899 *Kube*, WM 2012, 245 (251); *Bast/Rödl*, EuGRZ 2012, 269 (276); *Repasi*, EuR 2013, 45 (70); *Calliess/Schoenfleisch*, JZ 2012, 477 (483); *Antpöhler*, ZaöRV 2012, 353 (387); *Häde*, in: Kahl/Waldhoff/Walter, Bonner Kommentar GG, Art. 88 GG, Rn. 532.
900 *Calliess/Schoenfleisch*, JZ 2012, 477 (482); *Repasi,* Vereinbarkeit EU- und Völkerrecht, http://www.igw.uni-heidelberg.de/lehrstuehle/prof_mg/files_repasi/Studie.pdf, S. 9 (Stand: 04.02.2015); *Antpöhler*, ZaöRV 2012, 353 (384).
901 *Repasi,* Vereinbarkeit EU- und Völkerrecht, http://www.igw.uni-heidelberg.de/lehrstuehle/prof_mg/files_repasi/Studie.pdf, S. 9 (Stand: 04.02.2015); *Calliess/Schoenfleisch*, JZ 2012, 477 (482). A. A. wohl: *Hattenberger*, in: Schwarze, EU-Kommentar, Art. 126 AEUV, Rn. 71.
902 *Calliess/Schoenfleisch*, JZ 2012, 477 (482); *Repasi,* Vereinbarkeit EU- und Völkerrecht, http://www.igw.uni-heidelberg.de/lehrstuehle/prof_mg/files_repasi/Studie.pdf, S. 9 (Stand: 04.02.2015). Im Ergebnis ebenso: *Weber*, DVBl. 2012, 801 (804). A. A. wohl: *Hattenberger*, in: Schwarze, EU-Kommentar, Art. 126 AEUV, Rn. 71.

ßigen Defizit in der durch die VO Nr. 1177/2011 des Rates vom 8. November 2011 geänderten Fassung als Richtwert um durchschnittlich ein Zwanzigstel jährlich.«[903]

Dem ist zu entnehmen, dass sich die Vertragsparteien dazu verpflichtet haben, ihre Schulden jährlich um ein Zwanzigstel zu reduzieren, wenn diese insgesamt den Referenzwert von 60 Prozent übersteigen. Eine ähnliche Regelung enthält Art. 2 Abs. 1a UAbs. 1 VO 1467/97:

> »Wenn das Verhältnis des öffentlichen Schuldenstands zum Bruttoinlandsprodukt (BIP) den Referenzwert überschreitet, so kann davon ausgegangen werden, dass das Verhältnis im Sinne von Artikel 126 Absatz 2 Buchstabe b AEUV hinreichend rückläufig ist und sich rasch genug dem Referenzwert nähert, wenn sich als Richtwert der *Abstand zum Referenzwert* in den letzten drei Jahren jährlich durchschnittlich um ein Zwanzigstel verringert hat, bezogen auf die Veränderungen während der letzten drei Jahre, für die die Angaben verfügbar sind.«[904]

In der Zusammenschau ergibt sich, dass der SKS-Vertrag eine jährliche Reduktion um ein Zwanzigstel im Verhältnis vom Schuldenstand zum BIP vorsieht, während die Verordnung einen Abbau vom Schuldenstand in Relation zum Referenzwert ausreichen lässt.[905] Diese Abweichung stünde im Widerspruch zum Unionsrecht.[906] Allerdings kann nicht unberücksichtigt bleiben, dass die Vorschrift des SKS-Vertrages ausdrücklich auf die Verordnungsnorm verweist, die Vertragsparteien mithin eine identische Interpretation anstrebten.[907] Dies wird deutlich, indem das Wort »gemäß« verwendet wird.[908] Daher ist davon auszugehen, dass eine Reduktion von einem Zwanzigstel des Schuldenstands im Verhältnis zum Referenzwert zugrunde zu legen ist.[909] Der Verweis auf die Verordnung vermeidet die Unionsrechtswidrigkeit des SKS-Vertrages noch an einem weiteren Punkt: Die Stichtagsregelung des Art. 2 Abs. 1a UAbs. 2 VO 1467/97, nach der für im Defizitverfahren befindliche Mitgliedstaaten die Schuldenabbaupflicht für drei Jahre ausgesetzt wird, ist im SKS-Vertrag nämlich ebenfalls nicht enthalten.[910]

---

903 Hervorhebungen durch den Verfasser.
904 Hervorhebungen durch den Verfasser.
905 *Repasi*, EuR 2013, 45 (71).
906 Ebenda.
907 BVerfGE 132, 195 (Rn. 206); *Repasi*, EuR 2013, 45 (71).
908 Im Einzelnen, siehe S. 121 zum synonym verwendeten Wort »nach«.
909 BVerfGE 132, 195 (Rn. 206); *Repasi*, EuR 2013, 45 (71).
910 *Repasi*, EuR 2013, 45 (71); *Antpöhler*, ZaöRV 2012, 353 (386).

Zur Umsetzung der Schuldenbremse in ihrem nationalen Recht verpflichten sich die Vertragsparteien gemäß Art. 3 Abs. 2 SKS-Vertrag. Die Schuldenbremse verpflichtet die Vertragsparteien zur Aufstellung ausgeglichener Haushalte (Art. 3 Abs. 1 lit. a) SKS-Vertrag). Eine dem ähnliche Regelung enthält Art. 5 RL 2011/85/EU: Jeder Mitgliedstaat hat sich numerische Haushaltsregeln zu geben, die insbesondere die Einhaltung der Referenzwerte für das Defizit und den Schuldenstand festlegen (Art. 5 S. 2 lit. a) RL 2011/85/EU). Angesichts dieser rechtmäßigen[911] und nahezu identischen Regelungen stellt sich die Frage nach dem Mehrwert des SKS-Vertrages gegenüber dem bestehenden Sekundärrecht.[912] Ein Konflikt besteht jedoch nicht, die Bestimmungen sind vielmehr gleichlaufend.

D. Verstoß gegen Art. 4 Abs. 3 EUV?

Klärungsbedürftig ist zunächst, ob die Mitgliedstaaten unionsrechtlich zum Abschluss des SKS-Vertrages berechtigt waren. Denn die nach außen hin wirksame Verpflichtung durch die Mitgliedstaaten, die eine Binnenkompetenz der Union betrifft, würde dem Loyalitätsgebot widersprechen.[913] Der SKS-Vertrag führt für die Vertragsparteien eine strengere Defizitquote ein, die zudem in Recht von Verfassungsrang zu kodifizieren ist (Titel III SKS-Vertrag). Darüber hinaus soll das Defizitverfahren entpolitisiert werden (Art. 7 SKS-Vertrag). Schließlich enthält der SKS-Vertrag noch Regelungen für eine verbesserte Koordinierung und Konvergenz der Wirtschaftspolitik (Titel IV SKS-Vertrag). Somit zielen sämtliche Vorschriften des SKS-Vertrages auf das mit »Wirtschaftspolitik« betitelte Kapitel des Vertrages von Lissabon (Art. 120 bis 126 AEUV). Der SKS-Vertrag ist somit inhaltlich der Wirtschaftspolitik zuzuordnen,[914] welche in die Kompetenz der Mitgliedstaaten fällt.[915] Im Bereich der Wirtschaftspolitik hat die Union keine Zuständigkeit; denn nur die Mitgliedstaaten koordinieren hier untereinander ih-

---

911 Im Einzelnen, siehe S. 159.
912 *Repasi*, EuR 2013, 45 (68).
913 *Calliess/Schoenfleisch*, JZ 2012, 477 (481); *Streinz*, in: Streinz, EUV/AEUV, Art. 4 EUV, Rn. 72; *Hatje*, in: Schwarze, EU-Kommentar, Art. 4 EUV, Rn. 74; *Bogdandy/Schill*, in: Grabitz/Hilf/Nettesheim, EUV/AEUV, Art. 4 EUV, Rn. 102.
914 *Calliess/Schoenfleisch*, JZ 2012, 477 (481).
915 Vgl. im Einzelnen, siehe S. 51.

re Politik.[916] Die Vertragsparteien des SKS-Vertrages waren daher unionsrechtlich zum Vertragsschluss berechtigt, so dass insoweit keine Verletzung des Art. 4 Abs. 3 EUV vorliegt.[917]

Weiterhin fraglich ist, ob die Vertragsparteien nicht vorrangig das Instrument der verstärkten Zusammenarbeit nach Art. 20 EUV in Verbindung mit Art. 326 ff. AEUV hätten wählen müssen.[918] Dieses ermächtigt die Vertragsparteien jedoch nicht dazu, über den Rahmen der Verträge hinaus zu gehen.[919] Das aber wäre für die Regelungen des SKS-Vertrages – zumindest teilweise – erforderlich gewesen: Eine primärrechtliche Rechtsgrundlage für die sanktionsbewehrte Einführung einer Schuldenbremse (Art. 3 SKS-Vertrag) etwa besteht nicht.[920] Die politischen Verhaltensabsprachen im Defizitverfahren (Art. 7 SKS-Vertrag) stellen reine Absichtserklärungen dar und bedürfen keiner rechtlichen Normierung. Hier eine verstärkte Zusammenarbeit vorzuschreiben erübrigt sich mangels Regelungsbedürfnis. Lediglich das veränderte Defizitkriterium hätte gleichfalls im bestehenden Rechtsrahmen aufgrund des Art. 121 Abs. 6 AEUV erlassen werden können. Streng genommen ginge die verstärkte Zusammenarbeit somit diesbezüglich vor. Allerdings erscheint es nicht sinnvoll, ein ohnehin schon komplexes Regelungspaket wie den SKS-Vertrag weiter aufzuspalten. Daher wird hier in der bloßen Missachtung des Vorrangs in diesem einen Punkt keine Verletzung des Loyalitätsgebotes aus Art. 4 Abs. 3 EUV gesehen.

Schließlich könnte eine Umgehung des Vertragsänderungsverfahrens nach Art. 48 EUV einen Verstoß gegen das Loyalitätsgebot aus Art. 4 Abs. 3 EUV

---

916 Im Einzelnen, siehe S. 136; zudem *Hilpold*, in: Hilpold/Steinmair, Finanzarchitektur, S. 3 (42 ff).
917 *Calliess/Schoenfleisch*, JZ 2012, 477 (481); *Häde*, in: Kahl/Waldhoff/Walter, Bonner Kommentar GG, Art. 88 GG, Rn. 523 f.; *derselbe*, in: Calliess, Solidarität und Identität, S. 193 (199 f.); *Hilpold*, in: Hilpold/Steinmair, Finanzarchitektur, S. 3 (42 ff). Im Ergebnis ebenso: *Hofmann/Konow*, ZG 2012, 138 (151). Vgl. zudem BVerfGE 132, 195 (Rn. 123).
918 So *Fischer-Lescano/Kommer,* Verstärkte Zusammenarbeit, http://library.fes.de/pdf-files/id/ipa/08454.pdf, S. 10 (Stand: 04.02.2015); *Repasi*, EuR 2013, 45 (59 f.). In dieselbe Richtung schon vor Einführung der verstärkten Zusammenarbeit: *Häde*, EuZW 1996, 138 (141 f.).
919 *Ruffert*, in: Calliess/Ruffert, EUV/AEUV, Art. 326 AEUV, Rn. 2.
920 Im Einzelnen, siehe S. 159. Gerade die fehlende Sanktionsbewehrung spricht für die Rechtmäßigkeit der numerischen Haushaltsregeln.

§ 13 Vereinbarkeit mit Unionsrecht

darstellen.[921] Dazu müssten einzelne Regelungen des SKS-Vertrages eine Änderung der Verträge darstellen, die zur zwingenden Anwendung des Verfahrens nach Art. 48 EUV geführt hätten. Grundsätzlich stellen nur textliche Modifikationen des EUV respektive AEUV eine Vertragsänderung im Sinne des Art. 48 EUV dar.[922] Der SKS-Vertrag verändert den Text der Verträge nicht. Allerdings können internationale Abkommen auch ohne ausdrückliche Modifikation der Vertragstexte von EUV respektive AEUV *de facto* eine Änderung derselben darstellen.[923]

Indem die durch den SKS-Vertrag eingeführte Schuldenbremse von den Vertragsparteien ein mittelfristiges Haushaltsziel mit einem Defizit von nicht mehr als 0,5 Prozent (Art. 3 Abs. 1 lit. b) SKS-Vertrag) verlangt, könnte sie eine *de facto*-Veränderung der Verträge darstellen. Das die Defizitkriterien des Art. 126 Abs. 2 AEUV enthaltende Protokoll Nr. 12 ist als Protokoll Teil des Primärrechts.[924] Das mittelfristige Haushaltsziel ist jedoch lediglich in Art. 2a Abs. 2 VO 1466/97 anderweitig, nämlich mit einem maximalen Defizit von einem Prozent, geregelt. Da die VO 1466/97 lediglich Sekundärrecht darstellt, scheidet eine Umgehung des Art. 48 EUV somit aus. Das zum Primärrecht zu zählende Protokoll Nr. 12, welches die Defizitkriterien enthält, bleibt von Art. 3 Abs. 1 lit. b) SKS-Vertrag unberührt.

Weiterhin wird in Art. 8 SKS-Vertrag der Gerichtshof als Schiedsgericht angegeben und mit Aufgaben betraut. Dies könnte eine *de facto*-Modifikation des Art. 126 Abs. 10 AEUV darstellen, der das Vertragsverletzungsverfahren hinsichtlich des Defizitverfahrens nach Art. 126 Abs. 1 bis 9 AEUV ausschließt. Allerdings ermächtigen die Vorschriften der Art. 8 Abs. 1 S. 2 und Abs. 2 S. 1 SKS-Vertrag den Gerichtshof lediglich dazu, die korrekte Implementierung der Schuldenbremse im nationalen Recht zu überprüfen. Dieser Regelungsgegenstand ist vom Defizitverfahren zu unterschei-

---

921 *Pechstein*, in: Streinz, EUV/AEUV, Art. 48 EUV, Rn. 14.
922 *Ohler*, in: Grabitz/Hilf/Nettesheim, EUV/AEUV, Art. 48 EUV, Rn. 21; *Cremer*, in: Calliess/Ruffert, EUV/AEUV, Art. 48 EUV, Rn. 1.
923 *Ohler*, in: Grabitz/Hilf/Nettesheim, EUV/AEUV, Art. 48 EUV, Rn. 23; *Pechstein*, in: Streinz, EUV/AEUV, Art. 48 EUV, Rn. 14; *Herrnfeld*, in: Schwarze, EU-Kommentar, Art. 48 EUV, Rn. 22.
924 *Pechstein*, in: Streinz, EUV/AEUV, Art. 48 EUV, Rn. 14; *Ohler*, in: Grabitz/Hilf/Nettesheim, EUV/AEUV, Art. 48 EUV, Rn. 22; *Herrnfeld*, in: Schwarze, EU-Kommentar, Art. 48 EUV, Rn. 22.

6. Teil: SKS-Vertrag

den, ohne dass Schnittmengen bestünden. Folglich ist darin keine *de facto*-Veränderung des Art. 126 Abs. 10 AEUV zu sehen.[925]

Schließlich greift der Vertrag in Art. 3 Abs. 1 lit. b) S. 3, Art. 3 Abs. 2 S. 2 bis 4 sowie Art. 8 Abs. 1 S. 1 SKS-Vertrag auf das Unionsorgan Kommission zu, um sich dessen Kapazitäten zunutze zu machen. Darin könnte *de facto* eine Veränderung des Art. 13 Abs. 2 EUV zu sehen sein.[926] Es wurde bereits festgestellt, dass die Nutzung der Unionsorgane mit Art. 13 Abs. 2 EUV nicht vereinbar ist.[927] Folglich bedeutet ein internationaler Vertrag, der einen Zugriff vorsieht, rein tatsächlich eine Veränderung des bisherigen Art. 13 Abs. 2 EUV.[928] Da diese Modifikation jedoch nicht nach dem Verfahren des Art. 48 EUV beschlossen wurde, ist sie eine Umgehung dieser Verfahrensvorschrift und mithin rechtswidrig.[929]

Im Ergebnis stellen die Vorschriften der Art. 3 Abs. 1 lit. b) S. 3, Art. 3 Abs. 2 S. 2 bis 4 sowie Art. 8 Abs. 1 S. 1 SKS-Vertrag eine unzulässige *de facto*-Änderung der Verträge dar. Insoweit liegt eine Verletzung des Art. 4 Abs. 3 EUV unter dem Gesichtspunkt der Verfahrenskonformität mit Art. 48 EUV vor.

E. Schlussfolgerung

Der SKS-Vertrag verstößt insoweit gegen Art. 13 Abs. 2 und 4 Abs. 3 EUV, als er eine Organleihe der Kommission vorsieht.

§ 14 Vereinbarkeit mit deutschem Verfassungsrecht

Ergänzend zur unionsrechtlichen Prüfung soll – anhand der Rechtsprechung des Bundesverfassungsgerichtes – die Vereinbarkeit des SKS-Vertrages mit

---

925 A.A. *Hattenberger*, in: Schwarze, EU-Kommentar, Art. 126 AEUV, Rn. 71.
926 *Fischer-Lescano/Oberndorfer*, NJW 2013, 9 (10); *Repasi,* Vereinbarkeit EU- und Völkerrecht, http://www.igw.uni-heidelberg.de/lehrstuehle/prof_mg/files_repasi/Studie.pdf, S. 5 f. (Stand: 04.02.2015).
927 Im Einzelnen, siehe S. 179.
928 *Fischer-Lescano/Oberndorfer*, NJW 2013, 9 (10); *Repasi,* Vereinbarkeit EU- und Völkerrecht, http://www.igw.uni-heidelberg.de/lehrstuehle/prof_mg/files_repasi/Studie.pdf, S. 5 f. (Stand: 04.02.2015).
929 Ebenda.

dem Grundgesetz erörtert werden. Dabei steht insbesondere der fiskalpolitische Pakt, konkret Art. 3 SKS-Vertrag, im Fokus.[930] Die konkrete Umsetzung in der Bundesrepublik ist dabei nicht vorrangiger Gegenstand der Darstellung, hier interessiert vielmehr die abstrakte Vereinbarkeit des SKS-Vertrages mit dem Grundgesetz.[931]

A. Konflikt mit Regelungsgehalt der Art. 109 ff. GG?

Zunächst könnte Art. 3 Abs. 1 SKS-Vertrag im Widerspruch zu Art. 109 ff. GG stehen. Die Vorschrift des Art. 3 Abs. 1 SKS-Vertrag lautet:

»Die Vertragsparteien wenden zusätzlich zu ihren sich aus dem Recht der Europäischen Union ergebenden Verpflichtungen und unbeschadet dieser Verpflichtungen die in diesem Absatz festgelegten Vorschriften an:

a) Der gesamtstaatliche Haushalt einer Vertragspartei ist *ausgeglichen oder weist einen Überschuss* auf.

b) Die Regel unter Buchstabe a gilt als eingehalten, wenn der jährliche strukturelle Saldo des Gesamtstaats dem länderspezifischen mittelfristigen Ziel im Sinne des geänderten Stabilitäts- und Wachstumspakts, *mit einer Untergrenze von einem strukturellen Defizit von 0,5 % des Bruttoinlandsprodukts* zu Marktpreisen, *entspricht. Die Vertragsparteien stellen eine rasche Annäherung an ihr jeweiliges mittelfristiges Ziel sicher. Der zeitliche Rahmen für diese Annäherung wird von der Europäischen Kommission unter Berücksichtigung der länderspezifischen Risiken für die langfristige Tragfähigkeit vorgeschlagen werden.* Die Fortschritte in Richtung auf das mittelfristige Ziel und dessen Einhaltung werden dem geänderten Stabilitäts- und Wachstumspakt entsprechend auf der Grundlage einer Gesamtbewertung evaluiert, bei der der strukturelle Haushaltssaldo als Referenz dient und die eine Analyse der Ausgaben ohne Anrechnung diskretionärer einnahmenseitiger Maßnahmen einschließt.

c) Die Vertragsparteien dürfen nur unter den in Absatz 3 Buchstabe b festgelegten *außergewöhnlichen Umständen* vorübergehend von ihrem jeweiligen mittelfristigen Ziel oder dem dorthin führenden Anpassungspfad abweichen.

d) Liegt das Verhältnis zwischen öffentlichem *Schuldenstand und Bruttoinlandsprodukt zu Marktpreisen erheblich unter 60 %* und sind die Risiken für die langfristige Tragfähigkeit der öffentlichen Finanzen gering, so kann die Untergrenze des in Buchstabe b angegebenen mittelfristigen Ziels ein *strukturelles Defizit von maximal 1,0 %* des Bruttoinlandsprodukts zu Marktpreisen erreichen.

---

930 Siehe dazu bereits S. 176.
931 Vgl. zur konkreten Umsetzung *Möllers/Reinhard*, JZ 2012, 693 ff. m. w. N.

6. Teil: SKS-Vertrag

e) Erhebliche Abweichungen vom mittelfristigen Ziel oder dem dorthin führenden Anpassungspfad lösen automatisch einen Korrekturmechanismus aus. Dieser Mechanismus schließt die Verpflichtung der betreffenden Vertragspartei ein, zur Korrektur der Abweichungen innerhalb eines festgelegten Zeitraums Maßnahmen zu treffen.«[932]

Daraus folgt insbesondere, dass der Haushalt der Mitgliedstaaten ohne Kredite auszugleichen ist, wobei ein Spielraum von 0,5 Prozent (im Verhältnis zum BIP) – respektive einem Prozent bei Mitgliedstaaten mit Schuldenquote von unter 60 Prozent – eingeräumt wird.[933] Das Ziel ist durch eine allmähliche Anpassung zu erreichen (Art. 3 Abs. 1 lit. b) S. 2 bis 3 SKS-Vertrag),[934] wobei Ausnahmen für Notsituationen vorgesehen sind (Art. 3 Abs. 1 lit. c) SKS-Vertrag).[935]

Diesen Anforderungen entsprechen die Vorschriften der Art. 109 ff. GG.[936] So sieht Art. 109 Abs. 3 S. 1 GG ebenfalls vor, dass der Haushalt der Bundesrepublik ohne Aufnahme von Fremdkapital auszugleichen ist.[937] Dafür werden ebenso ein gewisser Spielraum (Art. 115 Abs. 2 S. 2 GG), ein Anpassungszeitraum (Art. 143d Abs. 1 S. 5 bis 7 GG) und Ausnahmen für besondere Situationen (Art. 109 Abs. 3 S. 2 in Verbindung mit Art. 115 Abs. 2 S. 3 GG) gewährt.[938]

Allerdings räumt Art. 143d Abs. 1 GG sowohl dem Bund als auch den Ländern längere Übergangsfristen für die Implementierung der Schuldenbremse ein. Dies könnte Art. 3 Abs. 2 SKS-Vertrag widersprechen, der für deren Umsetzung eine Jahresfrist bis zum 01.01.2014 gesetzt hat (Art. 3 Abs. 2 S. 1 SKS-Vertrag).[939] Die Frist bezieht sich nach dem Wortlaut der Norm lediglich auf eine wirksame Implementierung, nicht auf eine bereits

---

932 Hervorhebungen durch den Verfasser.
933 BVerfGE 132, 195 (Rn. 202); *Häde*, in: Kahl/Waldhoff/Walter, Bonner Kommentar GG, Art. 88 GG, Rn. 526.
934 BVerfGE 132, 195 (Rn. 202); *Häde*, in: Kahl/Waldhoff/Walter, Bonner Kommentar GG, Art. 88 GG, Rn. 526.
935 BVerfGE 132, 195 (Rn. 203).
936 BVerfGE 132, 195 (Rn. 201); *Häde*, in: Kahl/Waldhoff/Walter, Bonner Kommentar GG, Art. 88 GG, Rn. 527; *derselbe*, fireu-Newsletter Nr. 9, S. 6; *Kube*, WM 2012, 245 (250 ff.); *Calliess/Schoenfleisch*, JZ 2012, 477 (486); so wohl auch *Tomuschat*, DVBl. 2012, 1431 (1434); *Pilz*, DÖV 2012, 909 (911 ff.).
937 BVerfGE 132, 195 (Rn. 201); *Häde*, fireu-Newsletter Nr. 9, S. 3.
938 BVerfGE 132, 195 (Rn. 202 f.); vgl. zudem *Leisner*, DÖV 2012, 533 (535)..
939 *Möllers/Reinhard*, JZ 2012, 693 (696).

§ 14 Vereinbarkeit mit deutschem Verfassungsrecht

vollständige Befolgung der neuen Regeln.[940] Dafür spricht zudem, dass Art. 3 Abs. 1 lit. b) S. 2 SKS-Vertrag von »Annäherung« und »Fortschritten« in Richtung auf das Ziel spricht.[941]

Ein weiteres Problem könnte darin bestehen, dass in Art. 109 Abs. 3 GG lediglich von Verbindlichkeiten des Bundes und der Länder, nicht aber solcher der Kommunen und der Sozialversicherungen, die Rede ist.[942] Denn die europäischen Regelungen beziehen sich auf das gesamtstaatliche Defizit, also auch auf Verbindlichkeiten der Kommunen und Sozialversicherungen.[943] Dem kann jedoch durch eine entsprechende verfassungskonforme Auslegung des Bundes und der Länder als Beschreibung des Gesamtstaates begegnet werden.[944]

Zusammenfassend verstößt Art. 3 Abs. 1 SKS-Vertrag nicht gegen das Grundgesetz, die Vorschriften sind vielmehr gleichlaufend.[945]

B. Wahrung der budgetären Gesamtverantwortung des Bundestages?

Weiterhin ist fraglich, ob die Verpflichtung der Bundesrepublik zur Implementierung der Schuldenbremse im nationalen Recht verfassungsgemäß ist. Die entsprechende Vorschrift des Art. 3 Abs. 2 SKS-Vertrag lautet:

»Die Regelungen nach Absatz 1 werden im einzelstaatlichen Recht der Vertragsparteien in Form von Bestimmungen, die verbindlicher und dauerhafter Art sind, vorzugsweise mit Verfassungsrang, oder deren vollständige Einhaltung und Befolgung im gesamten nationalen Haushaltsverfahren auf andere Weise garantiert ist, spätestens ein Jahr nach Inkrafttreten dieses Vertrags wirksam. Die Vertragsparteien richten auf nationaler Ebene den in Absatz 1 Buchstabe e genannten Korrekturmechanismus ein und stützen sich dabei auf gemeinsame, von der Europäischen Kommission vorzuschlagende Grundsätze, die insbesondere die Art, den Umfang und den zeitlichen

---

940 *Häde*, fireu-Newsletter Nr. 9, S. 3; *Schorkopf*, in: Heintzen, Haushalte, S. 119 (132).
941 *Häde*, fireu-Newsletter Nr. 9, S. 3; ähnlich *Schorkopf*, in: Heintzen, Haushalte, S. 119 (132).
942 *Schorkopf*, in: Heintzen, Haushalte, S. 119 (131); *Möllers/Reinhard*, JZ 2012, 693 (696).
943 *Schwarz*, NWVBl. 2012, 245 (247); *Schorkopf*, in: Heintzen, Haushalte, S. 119 (131).
944 *Schorkopf*, in: Heintzen, Haushalte, S. 119 (131).
945 BVerfG, NJW 2014, 1505 (Rn. 243); *Häde*, in: Kahl/Waldhoff/Walter, Bonner Kommentar GG, Art. 88 GG, Rn. 527; *Kube*, WM 2012, 245 (250 ff.); *Calliess/Schoenfleisch*, JZ 2012, 477 (486).

6. Teil: SKS-Vertrag

Rahmen der – auch unter außergewöhnlichen Umständen – zu treffenden Korrekturmaßnahmen sowie die Rolle und Unabhängigkeit der auf nationaler Ebene für die Überwachung der Einhaltung der in Absatz 1 genannten Regelungen zuständigen Institutionen betreffen. *Dieser Korrekturmechanismus wahrt uneingeschränkt die Vorrechte der nationalen Parlamente.*«[946]

Aus Art. 3 Abs. 2 S. 2 SKS-Vertrag folgt somit, dass die Kommission der Bundesrepublik Grundsätze für den Defizit-Korrekturmechanismus vorgeben kann.[947] Die abschließende Entscheidung über die Wirtschaftspolitik ist jedoch dem Bundestag vorbehalten.[948] Dagegen würde Art. 3 Abs. 2 S. 2 SKS-Vertrag verstoßen, wenn die Vorschrift der Kommission die Möglichkeit zur Vorgabe weitgehender wirtschaftspolitischer Maßnahmen einräumt.[949] Allerdings stellt Art. 3 Abs. 2 S. 3 SKS-Vertrag in diesem Kontext klar, dass die Rechte des Bundestages durch die Grundsatzvorgaben der Kommission nicht eingeschränkt werden dürfen.[950] Infolgedessen ist davon auszugehen, dass die Vorgaben der Kommission keinen weitergehenden materiellen Gehalt haben dürfen.[951]

Die prozessuale Absicherung der Schuldenbremse in Art. 8 Abs. 1 SKS-Vertrag beschränkt sich auf die formale Frage, ob diese wirksam ins nationale Recht umgesetzt wurde.[952] Da der Korrekturmechanismus nach Art. 3 Abs. 1 lit. e) SKS-Vertrag insofern keine materiellen Aspekte betrifft, ist auch eine Überwachung von dessen Implementierung in das nationale Recht unter verfassungsrechtlichen Gesichtspunkten nicht zu beanstanden.[953] Folglich ist Art. 3 Abs. 2 SKS-Vertrag mit dem Grundgesetz vereinbar.[954]

---

946 Hervorhebungen durch den Verfasser.
947 BVerfGE 132, 195 (Rn. 211).
948 Ebenda.
949 Ebenda.
950 BVerfGE 132, 195 (Rn. 211); BVerfG, NJW 2014, 1505 (Rn. 244); *Möllers/Reinhard*, JZ 2012, 694 (699).
951 BVerfGE 132, 195 (Rn. 211); *Calliess/Schoenfleisch*, JZ 2012, 477 (486); *Möllers/Reinhard*, JZ 2012, 694 (699). Siehe hierzu auch: *Schorkopf*, ZSE 2012, 1 (25); *derselbe*, NVwZ 2012, 1273 (1275).
952 BVerfGE 132, 195 (Rn. 212); BVerfG, NJW 2014, 1505 (Rn. 244).
953 Ebenda.
954 BVerfGE 132, 195 (Rn. 210); *Herrmann*, EuZW 2012, 805 (808).

C. Keine irreversible Bindung an bestimmte Haushaltspolitik?

Schließlich dürfte Art. 3 SKS-Vertrag keine mit dem Grundgesetz unvereinbare irreversible Bindung der Bundesrepublik an eine bestimmte Haushaltspolitik darstellen. Die Vorschrift sieht – wie dargelegt – etwa die Einführung einer Schuldenbremse mit bestimmten Beschränkungen hinsichtlich des Schuldenstandes respektive dessen Reduzierung vor.[955] Somit gibt die Regelung durchaus eine wirtschaftspolitische Leitlinie vor.[956] Irreversibel ist diese jedoch nur, wenn sich die Bundesrepublik nicht einseitig vom SKS-Vertrag lösen könnte.[957] Völkergewohnheitsrechtlich anerkannt ist das Recht einer Vertragspartei, sich bei grundlegender Änderung der bei Vertragsschluss maßgeblichen Umstände von einem internationalen Vertrag lösen zu können (Art. 62 Wiener Übereinkommen über das Recht der Verträge).[958] Im SKS-Vertrag wird deutlich, dass die Mitgliedschaft der Vertragsparteien in der Europäischen Union (Erwägungsgrund 1 und 5 SKS-Vertrag) sowie in der Eurozone (*argumentum e contrario* Art. 14 Abs. 5 SKS-Vertrag) Voraussetzung für die Partizipation am SKS-Vertrag ist.[959] Da zumindest der Austritt aus der Europäischen Union der Bundesrepublik nach Art. 50 EUV jederzeit offen steht, kann sie sich auf diesem Wege auch der Bindungen des Art. 3 SKS-Vertrages entledigen.[960] Zudem obliegt es jedem Mitgliedstaat selbst, in welcher Form die Verpflichtung aus Art. 3 SKS-Vertrag umgesetzt wird.[961]

---

955 BVerfGE 132, 195 (Rn. 215).
956 BVerfGE 132, 195 (Rn. 215).
957 BVerfGE 132, 195 (Rn. 215).
958 BVerfGE 132, 195 (Rn. 215); *Hölscheidt/Rohleder*, DVBl. 2012, 806 (810). Siehe hierzu auch: *Schorkopf*, ZSE 2012, 1 (24); *Hofmann/Konow*, ZG 2012, 138 (159); *Schlief/Schulte*, ZG 2013, 121 (127).
959 BVerfGE 132, 195 (Rn. 215); *Hölscheidt/Rohleder*, DVBl. 2012, 806 (810); *Hofmann/Konow*, ZG 2012, 138 (159); *Schlief/Schulte*, ZG 2013, 121 (127).
960 BVerfGE 132, 195 (Rn. 215); *Hölscheidt/Rohleder*, DVBl. 2012, 806 (810); *Hofmann/Konow*, ZG 2012, 138 (159); *Schlief/Schulte*, ZG 2013, 121 (127). Siehe hierzu auch: *Schorkopf*, ZSE 2012, 1 (24)., *Schorkopf*, NVwZ 2012, 1273 (1276); *Müller-Franken*, NJW 2012, 3161 (3162); ebenso, obgleich mir kritischen Anmerkungen *Möllers/Reinhard*, JZ 2012, 693 (698).
961 *Schusterschitz*, in: Vedder, Völkerrecht 2012, S. 65 (79 f.).

6. Teil: SKS-Vertrag

Folglich sind diese nicht irreversibel.[962] Die Vorschrift ist daher auch insofern mit dem Grundgesetz vereinbar.[963]

D.   Schlussfolgerung

Der SKS-Vertrag – insbesondere dessen Art. 3 – ist mit dem Grundgesetz vereinbar.

---

962 BVerfGE 132, 195 (Rn. 215); BVerfG, NJW 2014, 1505 (Rn. 245); *Hölscheidt/Rohleder*, DVBl. 2012, 806 (810); *Hofmann/Konow*, ZG 2012, 138 (159); *Schlief/Schulte*, ZG 2013, 121 (127).
963 BVerfGE 132, 195 (Rn. 214); BVerfG, NJW 2014, 1505 (Rn. 245); *Hölscheidt/Rohleder*, DVBl. 2012, 806 (810); *Hofmann/Konow*, ZG 2012, 138 (159); *Schlief/Schulte*, ZG 2013, 121 (127).

7. Teil: Schlussbemerkung

Im Ergebnis der Untersuchung findet sich das eingangs zitierte Lagarde-Wort[964] bestätigt: Die Mitgliedstaaten sind mit ihren Rettungsmaßnahmen nicht nur an die Grenzen des rechtlich Zulässigen gegangen, sondern sogar erheblich darüber hinaus.

Immerhin ist mit dem ESM ein zentraler Baustein der novellierten Wirtschafts- und Währungsunion rechtmäßig. Die Vereinbarkeit mit dem Grundgesetz konnte dabei allerdings nur durch die Hinterlegung entsprechender Erklärungen bei Vertragsschluss erreicht werden, die eine wirksame Haftungsbegrenzung der Bundesrepublik sicherstellen.

Die Sanktionen des *sixpacks* sind nahezu vollständig unionsrechtswidrig. Im Verfahren bei makroökonomischen Ungleichgewichten sind sie zudem verfassungswidrig. Sollten gerade diese makroökonomischen Steuerungsinstrumente konsequent genutzt werden, würde die laut Vertrag von Lissabon den Mitgliedstaaten vorbehaltene Wirtschaftspolitik durch die Hintertür *de facto* vergemeinschaftet. Das mag ökonomisch sinnvoll sein, rechtlich – und wohl auch demokratietheoretisch – ist es inakzeptabel.

Soweit der SKS-Vertrag sich der Kommission zur Vertragsausführung bedient, ist er ebenfalls unionsrechtswidrig. Allerdings hätte dieses Ergebnis durch Einholung des Einvernehmens des Vereinigten Königreichs und der Tschechischen Republik vermieden werden können. Ob dies nicht möglich war oder schlicht übersehen wurde, lässt sich nicht sicher feststellen. Der Mehrwert des SKS-Vertrages ist ohnehin umstritten, seine Regelungen sind in weiten Teilen redundant.

So nachvollziehbar der politische Wille zur effizienten Lösung der Krise erscheint, so groß ist der unter rechtsstaatlichen Gesichtspunkten eingetretene Schaden. Verträge gibt es nicht für gute Zeiten, sondern um in Krisensituationen einen schriftlich kodifizierten Kernbestand an konsensualen Regeln zu haben. Der Lackmustest für einen Vertrag ist somit immer die Krise. Die Wirtschafts- und Währungsunion hat die Prüfung der Krise seit 2007 nicht bestehen können, da sie mit der nicht vergemeinschafteten Wirtschaftspolitik

---

[964] Interview mit Christine Lagarde in der Süddeutschen Zeitung vom 23.12.2011, zitiert nach: *Hufeld*, integration 2011, 117 (129 f.).

7. Teil: Schlussbemerkung

von Anfang an fehlerhaft konstruiert war. Diese Unvollkommenheit zu korrigieren wäre die vornehmlichste Aufgabe der Mitgliedstaaten gewesen. Freilich ginge damit ein Verlust an nationaler Souveränität einher, den die Mitgliedstaaten – und hier insbesondere ihre in Volksabstimmungen partizipierenden Wahlberechtigten – offenkundig bis heute nicht zu tragen bereit sind. Letztlich wird sich eine ökonomisch sinnvolle und rechtliche zulässige Neuaufstellung der Wirtschafts- und Währungsunion jedoch nur so erreichen lassen.

8. Teil: Zusammenfassung in Thesen

Die wesentlichen Ergebnisse der Untersuchung lassen sich wie folgt zusammenfassen:

Rechtmäßigkeit des ESM?

1. Der Beschluss 2011/199/EU ist rechtmäßig nach Art. 48 Abs. 6 AEUV ergangen. Dessen Voraussetzungen liegen vor. Der ESM ist eine wirtschaftspolitische Maßnahme. Zudem bedeutet er keine Ausdehnung der Zuständigkeiten der Union, da die Mitgliedstaaten den ESM bestimmen.

2. Der ESM-Vertrag verstößt gegen das Verbot des Art. 125 Abs. 1 S. 2 AEUV, wird hiervon jedoch wirksam gemäß Art. 136 Abs. 3 AEUV freigestellt.

3. Der ESM-Vertrag verstößt nicht gegen Art. 13 Abs. 2 AEUV. Die Mitgliedstaaten sind mit der Organleihe hinsichtlich der Kommission einverstanden.

4. Der ESM-Vertrag verstößt nicht gegen Art. 123 Abs. 1 AEUV. Der ESM ist kein tauglicher Adressat des Verbotes. Eine Banklizenz wäre jedoch rechtswidrig.

5. Der ESM-Vertrag verstößt nicht gegen Art. 4 Abs. 3 EUV. Ein illoyales Verhalten ist nicht erkennbar.

6. Die Identität des Grundgesetzes ist durch den ESM nicht verletzt. Die Haftung der Bundesrepublik ist begrenzt, die Einschätzungsprärogative des Bundestages zu respektieren.

8. Teil: Zusammenfassung in Thesen

Rechtmäßigkeit des *sixpacks?*

7. Art. 4 Abs. 1 VO 1173/2011 ist unionsrechtswidrig. Es fehlt an einer tauglichen Rechtsgrundlage. Zunächst scheidet Art. 121 Abs. 6 AEUV aus, da eine Sanktion keine »Einzelheit des Verfahrens« darstellt. Auch Art. 136 Abs. 1 AEUV ermächtigt die Union nicht, über den bestehenden Rechtsrahmen hinauszugehen.

8. Art. 5 Abs. 1 und 6 Abs. 1 VO 1173/2011 sind unionsrechtswidrig. Es fehlt an einer tauglichen Rechtsgrundlage. Art. 126 Abs. 14 AEUV kommt hierfür nicht in Betracht, da die Vorschrift die Sanktionen bereits abschließend aufzählt. Die Norm des Art. 121 Abs. 6 AEUV ist durch den eröffneten Anwendungsbereich des Art. 126 Abs. 14 AEUV gesperrt. Schließlich ermächtigt Art. 136 Abs. 1 AEUV die Union nicht, über den bestehenden Rechtsrahmen hinauszugehen.

9. Art. 8 Abs. 1 VO 1173/2011 ist unionsrechtswidrig. Auch hier fehlt es an einer tauglichen Rechtsgrundlage, wofür weder Art. 337 AEUV noch die Normen des achten Titels in Betracht kommen.

10. Art. 3 Abs. 1 und Abs. 2 VO 1174/2011 ist unionsrechtswidrig. Abermals steht keine taugliche Rechtsgrundlage zur Verfügung. Dies gilt insbesondere für Art. 121 Abs. 6 AEUV, dessen Wortlaut kein Verständnis von Sanktionen als Verfahrensdetail zulässt. Auch bei Art. 136 Abs. 1 AEUV besteht eine Bindung an den bestehenden Rechtsrahmen.

11. Art. 4 Abs. 2 VO 1173/2011 ist unionsrechtswidrig, da im Sekundärrecht nicht von der in Art. 16 Abs. 3 AEUV vorgeschriebenen Verfahrensregelung abgewichen werden kann.

12. Art. 5 Abs. 2 VO 1173/2011 ist unionsrechtswidrig, da im Sekundärrecht nicht von der in Art. 16 Abs. 3 AEUV vorgeschriebenen Verfahrensregelung abgewichen werden kann.

13. Art. 6 Abs. 2 VO 1173/2011 ist unionsrechtswidrig, da im Sekundärrecht nicht von der in Art. 16 Abs. 3 AEUV vorgeschriebenen Verfahrensregelung abgewichen werden kann.

14. Art. 3 Abs. 3 VO 1174/2011 ist unionsrechtswidrig, da im Sekundärrecht nicht von der in Art. 16 Abs. 3 AEUV vorgeschriebenen Verfahrensregelung abgewichen werden kann.

15. Art. 5 S. 1 RL 2011/85/EU ist rechtmäßig, da an eine Nicht-Befolgung keine negativen Konsequenzen geknüpft sind.

16. Art. 4 Abs. 1 und 2 VO 1174/2011 verstößt zudem gegen das Grundgesetz. Denn der Verstoß ist offensichtlich und schwerwiegend. Über die makroökonomische Steuerung kann die Union potentiell auf alle Bereiche der Wirtschaftspolitik einwirken, obwohl ihr hier eigentlich nur eine koordinierende Funktion zukommt.

Rechtmäßigkeit des Euro-Plus-Paktes und des *twopacks?*

17. Der Euro-Plus-Pakt ist rechtlich unproblematisch.

18. Das *twopack* ist unter rechtlichen Gesichtspunkten nicht zu beanstanden.

Rechtmäßigkeit des SKS-Vertrages?

19. Der SKS-Vertrag verstößt gegen Art. 13 Abs. 2 EUV. Die Organleihe hinsichtlich der Kommission ist nicht mit dem Einverständnis aller Mitgliedstaaten erfolgt. Die Kosten für die Nutzung der Kommission im Rahmen des SKS-Vertrages werden somit von allen Mitgliedstaaten getragen, obwohl sie nur einigen zugute kommt.

20. Der SKS-Vertrag verstößt nicht gegen Art. 16 Abs. 3 EUV.

8. Teil: Zusammenfassung in Thesen

21. Der SKS-Vertrag verstößt gegen Art. 4 Abs. 3 EUV. Die Organleihe der Kommission ist nicht von Art. 13 Abs. 2 AEUV gedeckt. Somit stellt diese *de facto* eine Vertragsänderung außerhalb des dafür vorgesehenen Verfahrens nach Art. 48 AEUV dar. Dies ist eine Loyalitätspflichtverletzung.

22. Gegen das Grundgesetz verstößt der SKS-Vertrag nicht.

Literaturverzeichnis

Antpöhler, Carlino, Emergenz der europäischen Wirtschaftsregierung, Das Six Pack als Zeichen supranationaler Leistungsfähigkeit, ZaöRV 2012, 353 ff.

Athanassiou, Phoebus, Of Past and Future Plans for Europe's Exit from Sovereign Debt Crisis: What is legally possible (and what is not), E. L. Rev. 2011, 558 ff.

Azoulai, Loic/Ackermann, Thomas/Dougan, Michael/Hillion, Christophe/Prechal, Sacha/Roth, Wulf-Henning/Smulders, Ben/van denBogaert, Stefaan, Editorial Comments: Some thoughts concerning the Draft Treaty on a Reinforced Economic Union, C. M. L. R. (2012), 1 ff.

Bark, Felix, Das gemeinschaftsrechtliche Defizitverfahren, Reformansätze und ihre rechtlichen Umsetzungsmöglichkeiten, Frankfurt am Main 2004

Bark, Felix/Gilles, André, Der ESM in der Praxis: Rechtsgrundlagen und Funktionsweise, EuZW 2013, 267 ff.

Bast, Jürgen/Rödl, Florian, Jenseits der Koordinierung? Zu den Grenzen der EU-Verträge für eine Europäische Wirtschaftsregierung, EuGRZ 2012, 269 ff.

Becker, Joachim, Die Anwendbarkeit der Theorie von den implied powers im Recht der Europäischen Gemeinschaften, Münster 1976

Berens, Ralph E., Europa auf dem Weg in die Transferunion?, Bankenrettung & Staatenrettung & Eurorettung und kein Ende – Eine Bestandsaufnahme aus ökonomischer und rechtlicher Sicht, LIT Verlage, Berlin 2014

Bernheim, B. Douglas/Whinston, Michael Dennis, Microeconomics, Boston 2008

Bibliographisches Institut (Hrsg.), Duden - Die deutsche Rechtschreibung, Das umfassende Standardwerk auf der Grundlage der aktuellen amtlichen Regeln, 26. Aufl., Berlin 2013

Bibliographisches Institut (Hrsg.), Duden online, http://www.duden.de/ (Stand: 05.02.2015)

Blanchard, Olivier, The Crisis: Basic Mechanisms, and Appropriate Policies, April 2009, http://www.imf.org/external/pubs/ft/wp/2009/wp0980.pdf (Stand: 28.06.2013)

Blanchard, Olivier/Johnson, David R., MACROECONOMICS, 6. Aufl., Halbergmoos 2014

Blocksidge, Helen/Dralle, Anette/Martini, Ursula/Proctor, Astrid, Pons Großwörterbuch, 1. Aufl., Stuttgart etc. 2007

Blumenwitz, Dieter/Schöbener, Burkhard, Stabilitätspakt für Europa, Die Sicherstellung mitgliedstaatlicher Haushaltsdisziplin im Europa- und Völkerrecht, Frankfurt am Main 1997

Böhm, Reinhard, Kompetenzauslegung und Kompetenzlücken im Gemeinschaftsrecht, Frankfurt am Main 1985

Literaturverzeichnis

Bonke, Fabian, Die »Causa Griechenland«: Rechtmäßigkeit der Krisenhilfen und Möglichkeit des Ausscheidens eines Mitgliedstaates aus der Europäischen Währungsunion, ZEuS 2010, 493 ff.

Burton, William C., Burton's Legal Thesaurus, 4. Aufl., New York etc. 2006

Büttner, Thiess/Carstensen, Kai, Stabilisierungsbeitrag der Finanzpolitik, Wirtschaftsdienst 2008, 786 ff.

Calliess, Christian/Ruffert, Matthias (Hrsg.), Das Verfassungsrecht der Europäischen Union mit Europäischer Grundrechtecharta, Kommentar, 4. Aufl., München 2011

Calliess, Christian, Erster Beratungsgegenstand: Finanzkrisen als Herausforderung der internationalen, europäischen und nationalen Rechtsetzung, VVDStRL, 2012, Band 71, S. 113 ff.

Calliess, Christian/Schoenfleisch, Christopher, Auf dem Weg in die europäische »Fiskalunion«? - Europa- und verfassungsrechtliche Fragen einer Reform der Wirtschafts- und Währungsunion im Kontext des Fiskalvertrages, JZ 2012, 477 ff.

Calliess, Christian, Der ESM zwischen Luxemburg und Karlsruhe, Wie Krise der Währungsunion als Bewährungsprobe für die Rechtsgemeinschaft, NVwZ 2013, 97 ff.

Clement, Reiner/Terlau, Wiltrud/Kiy, Manfred, Grundlagen der angewandten Makroökonomie, Eine Verbindung von Makroökonomie und Wirtschaftspolitik mit Fallbeispielen, 3. Aufl., München 2004

Craig, Paul, The Stability, Coordination and Governance Treaty: Principle, Politics and Pragmatism, E. L. Rev. 2012, 231 ff.

Craig, Paul, Economic Governance and the Euro Crisis: Constitutional Architecture and Constitutional Implications, in: *Adams, Maurice/Fabbrini, Federico/Larouche, Pierre* (Hrsg.), The Constitutionalization of European Budgetary Constraints, Oxford 2014, S. 19 ff.

Creifelds, Carl, Rechtswörterbuch, 21. Aufl., München 2014

Cromme, Franz, Vom ESM und Fiskalpakt zu einem makroökonomischen Rechtssystem der EU, DÖV 2013, 594 ff.

Daiber, Birgit, Die Mitwirkung des Deutschen Bundestages an den Maßnahmen zur Eindämmung der Staatsschuldenkrise im Euroraum, DÖV 2014, 809 ff.

Dauses, Manfred A., Wirtschafts- und Währungsunion, in: *Dauses, Manfred A.* (Hrsg.), Handbuch des EU-Wirtschaftsrechts, 28. Aufl., München 2011, F. I.

Dederer, Hans-Georg, Die Grenzen des Vorrangs des Unionsrechts - Zur Vereinheitlichung von Grundrechts- Ultra-vires- und Identitätskontrolle, JZ 2014, 313 ff.

Diamond, Douglas W./Rajan, Raghuram, The Credit Crisis: Conjectures about Causes and Remedies, Februar 2009, http://www.nber.org/papers/w14739 (Stand: 28.06.2013)

Docherty, Vincent, Langenscheidt Großwörterbuch, 6. Aufl., Berlin etc. 2008

Dombret, Andreas, Europäische Staatsschuldenkrise - Ursachen und Lösungsansätze, Dezember 2011, http://www.bundesbank.de/Redaktion/DE/Downloads/Presse/Reden/

2011/2011_12_20_dombret_europaeische_staatsschuldenkrise.pdf?__blob=publication File (Stand: 26.06.2013)

Dreier, Horst (Hrsg.), Kommentar zum Grundgesetz, 2. Aufl., Tübingen 2006

Ekardt, Felix/Buscher, Daniel, Staatsschuldenrecht, Finanzkrise und Nachhaltigkeit, Eine kritische Analyse der neuen Schuldenbremse und ihres Bezugs zur Euro-Krise, AöR 137 (2012), 42 ff.

Emminger, Otmar, Auf dem Wege zu einem neuen internationalen Währungssystem, ZfgK 1976, 815 ff.

Epping, Volker/Hillgruber, Christian (Hrsg.), Kommentar zum Grundgesetz, 2. Aufl., München 2013

Everling, Ulrich, Geld und Währung in der Rechtsprechung des Gerichtshofs der Europäischen Gemeinschaft, in: *Hahn, Hugo J.* (Hrsg.), Das Geld im Recht, Würzburger Universitätsreden 1983 - 1985, Baden-Baden 1986, S. 39 ff.

Faßbender, Kurt, Der europäische »Stabilisierungsmechanismus« im Lichte von Unionsrecht und deutschem Verfassungsrecht, NVwZ 2010, 799 ff.

Fischer-Lescano, Andreas/Kommer, Steffen, Verstärkte Zusammenarbeit in der EU, Ein Modell für Kooperationsfortschritte in der Wirtschafts- und Sozialpolitik?, September 2011, http://library.fes.de/pdf-files/id/ipa/08454.pdf (Stand: 05.02.2015)

Fischer-Lescano, Andreas/Oberndorfer, Lukas, Fiskalvertrag und Unionsrecht, Unionsrechtliche Grenzen völkervertraglicher Fiskalregulierung und Organleihe, NJW 2013, 9 ff.

Frenz, Walter/Ehlenz, Christian, Der Euro ist gefährdet: Hilfsmöglichkeiten bei drohendem Staatsbankrott?, EWS 2010, 65 ff.

Frenz, Walter, ESM-Vertrag europarechtskonform!?, EWS 2013, 27 ff.

Fuest, Clemens, Stabile fiskalpolitische Institutionen für die Europäische Währungsunion, Wirtschaftsdienst 1993, 539 ff.

Garner, Bryan A., Black's Law Dictionary, 8. Aufl., St. Paul 2004

Geiger, Rudolf/Khan, Daniel-Erasmus/Kotzur, Markus (Hrsg.), Vertrag über die Europäische Union und Vertrag über die Arbeitsweise der Europäischen Union - Kommentar, 5. Aufl., München 2010

Glaser, Andreas, Die Neuausrichtung der EU-Finanzverfassung durch den Europäischen Stabilitätsmechanismus, DÖV 2012, 901 ff.

Glaser, Andreas, Anmerkung zum Urteil des EuGH, Plenum, vom 27.11.2012 - C-370/12 -, Zur Gültigkeit des Euro-Stabilitätsmechanismus (ESM-Vertrag) = DVBl 2013, 101 ff., DVBl. 2013, 167 ff.

Gleske, Leonhard, Institutionelle Fragen des Europäischen Währungssystems, in: *Gramlich, Ludwig/Weber, Albrecht/Zehetner, Franz* (Hrsg.), Auf dem Wege zur Europäischen Währungsunion, Symposium zum 65. Geburtstag von o. Professor Dr. iur. Dr. h. c. Hugo J. Hahn, Baden-Baden 1992, S. 99 ff.

Literaturverzeichnis

Grabitz/Hilf, Meinhard/Nettesheim, Martin (Hrsg.), Das Recht der Europäischen Union, Kommentar, 54. Aufl., München 2014

Grebe, Vera, Das »Six Pack« zur Reform der Europäischen Wirtschafts- und Währungsunion - rechtliche Bewertungen, insbesondere in Bezug auf die erforderliche Kompetenz der EU, Arbeit zum Seminar Europa am Scheideweg - Bewährungsprobe für das Recht Fiskalpakt, Euro-Rettungsschirme, Haftungsverbund... Notlage der Europäischen Integration und des Verfassungsrechts?, Norderstedt 2013

Groeben, Hans von der/Thiesing, Jochen/Ehlermann, Claus-Dieter (Hrsg.), Kommentar zum EWG-Vertrag, 4. Aufl., Baden-Baden 1991

Groeben, Hans von der/Thiesing, Jochen/Ehlermann, Claus-Dieter (Hrsg.), Kommentar zum EU-/EG-Vertrag, 5. Aufl., Baden-Baden 1999

Groeben, Hans von der/Schwarze, Jürgen (Hrsg.), Kommentar zum Vertrag über die Europäische Union und zur Gründung der Europäischen Gemeinschaft, 6. Aufl., Baden-Baden 2003

Häde, Ulrich, Ein Stabilitätspakt für Europa?, Zur Zulässigkeit völkerrechtlicher Verträge zwischen den Mitgliedstaaten der EU, EuZW 1996, 138 ff.

Häde, Ulrich /Puttler, Adelheid, Zur Abgrenzung des Art. 235 EGV von der Vertragsänderung, EuZW 1997, 13 ff.

Häde, Ulrich, Haushaltsdisziplin und Solidarität im Zeichen der Finanzkrise, EuZW 2009, 399 ff.

Häde, Ulrich, Die Wirtschafts- und Währungsunion im Vertrag von Lissabon, EuR 2009, 200 ff.

Häde, Ulrich, Die europäische Währungsunion in der internationalen Finanzkrise - An den Grenzen europäischer Solidarität?, EuR 2010, 854 ff.

Häde, Ulrich, Art. 136 AEUV - eine neue Generalklausel für die Wirtschafts- und Währungsunion?, JZ 2011, 333 ff.

Häde, Ulrich, Rechtsfragen der EU-Rettungsschirme, ZG 2011, 1 ff.

Häde, Ulrich, Euro-Rettung zwischen Exekutivprimat und Parlamentsvorbehalt, Baden-Baden 2012

Häde, Ulrich, Der Fiskalvertrag, fireu-Newsletter Nr. 9, 2012, http://www.europa-uni.de/de/forschung/institut/institut_fireu/newsletter/fireu-Newsletter9.pdf, S. 1 ff. (Stand: 18.03.2015)

Häde, Ulrich, Grenzen bundesverfassungsgerichtlicher Ultra-Vires- und Identitäts-Kontrollen, in: *Pechstein, Matthias* (Hrsg.), Integrationsverantwortung, Baden-Baden 2012, S. 163 ff.

Häde, Ulrich, Rechtliche Bewertung der Maßnahmen im Hinblick auf eine »Fiskalunion«, in: *Calliess, Christian* (Hrsg.), Europäische Solidarität und nationale Identität, Überlegungen im Kontext der Krise im Euroraum, Tübingen 2013, S. 193 ff.

Häde, Ulrich, Das Verständnis des Bundesverfassungsgerichts vom Kompetenzgefüge zwischen der EU und den Mitgliedstaaten, in: *Möllers, Thomas M. J./Zeitler, Franz-*

Christoph (Hrsg.), Europa als Rechtsgemeinschaft – Währungsunion und Schuldenkrise, Tübingen 2013, S. 245 ff.

Häde, Ulrich, Der Europäische Stabilitätsmechanismus (ESM), in: *Hatje, Armin/Müller-Graff, Peter-Christian* (Hrsg.), Enzyklopädie Europarecht, Band 1, Europäisches Organisations- und Verfassungsrecht, Baden-Baden 2014, § 17

Häde, Ulrich, Die Europawährung in der Finanzkrise, in: *Witzleb, Normann/Ellger, Reinhard/Mankowski, Peter/Merkt, Hanno/Remien, Oliver* (Hrsg.) Festschrift für Dieter Martiny zum 70. Geburtstag, Tübingen 2014, S. 891 ff.

Hahn, Hugo J./Häde, Ulrich, Währungsrecht, 2. Aufl., München 2010

Haratsch, Andreas/Koenig, Christian/Pechstein, Matthias, Europarecht, 8. Aufl., Tübingen 2012

Henneke, Hans-Günter, Der Europäische Fiskalpakt und seine Umsetzung in Deutschland, Wiesbaden 2012

Hentschelmann, Kai, Der Stabilitäts- und Wachstumspakt, unter besonderer Berücksichtigung der norminterpretatorischen Leitfunktion der Paktbestimmungen für das Vertragsrecht, Baden-Baden 2009

Hentschelmann, Kai, Finanzhilfen im Lichte der No Bailout-Klausel - Eigenverantwortung und Solidarität in der Währungsunion, EuR 2011, 282 ff.

Herrmann, Christoph, Griechische Tragödie - der währungsverfassungsrechtliche Rahmen für die Rettung, den Austritt oder den Ausschluss von überschuldeten Staaten aus der Eurozone, EuZW 2010, 413 ff.

Herrmann, Christoph, Währungshoheit, Währungsverfassung und subjektive Recht, Tübingen 2010

Herrmann, Christoph, Die Bewältigung der Euro-Staatsschulden-Krise an den Grenzen des deutschen und europäischen Währungsverfassungsrechts, EuZW 2012, 805 ff.

Herzog, Roman/Scholz, Rupert/Herdegen, Matthias/Klein, Hans H. (Hrsg.), Kommentar zum Grundgesetz, 71. Aufl., München 2014

Heß, Julian, Finanzielle Unterstützung von EU-Mitgliedstaaten in einer Finanz- und Wirtschaftskrise und die Vereinbarkeit mit EU-Recht, JuS 2010, 473 ff.

Heun, Werner, Eine verfassungswidrige Verfassungsgerichtsentscheidung - der Vorlagebeschluss des BVerfG vom 14.1.2014, JZ 2014, 331 ff.

Hilpold, Peter, Eine neue europäische Finanzarchitektur – Der Umbau der Wirtschafts- und Währungsunion als Reaktion auf die Finanzmarktkrise, in: *Hilpold, Peter/Steinmair, Walter* (Hrsg.), Neue europäische Finanzarchitektur, Die Reform der WWU, Berlin 2014, S. 3 ff.

Hobe, Stephan, Europarecht, 7. Aufl., München 2012

Hofmann, Hans/Konow, Christian, Die neue Stabilitätsarchitektur der Europäischen Union, Verfassungs- und europarechtliche Fragestellungen zur grundlegenden Reform der Wirtschafts- und Währungsunion, ZG 2012, 138 ff.

Literaturverzeichnis

Hölscheidt, Sven/Rohleder, Kristin, Vom Anfang und Ende des Fiskalvertrags, DVBl. 2012, 806 ff.

Horn, Norbert, Einführung in die Rechtswissenschaft und Rechtsphilosophie, 3. Aufl., Heidelberg 2004

Horn, Norbert, Reform der Europäischen Währungsunion und die Zukunft des Euro, NJW 2011, 1398 ff.

Huber, Peter M., Das Verständnis des Bundesverfassungsgerichts vom Kompetenzgefüge zwischen der EU und den Mitgliedstaaten, in: *Möllers, Thomas M. J./Zeitler, Franz-Christoph* (Hrsg.), Europa als Rechtsgemeinschaft - Währungsunion und Schuldenkrise, Tübingen 2013, S. 229 ff.

Hufeld, Ulrich, Zwischen Notrettung und Rütlischwur: der Umbau der Wirtschafts- und Währungsunion in der Krise, integration 2011, 117 ff.

Hufeld, Ulrich, Das Recht der Europäischen Wirtschaftsunion in: *Hatje, Armin/Müller-Graff, Peter-Christian* (Hrsg.), Enzyklopädie Europarecht, Band 4, Europäisches Wirtschaftsordnungsrecht, Baden-Baden 2014, § 22

Illing, Gerhard, Theorie der Geldpolitik, Eine spieltheoretische Einführung, Berlin, Heidelberg, New York 1997

Isensee, Josef/Kirchhof, Paul (Hrsg.), Handbuch des Staatsrechts der Bundesrepublik Deutschland Band X, 3. Aufl., Heidelberg 2012

Issing, Otmar, Disziplinierung der Finanzpolitik in der Europäischen Währungsunion?, in: *Duwendag, Dieter/Siebke, Jürgen* (Hrsg.), Europa vor dem Eintritt in die Wirtschafts- und Währungsunion, Berlin 1993, S. 181 ff.

Jakob, Carin Thinam, Sanktionen gegen vertragsbrüchige Mitgliedstaaten der Europäischen Gemeinschaft (EWG), Berlin 1988

Kahl, Wolfgang, Bewältigung der Staatsschuldenkrise unter Kontrolle des Bundesverfassungsgerichts - ein Lehrstück zur horizontalen und vertikalen Gewaltenteilung, DVBl. 2013, 197 ff.

Kahl, Wolfgang/Waldhoff, Christian/Walter, Christian (Hrsg.), Bonner Kommentar zum Grundgesetz, Heidelberg 2013

Kerber, Markus C., Währungsunion mit Finanzausgleich?, Eine Klarstellung zur Legalität von Finanzhilfen für Finanznotstandsstaaten der Eurozone, Januar 2010, http://www.europolis-online.org/fileadmin/PDF/PDF_2010/W%C3%A4hrungsunion_mit_Finanzausgleich_Europolis_Occasional_Paper.pdf (Stand: 05.02.2015)

Knopp, Lothar, Griechenland-Nothilfe auf dem verfassungsrechtlichen Prüfstand, NJW 2010, 1777 ff.

Kokott, Juliane, Deutschland im Rahmen der Europäischen Union - zum Vertrag von Maastricht, AöR 119 (1994), 207 ff.

Krägenau, Henry/Wetter, Wolfgang, Europäische Wirtschafts- und Währungsunion, Vom Werner-Plan zum Vertrag von Maastricht, Baden-Baden 1993

Kube, Hanno/Reimer, Ekkehart, Grenzen des Europäischen Stabilisierungsmechanismus, NJW 2010, 1911 ff.

Kube, Hanno/Reimer, Ekkehart, Die Sicherung der Europäischen Wirtschafts- und Währungsunion, Rückkehr in die Bahnen des Rechts, ZG 2011, 332 ff.

Kube, Hanno, Nationale Budgethoheit und Europäische Integration, AöR 137 (2012), 205 ff.

Kube, Hanno, Rechtsfragen der völkervertraglichen Euro-Rettung, WM 2012, 245 ff.

Kube, Hanno, Refinanzierung des ESM bei der EZB - Welche Grenzen setzt das Recht?, September 2012, http://www.verfassungsbeschwerde.eu/fileadmin/pdf/2012-09-06_ Rechtsgutachten_ESM_EZB.pdf (Stand: 23.09.2014).

Küchenhoff, Erich, Ungeschriebene Bundeszuständigkeiten und Verfassungsauslegung, DVBl. 1951, 585 ff.

Kullas, Matthias/Sauer, Oliver/Hohmann, Iris, Überwachung der Haushaltspolitik und Ausbau des Defizitverfahrens, April 2012, http://www.cep.eu/Analysen_KOM/KOM_ 2011_821_Haushaltspolitik/cepAnalyse_KOM_2011_821_UEberwachung_Haushalts politik.pdf (Stand: 04.07.2013)

Kumin, Andreas J., Der »Fiskalpakt« der EU – Europarechtliche Betrachtungen über einen völkerrechtlichen Vertrag, in: *Vedder, Christoph* (Hrsg.), Völkerrecht 2012, Richterliche Praxis und politische Realität, Frankfurt am Main 2013, S. 49 ff.

Lamfalussy, Alexandre, Macro-Coordination of Fiscal Policies in an Economic and Monetary Union in Europe, in: *European Council* (Hrsg.), Report on Economic and Monetary Union in the European Community, Luxembourg, Washington, DC 1989, S. 91 ff.

Lane, Timothy D., Market Discipline, in: *International Monetary Fund* (Hrsg.), IMF Staff Papers, Washington, D. C. 1993, S. 53 ff.

Larenz, Karl, Methodenlehre in der Rechtswissenschaft, 6. Aufl., Berlin, Heidelberg, New York 1991

Leisner, Walter, Sparzwang als staatsrechtlicher Destabilisierungsfaktor? Euro-Finanzpakt und »Schuldenbremse«, DÖV 2012, S. 533 ff.

Lewinski, Kai von, Verschuldungskompetenz der Europäischen Union, ZG 2012, 164 ff.

Loebenstein, Edwin, Die Implied Power-Theorie im Völkerrecht und in der Verfassungsordnung eines Bundesstaates, in: *Funk, Bernd-Christian/Mantl, Wolfgang/Klecatsky, Hans R. u. a.* (Hrsg.), Staatsrecht und Staatswissenschaften in Zeiten des Wandels, Festschrift für Ludwig Adamovich zum 60. Geburtstag, Wien, New York 1992, S. 339 ff.

Louis, Jean-Victor, The Economic and Monetary Union: Law and Institutions, C. M. L. R. 2004, 575 ff.

Ludlow, Peter, In the Last Resort - The European Council and the Euro Crisis, Spring 2010, Eurocomment Briefing Note Vol. 7, Nr. 7/8, Brüssel 2010

Ludwigs, Markus, Die Kompetenzordnung der Europäischen Union im Vertragsentwurf über eine Verfassung für Europa, ZEuS 2004, 211 ff.

Literaturverzeichnis

Mayer, Heinz/Stöger, Karl (Hrsg.), Kommentar zu EUV und AEUV, Wien 2012

Michels, Tobias, Die dreidimensionale Reservekompetenz des BVerfG im Europarecht - Von der Solange-Rechtsprechung zum Honeywell-Beschluss, JA 2012, 515 ff.

Möllers, Christoph/Reinhard, Jörn, Verfassungsrechtliche Probleme bei der Umsetzung des Europäischen Fiskalvertrages, JZ 2012, 694 ff.

Moritz, Karl-Heinz, Geldtheorie und Geldpolitik, 3. Aufl., München 2012

Müller, Friedrich/Christensen, Ralph, Juristische Methodik, Europarecht, 3. Aufl., Berlin 2012

Müller-Franken, Sebastian, Anmerkung zum Urteil des Bundesverfassungsgerichtes vom 12.09.2012 – 2 BvR 1390/12 u. a., NJW 2012, 3161 f.

Münch, Ingo von/Kunig, Philip (Hrsg.), Kommentar zum Grundgesetz, 6. Aufl., München 2012

Nastansky, Andreas/Strohe, Gerhard, Die internationale Finanz- und Bankenkrise und ihre wesentlichen Ursachen, WiSt 2010, 23 ff.

Nettesheim, Martin, Finanzkrise, Staatshilfen und »Bail-out«-Verbot, Juli 2011, https://www.jura.uni-tuebingen.de/professoren_und_dozenten/nettesheim/der-umbau-der-waehrungsunion (Stand: 03.07.2013).

Nettesheim, Martin, Verfassungsrecht und Politik in der Staatsschuldenkrise, NJW 2012, 1409 ff.

Nettesheim, Martin, Europarechtskonformität des Europäischen Stabilitätsmechanismus, NJW 2013, 14 ff.

Nettesheim, Martin, Kompetenzdenken als Legitimationsdenken, JZ 2014, 585 ff.

Neubäumer, Renate, Ursachen und Wirkungen der Finanzkrise - eine ökonomische Analyse, Wirtschaftsdienst 2008, 732 ff.

Neubäumer, Renate, Eurokrise: Keine Staatsschuldenkrise, sondern Folge der Finanzkrise, Wirtschaftsdienst 2011, 827 ff.

Nicolaysen, Gert, Zur Theorie von den implied powers in den Europäischen Gemeinschaften, EuR 1966, 129 ff.

Nicolaysen, Gert, Europarecht II, Das Wirtschaftsrecht im Binnenmarkt, Baden-Baden 1996

Obwexer, Walter, Das System der »Europäischen Wirtschaftsregierung« und die Rechtsnatur ihrer Teile: Sixpack - Euro-Plus-Pakt - Europäisches Semester - Rettungsschirm, ZÖR 2012, 209 ff.

Ohler, Christoph, Die zweite Reform des Stabilitäts- und Wachstumspaktes, ZG 2010, 330 ff.

Oppermann, Thomas, Eine Verfassung für die Europäische Union, Der Entwurf des Europäischen Konvents, DVBl. 2003, 1165 ff.

Oppermann, Thomas/Classen, Dieter/Nettesheim, Martin, Europarecht, Ein Studienbuch, München 2009

Oyen, Robert C. van, Die Staatstheorie des Bundesverfassungsgerichts und Europa, Von Solange über Maastricht zu Lissabon und Euro-Rettung, 5. Aufl., Baden-Baden 2014

Pache, Eckhard, Sanktionen für Exporterfolge - will die EU der deutschen Wirtschaft schaden?, EWS 2013, Die erste Seite

Palm, Ulrich, Preisstabilität in der Europäischen Wirtschafts- und Währungsunion, Eine rechtliche Untersuchung des stabilitätssichernden Instrumentariums insbesondere im Hinblick auf die Disziplinierung der mitgliedstaatlichen Haushaltspolitik, Baden-Baden 2000

Paraskevopoulos, Spyros, Patronage, Klientelismus und Wettbewerbsfähigkeit im Euro-Raum: Ursachen der griechischen Staatsverschuldung, in: *Schwarz, Oliver/Altmann, Franz-Lothar/Brey, Hansjörg* (Hrsg.), Griechenland in der Schulden- und Staatskrise?, Ursachen, Folgen und Auswege, München, Berlin, Washington D. C. 2012, S. 55 ff.

Pernice, Ingolf, Legal Opinion on an International Agreement on a Reinforced Economic Union, Berlin 2012

Peuker, Enrico, Die demokratische Auslegung des Völkerrechts - Das Urteil des Bundesverfassungsgerichts zu ESM-Vertrag und Fiskal-Pakt vom 12. September 2012, EuR 2013, 75 ff.

Pilz, Stefan, Europa auf dem Weg zur Stabilitätsunion? Der Fiskalvertrag im Lichte der Entscheidung des Bundesverfassungsgerichts, DÖV 2012, 909 ff.

Pötters, Stephan/Traut, Johannes, Die ultra-vires-Kontrolle des BVerfG nach »Honeywell« - Neues zum Kooperationsverhältnis von BVerfG und EuGH?, EuR 2011, 580 ff.

Rathke, Hannes, Von der Stabilitäts- zur Stabilisierungsunion: Der neue Art. 136 Abs. 3 AEUV, DÖV 2011, 753 ff.

Repasi, René, Studie zur Vereinbarkeit der Fiskalunion mit Völker- und Europarecht sowie zur rechtlichen Umsetzung des Diskussionspapiers »Europäische Wirtschaftsregierung - oder was?«, Januar 2012, http://www.igw.uni-heidelberg.de/lehrstuehle/prof_mg/files_repasi/ Studie.pdf (Stand: 05.02.2015).

Repasi, René, Völkervertragliche Freiräume für EU-Mitgliedstaaten, EuR 2013, 45 ff.

Ruffert, Matthias, The European Debt Crisis and European Union Law, C. M. L. R. 2011, 1777 ff.

Ruffert, Matthias, Mehr Europa – eine rechtswissenschaftliche Perspektive, ZG 2013, 1 ff.

Sachs, Michael (Hrsg.), Kommentar zum Grundgesetz, 6. Aufl., München 2011

Schlief, Ludger/Schulte, Bernd, Anmerkungen zur innerstaatlichen Umsetzung des Fiskalvertrages, Analyse einer verfassungsrechtlichen und föderalistischen Herausforderung, ZG 2013, 121 ff.

Schmidt-Bleibtreu, Bruno/Hofmann, Hans/Hopfauf, Axel (Hrsg.), Kommentar zum Grundgesetz, 12. Aufl., Köln 2011

Schorkopf, Frank, Europas politische Verfasstheit im Lichte des Fiskalvertrages, ZSE 2012, 1 ff.

Literaturverzeichnis

Schorkopf, Frank, »Startet die Maschinen« - Das ESM-Urteil des BVerfG vom 12.09.2012, NVwZ 2012, 1273 ff.

Schorkopf, Frank, Zweiter Beratungsgegenstand: Finanzkrisen als Herausforderung der internationalen, europäischen und nationalen Rechtsetzung, VVDStRL, 2012, Band 71, S. 183 ff.

Schorkopf, Frank, Die Schuldenbremse und Europa, in: *Heintzen, Markus* (Hrsg.), Auf dem Weg zu nachhaltig ausgeglichenen öffentlichen Haushalten, Baden-Baden 2013, S. 119 ff.

Schulze, Reiner/Zuleeg, Manfred/Kadelbach, Stefan (Hrsg.), Europarecht, Handbuch für die deutsche Rechtspraxis, 2. Aufl., Baden-Baden

Schulze-Steinen, Mathias, Rechtsfragen zur Wirtschaftsunion, Baden-Baden 1997/98

Schusterschitz, Gregor, Der »Fiskalpakt« aus völkerrechtlicher und verfassungsrechtlicher Sicht, in: *Vedder, Christoph* (Hrsg.), Völkerrecht 2012, Richterliche Praxis und politische Realität, Frankfurt am Main 2013, S. 65 ff.

Schwarz, Kyrill-A, Der Einfluss des Europäischen Stabilitätspaktes auf die Ebene der kommunalen Selbstverwaltung, NWVBl. 2012, 245 ff.

Schwarze, Jürgen (Hrsg.), EU-Kommentar, 3. Aufl., Baden-Baden 2012

Selmayr, Martin, Das Recht der Wirtschafts- und Währungsunion, Die Vergemeinschaftung der Währung, Band 1, Baden-Baden 2002

Selmayr, Martin, Die »Euro-Rettung« und das Unionsprimärrecht: Von putativen, unnötigen und bisher versäumten Vertragsänderungen zur Stabilisierung der Wirtschafts- und Währungsunion, ZÖR 2013, 259 ff.

Sester, Peter, Status und Zukunft der Währungsunion, in: *Möllers, Thomas M. J./Zeitler, Franz-Christoph* (Hrsg.), Europa als Rechtsgemeinschaft - Währungsunion und Schuldenkrise, Tübingen 2013, S. 175 ff.

Siebelt, Johannes, Auf dem Wege zur Europäischen Währungsunion, Notenbankverfassung und Föderalismus, in: *Siedentopf, Heinrich* (Hrsg.), Europäische Integration und nationalstaatliche Verwaltung, Stuttgart 1991, S. 43 ff.

Siekmann, Helmut (Hrsg.), Kommentar zur Europäischen Währungsunion, Tübingen 2013

Siekmann, Helmut, Missachtung rechtlicher Vorgaben des AEUV durch die Mitgliedstaaten und die EZB in der Schuldenkrise, in: *Möllers, Thomas M. J./Zeitler, Franz-Christoph* (Hrsg.), Europa als Rechtsgemeinschaft - Währungsunion und Schuldenkrise, Tübingen 2013, S. 101 ff.

Sloot, Lars, Die Lehre von den implied powers im Recht der Europäischen Gemeinschaften, Aachen 2005

Smits, René, The European Central Bank, Institutional Aspects, Den Haag 1997

Smits, René, The European Constitution and EMU: An Appraisal, C. M. L. R. 2005, 425 ff.

Stapelfeldt, Gerhard, Die Europäische Union - Integration und Desintegration, Kritik der ökonomischen Rationalität - Band 3, Hamburg 1998

Steinbach, Armin, Die Rechtmäßigkeit der Anleihekäufe der Europäischen Zentralbank, NVwZ 2013, 918 ff.

Stein, Torsten/Buttlar, Christian von, Völkerrecht, 13. Aufl., München 2012

Stöbener, Patricia S., Wirtschafts- und Währungsunion: »Twopack« in Kraft, EuZW 2013, 526

Streinz, Rudolf/Ohler, Christoph/Herrmann, Christoph, Der Vertrag von Lissabon zur Reform der EU, 3. Aufl., München 2010

Streinz, Rudolf (Hrsg.), Vertrag über die Europäische Union und Vertrag über die Arbeitsweise der Europäischen Union - Kommentar, 2. Aufl., München 2012

Tettinger, Peter J., Einführung in die juristische Arbeitstechnik, 3. Aufl., München 2003

Thiele, Alexander, Die EZB als fiskal- und wirtschaftspolitischer Akteur?, Zur Abgrenzung der Geld- von der Fiskal- und Wirtschaftspolitik, EuZW 2014, 694 ff.

Thym, Daniel, Ungleichzeitigkeit und europäisches Verfassungsrecht, Baden-Baden 2004

Thym, Daniel, Euro-Rettungsschirm: zwischenstaatliche Rechtskonstruktion und verfassungsgerichtliche Kontrolle, EuZW 2011, 167 ff.

Tomuschat, Christian, Anmerkung zum Urteil des BVerfG vom 12.09.2012 – BvR 1390/122 – u. a. – Verhinderung der Ratifikation von ESM-Vertrag und Fiskalpakt überwiegend erfolglos, DVBl. 2012, 1431 ff.

Uerpmann-Wittzack, Völkerrecht als Ausweichordnung – am Beispiel der Euro-Rettung, in: *Hatje, Armin* (Hrsg.), Die Einheit des Unionsrechts im Zeichen der Krise, Baden-Baden 2013, S. 49 ff.

Ungerer, Horst, Die Regierungskonferenz der Europäischen Gemeinschaft über die Wirtschafts- und Währungsunion, Frankfurt am Main 1992

Vedder, Christoph/Heintschel von Heinegg, Wolff (Hrsg.), Europäisches Unionsrecht, EUV, AEUV, Grundrechtecharta, Baden-Baden 2012

Weber, Albrecht, Die zweite Satzungsnovelle des Internationalen Währungsfonds und das Völkerrecht, in: *Flume, Werner/Hahn, Hugo J./Kegel, Gerhard u. a.* (Hrsg.), Internationales Recht und Wirtschaftsordnung, Festschrift für F. A. Mann zum 70. Geburtstag am 11. August 1977, München 1977, S. 807 ff.

Weber, Albrecht, Die Reform der Wirtschafts- und Währungsunion in der Finanzkrise, EuZW 2011, 935 ff.

Weber, Albrecht, Stabilitätsanker Eurosystem, Die Bank 2011, 56 ff.

Weber, Albrecht, Die Europäische Union auf dem Weg zur Fiskalunion?, DVBl. 2012, 801 ff.

Weber, Albrecht, Europa- und völkerrechtliche Elemente der Gewährleistung von Haushaltsdisziplin in der Währungsunion, EuR 2013, 375 ff.

Weiß, Wolfgang/Haberkamm, Markus, Der ESM vor dem EuGH - Widersprüchliche Wertungen in Luxemburg und Karlsruhe?, EuZW 2013, 95 ff.

Literaturverzeichnis

Weiß, Wolfgang, Das deutsche Bundesverfassungsgericht und der ESM: Verfassungsschutz an den Grenzen der Justiziabilität, in: *Hilpold, Peter/Steinmair, Walter* (Hrsg.), Neue europäische Finanzarchitektur, Die Reform der WWU, Berlin 2014, S. 113 ff.

Wendel, Matthias, Kompetenzrechtliche Grenzgänge: Karlsruhes Ultra-vires-Vorlage an den EuGH, ZaöRV (2014), 615 ff.

Wienbracke, Mike, »Euro-Rettung« und sogenanntes »bail out«-Verbot (Art. 125 AEUV) nach dem »Pringle«-Urteil des EuGH, ZEuS 2013, 1 ff.

Zehetner, Franz, Die Suspendierung der Goldkonvertibilität des Dollars, Wien 1963

Zippelius, Reinhold, Juristische Methodenlehre, 6. Aufl., München 1994

Verzeichnis weiterer Dokumente

Chairman of the EMU Working Group, Revised Version of EMU Text vom 28.11.1991, erhältlich über das Generalsekretariat des Europäischen Rates, Zentralarchiv, Justus-Lipsius-Gebäude, Rue de la Loi 175, Brüssel, Belgien

Eurofound, Zustandekommen Sozialprotokoll, Januar 2014, http://eurofound.europa. eu/european-industrial-relations-dictionary-institutional-framework (Stand: 13.02.2015)

Europäisches Parlament, Vorbereitende Interinstitutionelle Konferenz - Ergänzende Aufzeichnung zur Wirtschafts- und Währungsunion vom 13.09.1990, erhältlich über das Generalsekretariat des Europäischen Rates, Zentralarchiv, Justus-Lipsius-Gebäude, Rue de la Loi 175, Brüssel, Belgien

Europäische Zentralbank, Entscheidung vom 14.05.2010 »establishing a securities markets programme, ABl. 2010 L 124/8 (Englische Version)

Eurostat, Inflationsrate, Januar 2015, http://de.statista.com/statistik/daten/studie/ 72328/umfrage/entwicklung-der-jaehrlichen-inflationsrate-in-der-eurozone/ (Stand: 25.02.2014)

Eurostat, Schuldenstand, http://ec.europa.eu/eurostat/tgm/table.do?tab=table&plugin =1&language=de&pcode=tsdde410 (Stand: 16.02.2015)

German Delegation on the IGC, Composite proposal by the German delegation vom 26.02.1991, erhältlich über das Generalsekretariat des Europäischen Rates, Zentralarchiv, Justus-Lipsius-Gebäude, Rue de la Loi 175, Brüssel, Belgien

Hänsch, Klaus, CONV 76/02, Mai 2002, http://european-convention.europa.eu/pdf/reg/ de/02/cv00/cv00076.de02.pdf (Stand: 15.01.14)

Hänsch, Klaus, CONV 357/02, Oktober 2002, http://european-convention.europa.eu/pdf/ reg/de/02/cv00/ cv00357.de02.pdf (Stand: 15.01.2014)

Kommission der Europäischen Gemeinschaften, Draft Treaty Amendments on Economic and Monetary Union vom 05.12.1990, erhältlich über das Generalsekretariat des Europäischen Rates, Zentralarchiv, Justus-Lipsius-Gebäude, Rue de la Loi 175, Brüssel, Belgien

Kommission der Europäischen Gemeinschaften, Bulletin der Europäischen Gemeinschaften, Beilage 2/91, Regierungskonferenzen: Beiträge der Kommission, erhältlich über das Generalsekretariat des Europäischen Rates, Zentralarchiv, Justus-Lipsius-Gebäude, Rue de la Loi 175, Brüssel, Belgien

Kommission der Europäischen Gemeinschaften, Draft Treaty amending the Treaty establishing the European Economic Community with a view to achieving Economic and Monetary Union – Commentary vom 19.01.1991, erhältlich über das Generalsekretari-

Verzeichnis weiterer Dokumente

at des Europäischen Rates, Zentralarchiv, Justus-Lipsius-Gebäude, Rue de la Loi 175, Brüssel, Belgien

Kommission der Europäischen Gemeinschaften, Draft Treaty on the Union vom 18.06.1991, erhältlich über das Generalsekretariat des Europäischen Rates, Zentralarchiv, Justus-Lipsius-Gebäude, Rue de la Loi 175, Brüssel, Belgien

Kommission der Europäischen Union, Meldung: Strenges Sparprogramm und Kredite für Griechenland, Mai 2010, http://ec.europa.eu/deutschland/press/pr_releases/9145_de.htm (Stand 12.02.2015)

Minister for Economic Affairs/Minister for Foreign Affairs of France, Draft Treaty on Economic and Monetary Union submitted by the French Government vom 28.01.1991, erhältlich über das Generalsekretariat des Europäischen Rates, Zentralarchiv, Justus-Lipsius-Gebäude, Rue de la Loi 175, Brüssel, Belgien

Minister of Treasury of Italy, Transition provisions: articles 109c, 109d, 109e, 109f - proposals by Italian delegation vom 27.09.1991, erhältlich über das Generalsekretariat des Europäischen Rates, Zentralarchiv, Justus-Lipsius-Gebäude, Rue de la Loi 175, Brüssel, Belgien

Präsidium Europäischer Konvent, CONV 52/02, Mai 2002, http://european-convention.europa.eu/pdf/reg/de/02/cv00/cv00052.de02.pdf (Stand: 15.01.2014).

Präsidium Europäischer Konvent, CONV 725/03, Mai 2003, http://european-convention.europa.eu/ pdf/reg/de/03/cv00/cv00725.de03.pdf (Stand: 15.01.2014)

Präsidium Europäischer Konvent, CONV 727/03, Mai 2003, http://european-convention.europa.eu/ pdf/reg/de/03/cv00/cv00727-co02.de03.pdf (Stand: 15.01.2014)

Präsidium Europäischer Konvent, CONV 783/03, Juni 2003, http://european-convention.europa.eu/ pdf/reg/de/03/cv00/cv00783.de03.pdf (Stand: 15.01.2014)

Präsidium Europäischer Konvent, CONV 802/03, Juni 2003, http://www.whi-berlin.eu/documents/part2to4_12june2003.pdf (Stand: 15.01.2014)

Präsidium Europäischer Konvent, CONV 805/03, Juni 2003, http://european-convention.europa.eu/ pdf/reg/de/03/cv00/cv00805.de03.pdf, S. 4 (Stand: 15.01.2014)

Präsidium Europäischer Konvent, CONV 826/03, Juli 2003, http://european-convention.europa.eu/ pdf/reg/de/03/cv00/cv00826.de03.pdf (Stand: 15.01.2014)

Präsidium Europäischer Konvent, CONV 850/03, Juli 2003, http://european-convention.europa.eu/ pdf/reg/de/03/cv00/cv00850.de03.pdf, (Stand: 15.01.2014)

Presidency of the Intergovernmental Conference on Economic and Monetary Union, Amendments to the EEC Treaty - Economic and Monetary Union - as Agreed in the European Council of Maastricht vom 10.12.1991, erhältlich über das Generalsekretariat des Europäischen Rates, Zentralarchiv, Justus-Lipsius-Gebäude, Rue de la Loi 175, Brüssel, Belgien

Presidency of the Intergovernmental Conference on Economic and Monetary Union, Draft Treaty on the Union vom 18.06.1991, erhältlich über das Generalsekretariat des

Europäischen Rates, Zentralarchiv, Justus-Lipsius-Gebäude, Rue de la Loi 175, Brüssel, Belgien

Presidency of the Intergovernmental Conference on Economic and Monetary Union, Draft Treaty on European Union vom 18.12.1991, erhältlich über das Generalsekretariat des Europäischen Rates, Zentralarchiv, Justus-Lipsius-Gebäude, Rue de la Loi 175, Brüssel, Belgien

Presidency of the Intergovernmental Conference on Economic and Monetary Union, Draft Treaty texts concerning Economic Policy (Art. 102 A - 104 A) and External Monetary Policy (Art. 109) vom 06.09.1991, erhältlich über das Generalsekretariat des Europäischen Rates, Zentralarchiv, Justus-Lipsius-Gebäude, Rue de la Loi 175, Brüssel, Belgien

Presidency of the Intergovernmental Conference on Economic and Monetary Union, Proposal by the Presidency to the intergovernmental Conference on Economic and Monetary Union vom 28.10.1991, erhältlich über das Generalsekretariat des Europäischen Rates, Zentralarchiv, Justus-Lipsius-Gebäude, Rue de la Loi 175, Brüssel, Belgien

Presidency of the Intergovernmental Conference on Economic and Monetary Union, Report to the European Council vom 25.06.1991, erhältlich über das Generalsekretariat des Europäischen Rates, Zentralarchiv, Justus-Lipsius-Gebäude, Rue de la Loi 175, Brüssel, Belgien

Presidency of the Intergovernmental Conference on Economic and Monetary Union, Revised Version of EMU Text Presented by the Chairman of the EMU Working Group vom 28.11.1991, erhältlich über das Generalsekretariat des Europäischen Rates, Zentralarchiv, Justus-Lipsius-Gebäude, Rue de la Loi 175, Brüssel, Belgien

Rat der Europäischen Union, Rat der Europäischen Union, Juni 2011, http://register.consilium.europa.eu/doc/srv?l=EN&f=ST%2012114%202011%20INIT, S. 2 (Stand: 13.02.2015)

Secretary-General of the Commission of the European Communities, Draft Treaty amending the Treaty establishing the European Economic Community with a view to achieving Economic and Monetary Union vom 09.01.1991, erhältlich über das Generalsekretariat des Europäischen Rates, Zentralarchiv, Justus-Lipsius-Gebäude, Rue de la Loi 175, Brüssel, Belgien

Secretary-General of the Commission of the European Communities, Resolutions on the Intergovernmental Conferences vom 22.07.1991, erhältlich über das Generalsekretariat des Europäischen Rates, Zentralarchiv, Justus-Lipsius-Gebäude, Rue de la Loi 175, Brüssel, Belgien

Vorsitz der Regierungskonferenz, CIG 85/04, Juni 2004, http://www.cvce.eu/de/obj/null-de-0fb6ef4b-3851-49f4-9d4b-61e7555773c6.html (Stand: 15.01.2014)